Weiteres Weiß-blau Heiteres

Weiteres Weiss-blau Heiteres

*Herausgegeben
von Ludwig Hollweck*

Hugendubel

Mit Zeichnungen von Josef Benedikt Engl
(siehe auch Beitrag »Der Engl vom Simpl«)

Nachdruck, auch auszugsweise, ohne ausdrückliche Genehmigung
des Verlags nicht gestattet.
© 1978 by Heinrich Hugendubel Verlag, München
Schutzumschlag: Maximiliane Eibl
Herstellung: Rudolf P. Gorbach, Gauting
Satz und Druck: Buchdruckerei August Busch, Bad Tölz
Bindung: Conzella, Pfarrkirchen
ISBN 3-88034-023-4
Printed in Germany

Inhalt

Leibhaftiges Altbayern

Franz von Kobell Boarisch 13
Otto Mausser Bayrische Sprachvergleichung 14
Franz Hugo Mösslang Der altbayrische Adam und seine Eva 15
Josef Martin Bauer Altbayern und Franzosen 21
Oskar Maria Graf Etwas über den bayrischen Humor 22
Erwin Tochtermann Bayrisch in Bayern 25
Leo Sillner Gstell nebst Bestandteilen 26
Herbert Schneider Mir 29
Roider Jackl Gstanzl 30
Joseph Maria Lutz Wo ist Altbayern? 31
Herbert Schneider Boarisch 33

Von den Alpen bis zum Bayerischen Wald

Max Dingler 's schönste Land 37
Aloys Dreyer Bairische G'schichtn 38
Gstanzl 41
Eduard Stemplinger Neckereien 42
Fritz Druckseis Nix wird g'rafft 44
Joseph Maria Lutz Bairische Anekdoten 45
Afra Schulz Da Berglerbua 48
Marieluise Fleisser Der starke Stamm 48
Günther Kapfhammer Bairische Schwänke 57
Lena Christ Die Hochzeiterinnen 59
Fritz Köhle Der Wirtsmartl 63
Emmi Böck Sagen aus der Hallertau 65
Alois Johannes Lippl Der Holledauer Schimmel 70
Christian Buck Der Galgendieb 75
Max Peinkofer Das hochzeitliche Bschoadtüchl 76
Uwe Dick Sauwaldprosa 80
Der Waldler 84
Margret Hölle Stoapfalz 85
Weiß Ferdl Im Zug nach Regensburg 86
Renate Mayer Die Neureich'n 87
Bernhard Pollak Im Bayrischen Wald hint! 88
Josef Berlinger Parkblooz soucha 89

Die Weltstadt mit Herz

Helmut Zöpfl Auf München 93
Bernhard Pollak Ham S' den scho g'hört? 93

Josef Steidle Mei München 94
Kurt Wilhelm Brummlg'schichten 95
Karl Valentin Im Gärtnertheater 106
Julius Kreis Ein Wintermantel wird gekauft 108
Carl Borro Schwerla Traum von der Südsee 110
Stephan Metzger Das Versprechen 114
Martin Lankes Zu intelligent 114
Willy Vierlinger Nichts Neues 116
Karl Spengler Der »Feitsenix« 118
Maria Zierer-Steinmüller Kurzmeier ißt eine Rübe 119
Eugen Roth Ein Mosbacher 121
Josef Wittmann wos am koindandla dramd hod 122
Joseph Maria Lutz Leuchtende Brunnen 122
Günter Goepfert Viktualienmarkt 124
Siegfried Sommer An den Wassern von Schwabylon 125
Hardy Scharf Unterm Fernsehturm 128
Herbert Schneider Von Schwabing nicht geliebt 128
Franz Ringseis Münchner Freiheit 130
Siegfried Sommer Beim Schwanawirt 131
August Junker Der Stolz von der Au 132
Julius Kreis Der Maler in der Au 133
Werner Schlierf Nostalgischer Abend 135
Fritz Fenzl Parkstadt 136
Ludwig Thoma Der neue Münchner Karneval 137
Hanns Vogel O du lieber Faschingszug 138
Franz Freisleder Geselligkeit 140
Ernst Hoferichter Ein Spaziergang durchs Oktoberfest 141
Georg Britting Verschneites Oktoberfest 141
Renate Mayer Münchner Odyssee 145

Fürsten, Künstler, Originale

Stephan Metzger Nymphenburg 149
Eduard Stemplinger erzählt ... 149
Ludwig Hollweck Der Prinzregent 151
Eugen Roth erzählt ... 153
Ludwig Hollweck Der Engl vom »Simpl« 155
Gusti Grunauer-Brug Valentiniaden 159
Franz Ringseis Vom Valentin z'leiha 161
Ernst Hoferichter Der Wurmfranzl 161
Emil Vierlinger Moritat vom Steyrer-Hans 163
Alois J. Weichslgartner Der Hausierer mit dem starken Bizeps 165

Von Lausbuben und Lausdirndln

Gustl Laxganger Ein erster Schultag 171
Max Huber Der kaam ma recht! 173

Ludwig Schmid-Wildy Der Rosenklau 174
Helmut Zöpfl De kloane Wiesn 175
Wilhelm Dieß Der Schüler Stefan 176
A. de Nora Die Maiandacht 178

Rund ums Kammerfensterl

Das dreistöckige Fensterln 181
Martin Lankes Die stolze Wally 181
Der Hintertupfer-Bene 184
Franz Ringseis Liebe und was man so heißt 184
Hennerstock-Hiasl 188
Max Dingler Zwoate Liab 189
Walter Kiefhaber A Liabsbriaf 190
Herbert Schneider Johanni 190
Heinrich Lautensack Der Laternanzünder 191
Wolfgang Johannes Bekh Vom Ehestand 192
Fritz Fenzl Da Ausgleich 192

Bauernleut'

Josef Fendl Lauter Sprüch 195
Max Peinkofer Die Fünferlkuh 195
Max Huber A Gmüatsmensch 200
Georg Lohmeier Der Viehhändler 201
Georg Queri Das Lied vom Metzger und der Bäurin 203
Häusla-Liad 205
Josef Ilmberger Die Ehen des Herrn Lorenz Wachinger 206

Jäger, Wilderer und Soldaten

Konrad Dreher Anstand 213
Oskar Weber Ein salomonisches Urteil 213
Der Gänswürger und der Gumpp 214
Fritz Müller-Partenkirchen Überführt 215
Der Bartl geht auf Kreißenfang 218
Paul Friedl (Baumsteftenlenz) Die falschen Grenzer 219
Wilhelm Dieß Der Schmied von Galching 221
Ludwig Thoma Der Leiber 223

Strafe muß sein

Franz Ringseis Da Zeisalwong 227
Ludwig Thoma Die Sau 227
Fritz Scholl Das Rindviech 230

Walter F. Kloeck »Für Männer« 233
Erwin Tochtermann Weil Xare seinem Zahn imponieren wollte 234

Von Pfarrern und Pfarrkindern

Gottfried Kölwel Der naschhafte Heilige 239
Weiß Ferdl »Grad wegen dem« 242
Hans Platzer Buama-Beicht 244
Jakob Metz Oans tat mi scho drucka! 244
Wugg Retzer Doppelte Buchführung 246
Josef Schug Beim Beicht'n 250
Georg Queri Wann man nix zu beichten hat 251

Vom Appetit, vom Durst und den Folgen

Johann Lachner Mangelhafte Verständigung in der Kuchel 255
Der Wirt vo Stoa 255
Otto Mausser Vom Essen und vom Trinken 255
Leopold Kammerer D' Wirtin vo Kreutlkirch 259
Alois Hahn Die Resi 260
Franz Freisleder Brav, brav ... 262
Franz Schrönghamer-Heimdal Der gelernte Kalbshaxen-Esser 263
Konrad Max Kunz Zwoa Knödl 267
Anton Wandinger Blaue Knödl von der Anni 267
Oskar Maria Graf Der Leberkäs 269
Hanns Vogel Bierführer-Gstanzl 271
Georg Queri Vom wackeren Essen 272
Nachgsangl 272
Georg Queri Der schöne große Rausch 273
Liebesklage einer Münchner Schönen 274
Emerenz Meier Väterliche Ermahnung 275
Franz von Kobell Der Bock 276

Von Sitte und Brauch

Ludwig Thoma Fasching 279
Max Matheis Dorffasching 279
Karl Stieler Das Fingerhakeln 280
Joseph Maria Lutz Bauernkirta 284
Anton Wandinger Braten- und Küachlduft 285
Emilie Schuster-Ittlinger Da Kirta im Woid 288
Georg Lohmeier Der Weihnachter 289
Josef Marx D' Ledahosn 292
Georg Queri Von einem Haberfeldtreiber 292

Hardy Scharf Nach da Arbat   294
Hans Roth Marterlsprüch   294
Josef Steidle Da Fernseher laaft   295
Eugen Roth Folklore   295
Nachwort des Herausgebers   296
Quellennachweis   300
Autorenregister   304

Leibhaftiges
Altbayern

Gewissenhaft. »*Bei so an Sauwetter da tät ma scho bald lieber dahoam bleib'n als zum Stammtisch gehn! Aber ma hat halt do sei' Pflichtg'fühl.*«

Boarisch

Mei Ahnl und mei Vater
San gwest guat boarischi Leut,
Und boarisch will i bleibn,
So lang mi's Leben freut.
Es hätt an diem wohl oana
Uns gar gern anders gmacht,
Dato hats aba koana,
Hats koana zwegnbracht.

Dees boarisch Blau, dees farbi,
Hat gar an guatn Halt,
Sunst waar der boarisch Himmi
Scho gschossn, er is alt,
Und weiß schickt unser Herrgott
'n Schnee, bals schneibn tuat;
Dees hätt er lang scho gändert,
Waar ebba d' Farb nit guat.

Mir hamm aa für die Farbn,
So lang ma san, nix gspart,
Der Löw hat raaffa müssn
Mit Adler alle Art;
Mer hamm en nie verlassn,
Vontwegen den Weiß und Blau,
Und Gott hat allzeit gholfa
Und unser liebi Frau.

Drum lass i aa Leib und Lebn
Fürs Boarn und für mein Herrn,
Und soll von meini Buabna
Aa koaner anderst wern,
Und soll an j'der sagn,
Als wie i's sagn ko:
Der Vater is guat boarisch gwest,
Is gwest a brava Mo.
    Franz von Kobell

Bayrische Sprachvergleichung

Woher das Bayrische letzten Endes stammt, ist rätselhaft. Es scheinen indische Elemente und homerische Sprachreste, ebenso altrömische in ihm vorhanden zu sein. Oder klingt nicht der leichte bayrische Fluch »Saxndiainia!« wie Indisch aus dem Mahabharata? Ihren König heißen die Bayern einen »Kini«. Durch einen hervorragenden Sprachforscher ist nachgewiesen worden, daß dieser boarische Kini mit dem altrömischen König Tarquinius in gerader Linie verwandt ist: heißt es doch heute noch in geschärfter Aussprache »Tarkini«, also schnurgerade = Tarquinius! Infolgedessen fließt neben dem indischen und griechischen Blut noch römisches in den Bayern. Andere vermuten Verwandtschaft mit den Franzosen und mit den Engländern, worauf die Vorliebe für die Oa-Laute deutet. Oder ist es nicht wie echtes Französisch, wenn der Bayer eine Vermutung mit den Worten äußert: »I moa scho a«? Und klingt es nicht noch französischer, wenn er jemand, der sich in seine Privatangelegenheiten einmischt, mit der energischen Abfuhr bedenkt: »Dös geht di an joisan!«? Wieder andere vermuten in den Bayern Italiener, so klangvoll und musikalisch ist ihre Sprache. Geht da z. B. ein junger Mann zum Hauptbahnhof in München und erzählt einem begegnenden Freund auf die Frage, wohin er denn eile: »Auf den Bahnhof«, sagt er. Seine Mutter müsse er abholen und seine Schwester und einen Bruder und einen Vetter: »dö (die) holiolio«. Der junge Mann will damit sagen: die hol' ich alle ab. So ist etwas vom Wohlklang Dantes im Bayrischen und das Bayrische geradezu eine internationale Sprache. Noch andere Sprachgelehrte sind der Meinung, daß im Bayrischen neben den indischen und italienischen Elementen arabische festzustellen seien. Wenn Du in einer Münchner Straße einen Mann siehst, mit dem Schrubber arbeitend, so wirst Du ihn, wissensdurstig wie Du bist, fragen, was er da mache. »Ramaduri« wird er Dir entgegnen: »räumen tue ich« will der Biedere sagen. Vernimmst Du da nicht die Klänge Arabiens? Wehen nicht die Düfte des blühenden Orients um Deine Nüstern, wenn diese Wortmusik an Dein Ohr schlägt? Denkst Du nicht an den Ramadan?

Wieder andere Worte weisen deutlich nach Amerika, ins Altmexikanische. Ich erinnere nur an Kaiwiken = Kälberkette und an Kuaken = Kuhkette, die nur befriedigend erklärt werden können aus der Sprache der Inkas.

Zieh' den Hut ab und verbeuge Dich! Die edelsten Völker und Sprachen der Welt geben sich im Bayerntum ein Stelldichein.

Otto Mausser

Der altbayrische Adam und seine Eva

Zwischen dem altbayrischen Adam und der altbayrischen Eva steht kein Sex. Ihre Beziehungen sind normal. Ein fescher Bua findet sich leicht in der welligen Voralpenlandschaft seines Dirndls zurecht, da muß kein französischer Stutzgarten angelegt werden, und die raffinierten Durchblicke eines englischen Parks sind nicht vonnöten.
Es ist aber auch nicht so, daß der Altbayer den modischen Sex nicht möchte. Das schon. Nur, er braucht ihn im Ernstfall nicht, er kommt auch ohne ihn zu seinem Sach'. Deswegen meint er, der Sex sei ein Luxus für gewisse Stadtleute, ihm stehe er nicht zu.
In Liebesangelegenheiten kommt dem Altbayern immer noch seine ländliche Abstammung zugute. Auch in der Haupt- und Residenzstadt München. Wie der Bauer betrachtet er alles Geschlechtliche als die reine Natur. Wenn er sich sonst schon nicht übermäßig wichtig nimmt und das Unbegreifliche des Daseins ungern in seiner Brust wälzt, so hat er auch wenig Sinn für die seelischen Blähungen schmachtender Liebe.
In der Kammer seiner ländlichen Vorfahren war das auch nicht anders als im Stall und auf dem Hof. Hier wie dort war der Zweck wichtiger als der Trieb. Er regulierte diesen unter seinen Viechern nach volkswirtschaftlichen Überlegungen und tat es in der Kammer nicht anders. Der Hof verlangte den Erben: den mußte er haben. Der Name durfte nicht aussterben. Dafür konnte gesorgt werden. Versagte das Schicksal den Kindersegen, war das ein Unglück. Kein Unglück war es, wenn die künftige Mutter der Kinder nicht gerade von Hungerleidern abstammte. Hausmachtpolitik ging vor, und wenn sich der normale Bua auf Brautschau begab, prüfte er »das Geld in der Truhe, den Diridari«, keineswegs weniger gründlich als das berühmte »Holz vor der Hüttn«!

Von alldem ist auch heute noch viel im Altbayern lebendig. Die wachsende Verstädterung und die zunehmende Industrialisierung haben noch wenig Macht über die private Sphäre der Eingeborenen.
Vom Junggesellendasein hält der Altbayer nichts: Was der Mensch braucht, muß er haben. Wenn er's nicht braucht, so geht es nicht mit rechten Dingen zu. Das Zölibat des Herrn Pfarrer mag seine geistliche Ordnung haben, aber es beruhigt, vor allem in ländlichen Regionen, doch sehr, sieht man im Pfarrhof eine einigermaßen fesche Köchin herrschen. Wenn der Herrgott ein Einsehen hat, der Altbayer hat es bestimmt. Mit einem scheinheiligen Augenaufschlag, der schwer von einem gönnerischen Augenzwinkern zu unterscheiden ist, schaut er einfach weg.

Von den erschröcklich dramatischen Verwicklungen, Schürzungen und Tragödien aus Liebe und Leidenschaft, wie sie eine gewisse Filmkunst jahrzehntelang dem bayrischen Wesen unterschoben hat, ist in der Praxis so gut wie nichts bekannt. Ein bayrischer Romeo bekommt allemal seine Julia, oder er bekommt sie nicht. So rührend es wäre: die Geschichte endet nie mit Gift und Liebestod. Kein Schuß aus einer Grenzerbüchse trifft die Geliebte des Beamten, die sich vor ihren wildernden Bruder wirft. Kein eifersüchtiger Hirsch belauert den Rivalen beim Fensterln, stößt die Leiter um und ersticht den Freund, den er in der Finsternis nicht erkennt. Das Neueste, das man von diesem märchenhaften Brauch hierzulande gehört hat, ist auch schon recht alt: daß der letzte wittelsbachische Kronprinz in seinen jungen Jahren von Dorfburschen beim Fensterln erwischt und elendiglich verprügelt worden sei. Oder daß nördlich-westliche Sommerfrischlerinnen selbst die Leiter an die Hauswand legen, um bei den armen Bauernburschen einzusteigen, die ebenso verzweifelt wie aussichtslos um ihre Unschuld kämpfen.

Als sicher hingegen darf angenommen werden, daß es auf der Alm keine Sünde gibt. Weniger, weil nicht Sünde ist, was keiner sieht; auch nicht, weil die Sennerinnen nicht mehr so anziehend wären wie früher — das waren sie früher bestimmt nicht, denn der Weltverstand der Bauern schickte nur reifste Weiblichkeit auf die Alm. Vielmehr, weil das ganze Sennerinnenproblem keines ist. Doch spielen die Altbayern selbst dieses und all die anderen süßlich-sentimentalen Moritaten frisch und unverschämt in ihren Volks- und Bauerntheatern den Sommergästen vor. Die Gäste kämen ja zur Erholung, so entschuldigen sie ihre verlogene Volkskunst, und nicht zur Belehrung. Sie sollen vorgesetzt erhalten, was sie erwarten und sich wünschen. Das diene dem Zweck des Urlaubs ungemein.

Der altbayrische Adam ist im Gegensatz zu seinem biblischen Urbild keineswegs nackt. Die dem Stamme eigentümliche Schamhaftigkeit schätzt Entblößungen nicht. Das Gschamige bestimmt alle Verhaltensweisen in der Intimsphäre. Optischer Anregungen scheint der Altbayer nicht zu bedürfen. Nachts spart er am elektrischen Licht, und die verfänglichen Bilder der modischen Zeitschriften halten ihn eher vom Kauf ab, als daß sie ihn dazu verlocken. Über schlüpfrige Witze lacht er zwar auch, aber den »Maulhurer« hält er nicht für einen feinen Mann und meidet ihn auf die Dauer.

Bei alldem ist der Altbayer weder prüde noch von besonderer Keuschheit. Doch zieht er das Einfach-Direkte der schwülen Verdrehtheit vor. Aus diesem Grunde liegt seine Heimat in der Bundesstatistik über un-

Bayrische Gemütlichkeit. »*Jetz sitzen S' scho an ganz'n Nachmittag da bei Eahnern schäbigen Rest und thuan nix als streit'n und in Tisch nei schlag'n und meine Gäst' vertreib'n! I sags Eahna im guat'n: Rauschmeiß'n thua i Eahna, Sie ungezogener Mensch, wenn S' Eahna net glei' frisch einschenk'n lass'n!*«

eheliche Geburten beachtlich weit vorn, und Richter wie Anwälte erfreuen sich vieler Alimentenprozesse. So wenig diese für den Betroffenen angenehm sind, so sehr fördern sie sein Ansehen. Auch bei den Dirndln.
Das Aussehen des altbayrischen Mannes entspricht in keiner Weise mehr dem Bilderbuchbajuwaren. Den Kropf, das berühmte Attribut des Simplicissimus-Gscherten um die Jahrhundertwende, auch das »Tiroler Sportabzeichen« genannt, hat er abgelegt. Vom Schwingen hochschäftiger Fahnen, vom Fingerhakln und Raufen, von den alten, ebenfalls Riesenkräfte verschlingenden Nationaltänzen und Fastnachtsumtrieben ist er fast völlig abgekommen und zieht diesen Bräuchen die olympischen Disziplinen des Sportes vor.
Wenn der Bierkonsum in Altbayern nicht zurückgeht, obwohl die Bierbäuche fast völlig verschwunden sind, so erklärt sich diese Erscheinung daraus, daß Millionen von Neubayern, Durchreisenden, Sommer- und Wintergästen den Umsatz mit Vergnügen halten helfen. Regelmäßiges Schnapstrinken ist als eine typisch proletarische Gewohnheit verpönt. Das Stamperl ist grundsätzlich nur als Aperitif und als Verdauungsförderer erlaubt. Als ständiger Begleiter von Biergläsern ist es hierzulande undenkbar.
Seit sich auch die altbayrische Landwirtschaft zusehends industrialisiert und immer mehr Menschen an die wachsenden Städte abgibt, verschwindet das Herkömmliche unaufhaltsam. Gamsbart und Flaum auf dem Hut verlieren jede Beziehung zur Wirklichkeit, wenn die Gemsen-

jagd ausstirbt, wie der Adler schon ausgestorben ist. Was soll die Lederhose, seit der Flößer seine Baumstämme am Steuer eines Lastwagens und im Overall ins Flachland fährt? Was sollen Nagelschuhe auf dem Asphalt?

Trachten haben, soweit sie echt sind, nur noch Traditionswert. Der städtische Altbayer ist fast schockiert, wenn ihm in den Straßen eine begegnet. »A Tracht«, sagt er kopfschüttelnd »ziagt heutzutag doch nur a Preiß o, der auffalln wui!« Und Trachtenerhaltungsvereine ironisiert der Eingeborene als Träger von »Vereinserhaltungstrachten«. Der altbayrische Bua und das altbayrische Mannsbild schlüpfen gern in modische Kleidung. Sie ist praktisch, leger und farbenfroh und macht nur dem Snob strenge Vorschriften. Dem Individualisten erlaubt sie jede eigene Note. Sie verträgt sich durchaus mit bayrischem Loden, mit Haferlschuhen und dem »verdätschten« Berghut. Die eingeborene Lust zu höchstpersönlichem Angezogensein nützt diese Gelegenheit weidlich aus: der Altbayer bleibt der buntfarbige Individualist, der er immer war, auch im modischen Anzug. Das ist wesentlicher als das Herkommen mit der Lederhose.

Die altbayrische Eva unterscheidet sich von ihren übrigen Geschlechtsgenossinnen durch ihre entwaffnende Offenheit. Wenn sie nein sagt, ist das beileibe keine Ziererei. Man sollte sie beim Wort nehmen, möchte man handgreifliche Argumente vermeiden. Wenn sie aber will, sagt sie ja. Dann erübrigen sich jegliche Rückfragen. Sie brächten nur verächtliche Apostrophierungen ein, wie »blöder Hirsch«, »depperter Bua«, »Lattirl«, und könnten das schönste Verhältnis unklärbar trüben.

Das Neinsagen soll nicht übermäßig häufig sein. Natürlich gibt es keine Statistik darüber, aber wenn man gelegentlich aus Alimentenprozessen Evas Gründe zum Jasagen erfährt, möchte man's glauben. Da verteidigt sich die Schöne: ». . . weil er halt so nett war und so lang gebettelt hat.« — »Man kann sich doch net ganz umsonst einladen lassen, das gehört sich net für ein anständigs Madl!« — »Wer möcht scho ewig a Jungfrau bleim?«

Das Aussehen der altbayrischen Eva hat in den letzten Jahrzehnten einen revolutionären Wandel erfahren. Radikal hat sich das Dirndl von allen pseudozüchtigen schwarzgrauen Alltagssäcken getrennt und ist mit beiden Füßen in die Mode unserer Tage gesprungen. Blitzschnell hat sie begriffen, daß auf die föderalistischen Vorbehalte der Mannsbilder kein Verlaß ist, sobald nordische Konkurrenz auftaucht. Die »gscherten Rammi« schielen nämlich ganz gehörig nach den Hundert-

tausenden von glatthäutigen Sächsinnen, drall-gesunden Schlesierinnen, nach all den temperamentvollen »Po-Po-Mischungen« aus Pommern und Polen, nach den hochbeinig-kühlen Undinen aus dem Norden, die alle nach Altbayern zugewandert sind und dort seitdem pausenlos nachwachsen. Wenn es je eines Beweises bedurfte, um das böse Wort von der »preußischen Rassenschande« Lügen zu strafen, jetzt ist er vielhundertfach erbracht. In Altbayern ist das große Heiraten auf interdeutscher Ebene ausgebrochen.
Was Wunder, daß sich die eingeborenen Maderln, Dirndln, Trutscherln, Patscherln und Boizn (Bolzen) einen solchen Einbruch in ihr Revier nicht gefallen lassen. Fast im Nu sind aus ihnen die »steilsten Zähne« geworden.
Ihre altbayrische Herkunft verleugnen sie darüber nicht. Wie die Burschen auf ihre Art, verstehen auch sie es, dem einebnenden Zwang des modischen Tagesgeschmacks eine persönliche Note abzuluchsen, die freilich manchmal eines trotzig-skurrilen Zuges nicht entbehrt. Auch können sie noch immer das berüchtigte bayrische Prüfungswort »Loibitoag« phonetisch richtig aussprechen. Ihre althergebrachte wortwendige Schauspielkunst haben sie nicht verlernt. Nach wie vor ist ihr Wesen auf einen sonoren und herrischen Grundton abgestimmt, in dem verführerisch ein urwüchsiger Eros lebt.
Das tragende Prinzip der altbayrischen Ehe bildet der strategische Lehrsatz: Getrennt marschieren, vereint schlagen. Unter diesem Aspekt erscheint das altbayrische Ehe- und Familienleben ebenso altmodisch wie supermodern. Nur modisch ist es nicht.
Der Altbayer ist ein aushäusiger Mensch, darin dem Südländer nicht unähnlich. Soweit ihn sein Beruf zu besonderer Kontaktaufnahme zwingt, verlegt er diese stets in Wirts- und Kaffeehäuser, in Schmankerlstuben, Hotelhallen oder in die schöne Umgebung. Auch in jenen Fällen, in denen er die Spesen aus der eigenen Tasche bezahlen muß. Einladungen nach Hause liebt er nicht. Die weitaus meisten seiner Steckenpferde, unter denen das Kartenspiel und das Billard, das Kegeln und das Eisschießen, das Politisieren und die Stammtischrunde an erster Stelle rangieren, verlangen schon ihrer Natur nach andere Räume als häusliche. Dabei gehört die Frage, ob diese Liebhabereien den Mann zum Ausgehen nötigen (wie er es gewöhnlich darzustellen pflegt) oder ob er sie erfunden hat, um nicht daheim bleiben zu müssen, zu den unbeantwortbaren Fragen an die Volksseele. Gern tritt er auch Vereinen bei (weil »man nicht so sein kann« und nicht zum Spielverderber werden will) und übernimmt nach kurzem, traditionell üblichem Sträuben allerlei Ehrenämter (weil sie im öffentlichen Interesse liegen und die

Reputation heben). Diese ziehen notwendigerweise Besprechungen, Sitzungen, Besichtigungen, Kontrollen, Prüfungen, Erhebungen und ausgewachsene Veranstaltungen nach sich. Auch die Gesundheit will gepflegt werden. Ihr dient die abendliche Turnstunde, ein bißchen Jiu kann nicht schaden, vielleicht eine Boxrunde dazu (wer weiß, wie man's brauchen kann), obendrein eine Bergtour im Herbst und im Winter eine Skiwanderung. Der Kirchenchor braucht seinen Baß, dem Gemeindeorchester fehlt »ausgerechnet« seine Bratsche, und im nächsten Jubiläumsfestspiel ist ihm die wichtigste Rolle geradezu auf den Leib geschrieben. Das alles zusammen erhält das Mannsbild jung und fit.
Die eheliche Eva meutert zwar, daß der Adam »sich oiwai rumtreibt« und »was des ois kost!«. Im Grunde aber ist es ihr ganz recht so. Die rührige Vielseitigkeit des Ehegesponses imponiert ihr schon ein wenig, der »Loder« kommt bei so angespanntem Dasein nicht leicht auf schlechte Gedanken, und in den eigenen Wänden hat man den »dapperten Bären« los.
Diese vier Wände sind der unbestrittene Herrschaftsbereich der Hausfrau. Mag das Mannsbild draußen kraftmeierisch angeben, soviel es will, das steht ihm zu. Im Haus hat sie das letzte Wort. Diese Gewaltenteilung basiert nicht auf der Tyrannei des auch anderswo weitverbreiteten »Hausdrachens«, der hierzulande auf die unübersetzbare Berufsbezeichnung »Bißgurrn« hört. Diese weise und praktische Gewaltenteilung in der altbayrischen Ehe ist uralte Tradition. Sie stammt aus dem Dorf, wo Stall und Feld dem Bauern, Hof und Garten der Bäuerin unterstehen.
Die vier Wände sind in Altbayern heilig. Der Uneingeladene betritt sie nicht ungestraft. Auch die Hausfrau verfügt über beträchtliche Vorräte an Unliebenswürdigkeiten, die sie als volle Breitseiten abzufeuern nicht ansteht. Einladungen gibt es praktisch nicht. Unumgängliche sind selten gemütlich, denn sie werden vom Gastgeber wie vom Gast als Störung empfunden. Ordnung ist das höchste Interesse der Hausfrau. Veränderungen liebt sie nicht. Da ihre gesamte Tätigkeit auf das Wohlbefinden Adams ausgerichtet ist, hat er sich ihren Anordnungen widerspruchslos zu fügen, denn sie sind nur zu seinem Vorteil getroffen. Er sieht das ein und fügt sich schließlich mit Behagen, denn auch er liebt den gleichmäßigen Ablauf der Dinge, und gepflegte Gewohnheiten beruhigen wie das Ticktack einer Uhr.
Auf solche altmodisch-großväterliche Art marschieren altbayerische Paare durch das Eheleben. Sie respektieren einsichtig die Rechte, die ihnen Geschlecht und Gewohnheit beiderseits zusprechen. Sie marschieren getrennt, und das erscheint ihnen als die einzig vernünftige Form,

die Forderung nach Gleichberechtigung demokratisch zu praktizieren und den heiligen Stand der Ehe überhaupt auszuhalten. Der Erfolg gibt ihnen recht: Gemeinsam bewältigen sie die vielerei Pflichten dieses Standes mit wenig Komplikationen, und fast alle marschieren »getrennt-zusammen« bis ans Grab.
Modisch freilich ist das nicht.
Die Kinder werden zu Altbayern erzogen. Dies macht pädagogisches Raffinement weitgehend überflüssig. Einer besonderen Aufklärung, über den Storch zum Beispiel, bedarf es höchstens in den größeren Städten. Auf dem Lande liefert die Natur das notwendige Anschauungsmaterial in reicher Fülle.
Trotz des Umgangs mit neubayrischen Kindern ist das Erlernen der angestammten Sprache nicht gefährdet. Im Gegenteil erfreut sich diese raschester Verbreitung unter dem fremden Nachwuchs und trägt viel zur Eingemeindung desselben in das altbayrische Wesen bei. Bringen die eingeborenen Sprößlinge jedoch aufgefangene Brocken eines anderen Dialekts nach Hause, so entscheiden die Eltern, ob diese in das altbayrische Wörterbuch aufgenommen werden dürfen. Sprachbildungen wie »Mutti«, »die Butter« (statt altbayrisch »der Butter«), »Badd« (statt »Baad«), »lecker« (statt »guat«) werden als überspannt abgelehnt. Doch ist man im ganzen großzügig. So ist zum Beispiel im städtischen Altbayrisch das »Nö« (statt des »Na«) schon weitgehend angesiedelt.
Sollen wir uns einfach treiben lassen? — Gut, lassen wir uns treiben. Es ist reiner Zufall, wenn das Sich-treiben-Lassen da anfängt, wo die ganze Weltgeschichte anfängt, auch die bayrische: bei Adam und Eva. Es wird schon etwas herauskommen für jeden, wenigstens da oder dort.
Franz Hugo Mösslang

Altbayern und Franzosen

Das intimste Verhältnis aber haben wir Bayern, wie man aus der Sprache heraushört, mit den Franzosen und mit dem Französischen. So etwas nennt man seltsamerweise Erbfeindschaft. Es wimmelt im Bayerischen von französischen Ausdrücken.
Die Auswahl französischer Wörter im Bayerischen ist so groß, daß wir nur ein Dutzend herausgreifen können. Zurück heißt bei uns: *retour* und die Rückfahrkarte heute noch *Reduhrbilet*.
Das war im Ersten Weltkrieg: Zu einer bayerischen Einheit kam einer herüber von einer norddeutschen Einheit mit dem Ersuchen, der bayerische Kamerad möchte ihm seinen Spaten leihen. Der Bayer gab den

Spaten hin, bemerkte aber dabei: »*Boi'sd firti bist, bringst 'hn wieda.*« Das verstand der Norddeutsche nicht, und er fragte nach: »Wat hast du jesacht, Kamerad?« — »Umabringa soi'sd 'hn wieda, boi'sd firti bist.« Es kam keine Verständigung zustande, so sehr sich auch der Bayer bemühte. Schließlich schrie er den norddeutschen Kameraden an: »*Fini — retour!*« Strahlend begriff der norddeutsche Kamerad und zog mit dem Spaten ab. »Selbstverständlich! Wenn ich fertig bin, bringe ich ihn zurück.«

Wiesawie ist vis-à-vis, ist gegenüber. Furchtbar einfach, unser Bayerisch.

Der *Schandarm* oder *Schadarm* ist eine so vollendet bayerische Gestalt, daß kein Mensch an das französische Wort denkt: *gens d'armes*. Eine liebevolle Abwandlung davon ist *da Schtandari*.

Unser elegantestes französisch-bayerisches Wort aber sagt der Vater, wenn er bei der Brotzeit ein Stück auf sein feststehendes Messer gespießten Leberkäs dem Buben hinhält — er solle ruhig nehmen. Dann sagt der Vater dabei: *säh!*

Josef Martin Bauer

Etwas über den bayrischen Humor

Bayrischen Humor gibt es allerdings zweierlei: *den*, über welchen wir Eingesessenen lachen, und *jenen*, den die Fremden an uns belachen. Der erstere beruht auf unserer scheinbaren Unlogik und auf der Langsamkeit im Begreifen. Bei der Beurteilung des letzteren bin ich nicht kompetent. Hier etliche Beispiele zum Aussuchen:

Ich klopfe in einem Münchner Miethaus an eine Tür und frage: »Verzeihung, wohnt hier im Haus vielleicht ein Fräulein Schall?«

»Na«, verneint die Frau und besinnt sich: »Naa ...! Aber warten S', im zweiten Stock, die vermieten Zimmer ...« Und nach einer sekundenkurzen Pause fährt sie wie in einer plötzlichen Erleuchtung auf: »Meinen Sie vielleicht den Herrn Baumeister?«

Oder etwa:

Ein Bayer fragt seinen Freund: »Hast jetz du den Much-Franzl kennt?« — »Naa«, schüttelt der Befragte den Kopf.

Darauf der erste, ohne Rücksicht auf die Verneinung: »Der ist nämlich jetz Wachtmeister worden.«

Oder:

Aus dem Schwabinger Krankenhaus kommt ein Mann mit frisch verbundenem Kopf und steigt in die Trambahn, die davor eine Haltestelle hat.

Das Notwendigste. »*Können Sie bayrischen Dialekt sprechen?*« — »*Ja, aber nur Injurien.*«

Fragt der eine den Verbundenen leger: »Kommen Sie jetz aus'm Schwabinger Krankenhaus, Herr Nachbar?«
»Ja«, antwortet der.
»Drum!« gibt sich der Fragende zufrieden: »Drum!«
Und damit klar wird, daß wir auch feinerer Regungen fähig sind und uns stets taktvoll ans Gebräuchliche halten:
In Reichelsberg ist der Krämer Hunglinger gestorben. Etliche Verwandte aus der Stadt kommen. Droben in der Ehekammer liegt der Verstorbene im offenen Sarg. Der Pfarrer, zwei Ministranten, das Totenweib und Familienangehörige mit den Verwandten verrichten davor die letzten Sterbegebete. Inzwischen ist unten der Totenwagen vorgefahren. Der Pfarrer besprenkelt die Leiche noch mal mit Weihwasser, dann wird der Sarg geschlossen, über die Stiege hinuntergetragen und auf den Totenwagen geladen. Die Trauernden formieren sich, um, wie es Brauch ist, dem Verstorbenen das Geleit bis zum Pfarrort zu geben. Diskret tritt die Zigarrenhändlersgattin Therese Blieml aus München, eine Verwandte der Hunglingers väterlicherseits, an die tieftrauernde Witwe heran und fragt halblaut, indem sie ihr Taschentuch herausnimmt: »Wie ist jetz das, Hunglingerin...? Weint man jetz da schon vom Haus weg oder erst auf'm Friedhof?«
Und zum anderen:

In der Schule fragt der Lehrer: »Pfisterer-Johann, was bekommen wir also von der Henne?«

»Von der Henne bekommen wir Eier«, antwortet der Pfisterer-Johann und wird belobigt, weil er es so schön hochdeutsch gesagt hat.

»Und was bekommen wir von der Henne noch?« forscht der Lehrer weiter, und weil der Pfisterer-Johann plötzlich verlegen wird und sich schwer besinnt, wiederholt der Lehrer die Frage freundlich aufmunternd: »Von der Henne bekommen wir Eier, sehr gut! ... Aber was bekommen wir von der Henne noch?« Auf das hin drückt der Pfisterer-Johann die Brust mannhaft heraus und antwortet mit lauter Stimme: »Von der Henne bekommen wir *noch* Eier!«

Des weiteren jene schöne Sommerunterhaltung:

Ich fahre im heißen August auf einer Münchner Straßenbahn und stehe neben dem Wagenführer auf der vorderen Plattform. Ein Bekannter von mir steigt ein, und wir unterhalten uns über die verschiedenen Badegewässer in der nächsten Umgebung Münchens.

»So was Weiches und Gesundes wie das Wasser von der Amper«, rühme ich, »mein Lieber, das gibt's weitum nicht!«

»Ah, geh! Seewasser bleibt Seewasser!« widerspricht mein Bekannter eifrig. »Der Starnberger See, da gibt's nichts! Seewasser —« Weiter kommt er nicht, denn plötzlich dreht sich der Straßenbahnführer um, mißt uns gemütlich und sagt leger: »Aber das Kraillinger Bier, meine Herrn! ... Das Bier! Da schenk ich Ihna dö ganzen Wasserln dafür!«

Im übrigen kann der bayrische Humor im Gegensatz beispielsweise zum österreichischen mitunter mannhaft zotig und unzweideutig anzüglich sein; eins dagegen fehlt ihm völlig: die ordinäre Zweideutigkeit. Wir haben keinen rechten Sinn dafür, daß etwas Natürliches anstößig sein soll. Wir sagen ja auch den Ausspruch Götz von Berlichingens bei jeder Gelegenheit und in allen erdenklichen Nuancen, ohne uns dabei etwas zu denken, wir sagen ihn nicht etwa umschreibend, wir sagen auch nicht etwas wie »Auf Kirchweih laden« oder das stumpfsinnig herrenabendmäßige »Du kannst mich mal am Abend« dafür: nein, nein, wir sagen's wirklich so — na ja, Sie wissen's schon! Unsere Auffassung von moralisch geheiligten Dingen ist mitunter von einer entwaffnenden Gleichgültigkeit, oder handelt es sich dabei nur um eine spezifisch bayerische Gehirnsubstanz?

Oskar Maria Graf

Bayrisch in Bayern

Die Sache scheint nicht viel herzugeben: Auf der Sitzungsliste steht »Beleidigung«, ein Alltagsdelikt, und im Zuhörerraum sitzt außer dem Reporter nur ein altes Weiberl, das wohl mehr die draußen herrschende Kälte als das Interesse am zur Verhandlung anstehenden Fall hergeführt hat. Und selbst der Richter, frisch an dieses Amtsgericht versetzt, macht den Eindruck, als gehe es nur um eine lästige Pflichtaufgabe. »Zum Aufruf kommt die Sache Niederhuber-Josef wegen Beleidigung«, schnarrt er geschäftsmäßig und erkundigt sich mit einem kurzen Blick zur Anklagebank: »Ihre Personalien, bitte?«
»Niedahuaba-Sepp hoaß i, des wissn S' ja scho«, kommt es in dröhnendem Baß zurück. »Geborn am siemazwanzigstn Ogdoba zwoaradreißg dahier, Viechhandla von Beruf, vaheirat, drei Kinda, zwoa Madl und an Buam ...« Weiter kommt er fürs erste nicht, weil ihm der Richter in die Parade fährt: »Also, hören Sie mir mal bitte gut zu, wir sind hier nicht beim königlich-bayerischen Amtsgericht, sondern bei einem heutigen. Sie werden doch hoffentlich des Hochdeutschen so weit mächtig sein, daß Sie sich hier in einer allgemeinverständlichen Sprache ausdrücken können.«
Der Sepp hört sich das mit immer größer werdenden Augen an und muß erst einmal tief Luft holen, ehe es aus ihm herausbricht: »Ja, jetz do varreckst! Ja, wo samma denn übahaupt — in Preißn oda in Bayern? Oiso, daß ma bei uns aa vor Gericht redn konn, wia oam da Schnowe gwachsn is, des woaß i scho ganz genau aus'm Stadtanzeiga! Do stähd jedn Dienstog a Gschichtal drin vo da weißblaun Anklagebank, do redn de Angeklagtn olle boarisch, und des werd se ja da Reporta ned aus de Finga zuzln. Geh weita, Dokta, red aa amoi wos — wos moanstn du dazua?«
Der also angesprochene Verteidiger, der schon die ganze Zeit beifällig genickt hat, stellt sich sofort voll auf die Seite seines Mandanten: »Ich finde es gleichfalls grotesk, wenn einem Altbayern von einem Münchner Richter verboten wird, sich in seiner Muttersprache zu äußern. Es stellt sich sogar die Frage, ob der Angeklagte durch ein solches Verbot nicht in seiner Verteidigung behindert wird, was die weitere Frage nach sich zieht, ob ein Gericht, das so etwas tut, nicht als befangen anzusehen und abzulehnen ist.«
Soweit kommt es nun glücklicherweise nicht, weil der Richter — »um meiner Fürsorgepflicht für den Angeklagten nachzukommen« — diesem gestattet, sich im heimischen Idiom auszudrücken. »No oiso, ma muaß bloß redn mit de Leit«, meint der Sepp zufrieden, worauf der

Staatsanwalt endlich die Anklage verlesen kann. Sie läuft darauf hinaus, daß Niederhuber den Zeugen Sieckendik mit Ausdrücken wie »selbstgeschnitzter Kasperlkopf« und »naserter Birndieb« tituliert sowie geduzt haben soll.

Das bestreitet er auch nicht einen Moment, ganz im Gegenteil: »Ja freili hob i des zu dem Gischpe gsogt, dem preißischn! Wissn S', des war oana vo dene, de wo d' Gscheidheid mid Löffen gfressn ham, und de mog i scho bsondas gern! Kumma zu uns runta, wissn ollas bessa und dean so, ois wia wann mir de letztn Deppn waarn. Genau so oana war aa der Dingsdo, der wo se domois im Wirtshaus zu mir an Tisch gsetzt hod. Er hod ned wenig gredt, aba wos er gredt hod, war a Schmarrn. Und wiare 's gor nimma ausghoitn hob und wei er gor an so an scheena Zinkn ghabt hod, hob i hoid gsogt: ›Ja, schleich di doch, du nosada Birndiab mid deim selbstgschnitztn Kaschpalkopf, und schaug, daß d' do hikimmst, wos d' herkumma bist.‹ Und wega so wos mog mi der ozoagn!«

»Nun, ich lasse mich auch nicht gerne von jedem duzen und als Dieb bezeichnen«, wirft der Richter ein. Der Verteidiger belehrt ihn jedoch alsbald in wohlgesetztem Hochdeutsch, daß in Bayern, und schon gar im Wirtshaus, das Duzen eines Fremden üblicherweise ebensowenig als Beleidigung aufgefaßt werde wie die beiden beanstandeten Äußerungen, die im Volksmund üblich seien. Insbesondere beinhalte das Wort »Birndieb« im Zusammenhang mit »nasert« nicht die Behauptung, der also Angesprochene pflege Früchte zu stehlen. Das solchermaßen im Richter erweckte Verständnis für die Feinheiten der bayerischen Sprache führt schließlich zwar nicht zum Freispruch, aber immerhin zur Einstellung des Verfahrens.

Erwin Tochtermann

Gstell nebst Bestandteilen

Fast meint man, das Wissen um die Hinfälligkeit des Menschengeschlechts stehe dahinter, wenn der Baier den Körper etwas wegwerfend ein Gstell nennt. Bedeutet doch das Gestell im Deutschen unter anderem etwas Zusammen- oder Aufgestelltes, das naturgemäß auch wieder zusammenfallen kann. Aus tiefer Einsicht in alles Vergängliche sagt man von einem, der darniederliegt: »Dem hat's 's Gstell zammg'haut.« Manchmal macht einer auch ohne Grund »aso a Gstell«, daß man ihn ernsthaft zur Rede stellen muß, sich doch nicht so anzustellen.

Viel erfreulicher ist es natürlich, wenn ein Weibsbild »guat gstellt« ist. »Die is guat beianand«, oder »die is guat gstellt« heißt nichts anderes, als daß alle Bestandteile ihres Gstells genau an der richtigen Stelle sind und gleichzeitig nicht gerade kümmerlich ausschauen. Und da einerseits die Mannsbilder einen beachtlichen Scharfblick für die richtigen Stellen haben, andererseits manche Stelle ganz besonders ins Auge fällt, beziehen sich diese Redewendungen, in eingeschränkter Bedeutung, vor allem auf jene Partie, die das Deandl in der Tracht wohl nicht von ungefähr mit Blumen schmückt. Schaut man doch auch wohlgefällig auf den blumengeschmückten Balkon eines ansehnlichen Hauses.

Mehr im Nützlichkeitsdenken verhaftete Menschen schätzen weniger den breit ausladenden Balkon eines Hauses (um bairische Bauernhäuser führt eine Altane) als vielmehr das Brennholz, das der sorgsame Familienvater davor aufgeschichtet hat, damit im Winter die Stube warm bleibt. Dieses »Holz vor der Hüttn« oder »bei der Hüttn« ist schon auch ein Zeichen dafür, daß seine Bewohner nicht so schlecht gestellt sind. Und genauso gut beianand ist ein Madl, von dem man das gleiche sagt. Da hat dann einer schon seinen Gschpaß (Spaß) daran, an diesen Gschpaßloaberln (vergleiche »Loaberl« nebst Beschreibung ihrer Form; auch Eiweckerl sind geschätzt, wie an der gleichen Stelle bezeugt wird). Gern bagatellisierend, sagt der Baier dazu auch »ihr Zeigl« (also ihr Zeuglein, von Zeug). Das Zeigl ist generell das, was ein Mensch besitzt und was nicht gerade überaus wertvoll ist; in manchen Gegenden nennt man sogar einen kleinen Bauernhof so, vor allem ein Kuahzeigl, wenn nur eine Kuh oder zwei im Stall stehen. Es ist ja auch nur natürlich, daß ein Deandl um so mehr gefällt, je mehr sie das Zeug dazu hat. Wir können an dieser Stelle nicht länger verweilen, das Gstell hat ja auch noch andere Bestandteile. Seinen Stand findet es auf den Haxn. Wie schon früher, als es um fleischliche Genüsse ging, gesagt, schätzt der Baier den Ausdruck Beine nicht, denn sie sind für ihn fleischlos. Er nennt sie vielmehr Haxn. Freilich klingt das etwas grob — nötigenfalls sagt er ja auch »Füaß« dafür —, doch beinhalten sie etwas deutlicher als die Beine die Funktion dieser Extremitäten. Genaugenommen ist die Haxn das Zentrum eines Beines; ursprünglich verstand man nämlich darunter den Kniebug, womit etwa das gotische *hoha* (für Pflug, wegen seiner Form) verwandt ist. Am meisten fallen an dieser Körperregion sowieso die Wadl (Waden) ins Auge. Kein Wunder, daß der Baier sie mit einer zärtlichen Verkleinerungssilbe ausstattet. Daß sie männlichen Geschlechts sind (im älteren Deutsch hieß es überhaupt: der Wade), schließt die augenfällige Bevorzugung weiblicher Wadln nicht

Metzgersprache. »So, hast alles? 'n Herrn Regierungsrat sei Ochsenhirn, der Frau Steueraufseher ihr Euter und der Frau Apotheker ihren Bauchschlampen?«

aus. Das weibliche Schönheitsideal von den langen Beinen ist übrigens noch nicht sehr alt, sonst könnte das Wort langhaxat (langhaxert, langhaxig) nicht immer noch einen leicht abwertenden Klang haben, verbindet man damit doch nicht nur den Sinn von staksig, sondern auch von einer Art Nutzlosigkeit.

Das Genick war dem Baiern schon früh etwas zu vulgär. Er zog dafür vielmehr das Gnack vor, das vom edleren Nacken abzuleiten ist, der früher oft auch nack (althochdeutsch *hnach*) hieß. Und wie manches Wort, das in älterem Deutsch viel weiter verbreitet war, hat sich im Bairischen auch die Achsel erhalten, ein Grund mehr, Dialekte eben nicht über die — dem Bairischen fremde — Schulter anzuschauen (Goethe und Klopstock sagten noch: »über die Achsel ansehen«).

Selbst die Achsel ist indessen nur ein matter Ausdruck, wenn man sie mit der kraftstrotzenden Irxn, die das gleiche bedeutet, vergleicht. Die beiden Wörter hängen ursprünglich zusammen, und die Irxn müßte heute hochdeutsch eine Üchsen oder Üchsel sein. Freilich ist strenggenommen sowohl die Achsel wie die Irxn nur die Höhlung unter den Armen, aber im Bairischen ist der Buckl (alias Rücken) halt so breit, daß für die Schulter kein Platz mehr bleibt.

Diese Irxn ist der Sitz des Irxnschmalzes und damit Symbol für die männliche Kraft schlechthin. Denn obwohl das **Schmalz** eigentlich die

Bedeutung des Weichen und des Fetten hat, schien man von der Auffassung auszugehen, daß ein Magerer oder gar ein Dürrer niemals soviel Kraft aufbringen könnte wie ein Untersetzter. »Da brauchst scho a Irxnschmoiz dazua« will also sagen, daß man mit beiden Armen zugreifen muß, und das wie.

Das schönste Irxnschmalz nützt natürlich nichts, wenn das Mannsbild nicht ein paar Pratzn hat, mit denen es anpacken kann. Für deren Ausmaße spricht ihre vermutliche Herkunft: nämlich über das italienische *braccio* vom lateinischen *brachium,* was gleich den ganzen Arm bedeutet. Auch das spanische *braza* (Klafter) hängt damit zusammen, womit die Größe der Pratzn hinreichend bewiesen sein dürfte. Das schloß nicht aus, daß man in der älteren deutschen Literatur daneben von »zarten Prätzlein« schwärmte.

Beinahe zärtlich klingen die Glubberl, wie man hierzulande gern die Finger nennt, natürlich nicht grad im Schulaufsatz. Man sieht ihnen nicht gleich an, daß sie mit den Clips verwandt sind, und doch ist die mittelhochdeutsche *kluppe* eine Zange, womit etwas gefaßt und gepackt werden kann. In nämlich übertragenem Sinn heißen die Finger auch Griffel.

Leo Sillner

Mir

Mir san langsama
wia de andan.
Ko sei,
daß ma aa
langsama denga.

Aba untan Strich
kimmt oiwei
was Richtigs raus.

Mir san scho
Leit,
wia sa se ghört!

Herbert Schneider

Gstanzl vom Roider Jackl

Unser Bayerlandl is scho schö
und wems bei uns net gfallt, der ko geh,
mir zahl ma eahm d' Fahrt und a Pfund Speck,
aba 's Retourbillett net.

Wer viel arbat und wenig redt,
paßt für die heutige Zeit net,
aba wer viel redt und weng tuat,
paßt in die heutige Zeit guat.

Da wos vui kloane Leit gibt
da gibts a vui Freid
denn die geldigen Protzen
ham zum Lacha koa Zeit.

Wenn i no amal auf d' Welt kaam,
wearad i oaner vo de sellen, wißts es scho,
de wenn in der Fruah aufstehn,
na is eahna Arbat scho to.

Es gibt Leut, die könna auf Weihnachten
an eahnan Tisch gar net hi,
weils Motorradl drom steht
und vom Christkindl d' Schi.

Wenn jetzt a Bauerntochter heirat,
kriagst statt der Brautkuah an Wagn
und glei an Mercedes 300,
weils mitn Glump net gern fahrn.

Ich hab für die Zukunft koan Wunsch mehr,
na wer i a nimma enttäuscht
i bin scho z'frieden, wenn i mi dort kratzen ko,
wo's mi recht beißt.

Jetzt muaß i aufhörn zum Singa,
sonst wer i berühmt
und kriagat später aa so a Denkmal,
da wos Wasser raus rinnt.

Wo ist Altbayern?

Zuerst, ganz allgemein: Altbayern ist nicht nur das Land um Garmisch und Tegernsee herum, sondern ein Gebiet, welches geographisch im Westen vom Lech, im Osten von Salzach und Inn, im Norden — bis Regensburg — von der Donau begrenzt wird, dann aber über die Donau hinüberreicht und auch den Bayerischen Wald ungefähr bis zum Städtchen Furth i. W. einbezieht, während im Süden die bayerischen und Salzburger Alpen dazugehören. Du siehst also, wieviel Raum dir für Entdeckungsfahrten im Altbayerischen zur Verfügung steht. Nütze ihn aus und beschau ihn dir genau — es lohnt sich!
Altbayern ist ferner das bayerische Stammland, das seit ca. anderthalbtausend Jahren alle Stürme der Geschichte unzerteilt überstanden hat. Es ist Bauernland, und seine Städte sind Bauernstädte, die ihr Hinterland trägt und die noch keine Industrie von diesem Lande abgeschlossen oder ausgeschlossen hat. Es ist deshalb gar nicht wichtig, daß ich dir die einzelnen Städte rühme und aufzähle — du magst sie dir nach Belieben auf der Karte aufsuchen! — Altbayern ist eine Einheit, und deshalb ist da nur das Ganze wichtig. Und deshalb will ich jetzt auch, nach diesen Andeutungen, alle Geographie, Geschichte, Buch- und Schulweisheit beiseite schieben und dir nach einer ganz anderen Methode klarzumachen versuchen, wo Altbayern ist bzw. wo es nicht ist, denn das ist manchmal fast leichter zu sagen.
Also, paß auf:
Auf den großen Autostraßen, die das Land durchziehen, auf diesen Straßen, wo ein Luxuswagen hinter dem andern rast und ein PS-Fatzke den andern zu überholen sucht — da ist Altbayern nicht! Wenn du es finden willst, so laß deinen Wagen an einer beliebigen Stelle halten, steig aus und geh von der internationalen Straße weg, nach Bayern hinein. Wenn du dann auf stillem Waldpfad gemächlich hinwanderst und die durchrasten Kilometer wie ein Alp von dir abfallen, wenn du an einem Waldrand sitzt und über die weiten Hügel und fruchtbaren Felder hinzuschauen und hinzuträumen beginnst, wenn der Friede weltferner Dörfer dich grüßt und dein Herz zu wecken beginnt, wenn keine Autohupe mehr tönt und ein Knecht zu seinem Roß, das gleich gar ein bißchen ein schnelleres Tempo anzuschlagen sich unterfangen hat, gutmütig sagt: »Ja, tua no langsam, tua no grad langsam!« — dann, lieber Freund, wisse, da ist Altbayern!
In den berühmten Kurorten dagegen, wo du mindestens dreimal täglich dich umziehen mußt, wo du nachmittags zum Tanztee und abends in die Bar gehst, wo du mit der Bergbahn ins Luxushotel fährst und

Reflexion. »*Dös is a saudumme Einrichtung, daß bei dö Bäder allweil a Restauration dabei is. Auf dö Art kumm i nia zum Bad'n!*«

vom bequemen Korbsessel aus »erhabene Bergnatur« genießt — da ist Bayern kaum. Wo Portiers in Uniform dich stramm mit Hand an der Mütze begrüßen und befrackte Kellner mit blasierten Gesichtern herumstehen, die beinahe schon genauso belanglos sind wie die des gewohnheitsreisenden internationalen Publikums, das sie bedienen — da ist Bayern nicht! Wo aber ein stiller, schattiger Wirtsgarten dich lockt oder eine behäbige Landbrauerei ihre alte Fensterfront breit und wohlhabend in die Straße räkelt, wo statt des Portiers der biedere, alte bayerische Hausl (Hausknecht) deine Wünsche ganz ohne Förmlichkeit und ein bißchen pfiffig-mißtrauisch zu begreifen versucht, wo nicht Kellner dich mit einem »'n Tach!« anpfeifen, sondern der wohlproportionierte Herr Wirt oder die rundliche Frau Wirtin dich mit einem langsamen »Grüaß God« begrüßen, sonst aber alles gemächlich in alter Ruhe und ohne Überraschung weitergeht, obwohl du dies Haus mit deinem hohen Besuch beehrst — da ist Altbayern!

Joseph Maria Lutz

Boarisch

Des konnst net lerna, net studiern,
Des konn da neambd net sagn.
Im Herzn drinna muaßt as gspürn,
Sunst werst as nia dafragn.

Des konn a Wort, a Liadl sei,
A Bacherl, des wo plauscht,
A Bleamal, des am Wald hiebei
Auf Wind und Vögl lauscht.

A Kircherl, des grad zwölfe leit
A Kreiz im Buachnschlag,
A »Grüaß di God« von Nachbarsleit,
A Deandl, des di mag;

Da Himme, bal er weißblau lacht,
A Gamserl in de Wänd,
A Stutzn, der bei Vollmond kracht,
Am Ahndl seine Händ.

A Bua konns sei, der Zither schlagt,
Da Gruch von frischn Hei,
An alter Bauer, der si plagt,
De lange Pfeif im Mäu;

D' Bavaria, wias obagrüaßt,
Und aa bal d' Schaffler draahn
Am Münchner Rathausturm, na gspürst
As Hoamatlüfterl waahn!

Des konnst net lerna, net studiern,
Des konn da neambd net sagn.
Im Herzn drinna muaßt as gspürn,
Sunst werst as nia dafragn!
Herbert Schneider

Von den Alpen
bis zum Bayrischen Wald

Alpenkinder. »Zoag dei Volksseele her, Nanndl, heut' is doppeltes Entree!«

's schönste Land

Hat da Herrgod gfragt:
»Wer ma des wohl sagt:
Welchas Land is mir am bestn g'ratn?
Der wo's trifft, der kriagt an Schleglbratn
Und an Äpfisterz mit scheane Rammerln dro
Und a Bier, soviel a trinka ko!«

Sagt der oane: »Werd wohl 's Indien sei!
Da geits Gwürzer und de schmecka fei,
Da geits Edelstoan als wiar a Faust so groß,
Helefanten geits und scheane Roß.«

Sagt der ander: »Kunnt wohl ebba 's Frankreich sei;
Hoaßts, es waar so reich und gaab den bestn Wei'.
Und des woaß ma, megst dir du an guatn Tag otoa,
Nacha geahst ins Frankreich ganz alloa.«

Sagt der dritt: »I moan, der suacht scho deachtn z' nah;
Sellas Land is gwieß 's Amerika,
Wo da Tawak wachst und da Kaffee
Und de Bettelleut verdriaßt koa Schnee.«

Hat da Peter gsagt: »Des scheanste Land
Geaht vo Lenggrias umi bis zan Herzogstand,
Geaht vom Walchensee a's Isartal
Und vo Wallgau eini gega Fall.
Steaht da Wald so gsund und is da See so blau,
Schaugn de Berg so freundli ra in d' Jachenau,
Starke Buabn und saubre Dirndln siehgst am Föld —
Naa, da geits nix Bessers auf da Wölt!«

Und da Herrgod lacht: »Der hat's derratn!«
Und da Peter kriagt sei'n Schleglbratn
Und an Äpfisterz mit scheane Rammerln dro
Und a Bier, soviel a trinka ko.
Max Dingler

Bairische G'schichtn

Ein geistlicher Schulinspektor, ein gewichtiger »Gäupfarrer«, wollte bei einer Schulprüfung in einem niederbayerischen Pfarrdorfe einen elfjährigen Buben aus der Heimats- und Vaterlandskunde prüfen; doch der stand wie ein Stockfisch vor der Landkarte. Der Inspektor zeigte ihm, wie leicht es sei, sich auf der Karte zurechtzufinden und alle Straßen und Plätze aufzusuchen und hielt ihm ob seiner grenzenlosen Unwissenheit eine derbe Strafpredigt.
Tags darauf wanderte der Schulinspektor in ein etwa eine Stunde entferntes Filialdorf, nach Schwimmbach, um dort ebenfalls Schulprüfung abzuhalten.
Als von der Straße ein Fußweg abbog, wußte er nicht recht, ob er diesem folgen sollte oder nicht. Da sah er den Buben, den er gestern so stark gerüffelt hatte, des Weges kommen und fragte ihn um Auskunft. Spottend versetzte der Junge: »Schau, gestern hast du alle Weg und Steg auf der Landkarten kennt, und heut' woaßt net amal'n Weg nach Schwimmbach.«

Tief hinten im Bayerischen Wald, wo die Welt mit Brettern verschlagen ist, sind einzelne Dörfer zur Winterszeit unter den Schneemassen halb vergraben. In früheren Zeiten, als Wege und Straßen noch mehr zu wünschen übrigließen als heute, mußte man die Verstorbenen bis zum Eintritt besseren Wetters zu Hause behalten. Daher wurden in manchen Häusern droben auf dem finstern Speicher Särge von verschiedener Größe für einen etwaigen Todesfall aufbewahrt.
Hier und da legte man auch die getrockneten Hutzeln (Holzbirnen) in solch einen Totenschrein, damit doch dieses Möbel nicht ganz unnütz dastand.
Da begab es sich einst im Winter, daß die hochbetagte Ahnl vom Moserbauern starb und in eine Truhe auf dem Speicher gelegt wurde. Als der Frühling kam, wurde der Sarg mit der Ahnl mit allen Ehren zur Erde bestattet.
Ein paar Wochen später kam die Bäuerin auf den Speicher und fand zu ihrem Schrecken die Ahnl droben im Sarge liegen. Da erkannte sie, was geschehen war: Statt der guten Ahnl hatte man eine Truhe voll Hutzeln eingegraben ...

In einem oberbayerischen Dorfe traf der Pfarrer eine Schar spielender Kinder, die emsig aus Loahm (Lehm) allerlei Gebilde formten.
»Was macht ihr da?« fragte er leutselig.

»Unser Dorf«, war die Antwort.
»Und wo habt ihr denn die Kirche?«
»Da, da!«
»Gut! Aber zur Kirche gehört auch ein Pfarrer!«
»Den mach' ma scho no, wenn uns no soviel Loahm bleibt.«

Eine reiche Bauerstochter heiratete in die Stadt, und die Bäuerin sorgte für eine großartige Ausstattung. Alle Verwandten und Bekannten mußten dieselbe bewundern. Eines fehle noch, sagte eine Base, nämlich Nachtjacken. Daraufhin wurde noch ein Dutzend der schönsten Nachtjacken angeschafft. Als die Mutter bald nach der Hochzeit ihre Tochter besuchte, erklärte ihr diese bündig, sie werde keine Nachtjacken mehr tragen. »Die erste Nacht«, sagte sie, »hat mich mein Mann ausgelacht und die zweite auch, und seitdem zieh' ich wieder mein Hemd an.«

Ein Lehrer suchte vergeblich, den Namen eines neueintretenden Schülers zu erfahren. Endlich fragte er: »Nun, wie ruft dir denn deine Mutter, wenn du auf der Gasse bist?«
Da erwiderte der Kleine: »Obst hoamgehst, du Luder, du miserablig's!«

Auf das Geheiß des Vaters brachte der Brandtner-Michl seinen zottigen Schnauz zur amtlichen Hundebeschau.
»Wie heißt der Hund?« fragte der Tierarzt den Knaben.
»Schmecks«, lautete die Antwort.
»Wie dein Hund heißt, will ich wissen«, rief der Tierarzt erbost.
»Schmecks«, versetzte der Michl wieder.
»Du Lausbub, du elendiger!« brüllte der Tierarzt. »Meinst du, ich lasse mich von dir zum Narren halten? Zum letzten Male frage ich dich: Wie heißt der Hund?«
»Schmecks«, wiederholte der Michl mit weinerlicher Stimme.
Schon wollte ihm der Tierarzt nach den Ohren greifen, da erhob sich der Ortsvorsteher und sagte lächelnd: »Ja, seh'n S', der Bub kann nichts anderes sagen; denn der Hund heißt wirklich — Schmecks.«

Ein altes Weiberl wohnt bei bitterster Kälte einer Beerdigung bei und seufzt voll Einfalt: »O lieb's Herrgottl, grad im Winter laß mich net sterben, weil's gar so kalt ist im Freithof!«

Die 87jährige Brunnerin ist fassungslos, weil ihr Lieblingssohn, der Hans, gestorben ist. 64 Jahre ist er alt geworden, der Hans, und ich mein, mit diesem Alter kann man zur Not zufrieden sein. Nicht aber die Brunnerin; denn sie sagt: »O mei, o mei, is ja aus! Muaß der Bua sterb'n! I hab's alleweil g'sagt, daß i'n net davo'bring'.«

Als die reiche Schoberbäuerin in F. im Rottal begraben werden sollte, kam auch die Frau Bas aus der fernen Hallertau. Ehe sich der Trauerzug in Bewegung setzte, fragte die Frau Bas einen fernen Verwandten: »Ha, Herr Vetter, wie is's denn bei enk der Brauch? Fangt ma da 's Woan' (das Weinen) scho beim Haus o oder erst beim Gott'sacker?«

»Heuer hab'n ma a schlecht's Jahr g'habt«, erzählt der Gschwendtner, »d' Kuah verreckt, 's Wei(b) g'storb'n, d' Sau z'grund ganga.«

Am St.-Laurentius- und Barthlmä-Tage wallfahrten viele Leute in der Umgegend nach Bischofsmais (im Bayerischen Wald) zu der Kirche, die dem heiligen Hermann geweiht ist. Dort hopsen sie (heben in die Höhe) das Bild dieses Seligen, wobei sie ihm ihre Anliegen vortragen. Namentlich ist die heiratslustige Welt stark vertreten. Da kam einmal auch eine schmucke Dirn, und weil sie glaubte, sie sei allein in der Kirche, betete sie laut, der Heilige möge ihr bald einen Mann schicken. »Aber nur keinen roten«, fügte sie treuherzig dazu. Der Mesner, der hinter dem Altare war, hatte ihr Flehen gehört und brummte nun in tiefem Baß, als ob er der Heilige wäre: »Es ist kein anderer mehr da.« »Nun denn«, sagte die wählerische Dirn, »in Gottes Namen, nachher tut's der auch.«

Aloys Dreyer

Sein Geschäftstrick. »*G'schwind, Kathl, g'schwind, bind da deine Strumpfbandl nauf, Summafrischla gehn vorbei!*«

Gstanzl

Da Adam und d' Eva
hams Gebot vagessn,
san eini unta
d' Staudn und ham
Äpfi gfressn!

s' Deandl hat
weiße Augn und
schwarze Pratzn,
Lais ois wia
d' Fledamäis,
Flöch wia de Ratzn!

's Deandl des kloa
ko net schlaffa alloa,
Bal i mi dazua leg,
ko er schlaffa,
da Dreeg!

Und denkt hab i ma's
lang scho,
aba gsagt hab i's nia:
de langhaxatn Madln
ham gspitzade Knia.

Hinta da Hollastaun
da is was gschehgn.
Ma woaß zwar net
was, aba d' Leit,
de hams gsehgn!

Neckereien

Der Altbayer »frozzelt« gern, das heißt, er macht sich über andere lustig und freut sich unbändig, wenn der Gefrozzelte »einschnappt«, das heißt beleidigt ist. Dabei schont er aber sich und seine eigene Sippe nicht. Daraus erklären sich die Ortsneckereien.

An der Spitze steht das Städtchen *Weilheim*, mit dem alle möglichen Abderitenstreiche in Beziehung gebracht werden. Fast in jeder deutschen Landschaft gibt es einen Ort, dem man die dümmsten Schildbürgerstückchen zuschreibt. Das deutsche Abdera ist in Brandenburg Potsdam, in Schlesien Polkwitz, in Sachsen Schildau, in Pommern Zanow und Darsekow, in Braunschweig Schöppenstadt, in Mecklenburg Teterow, in Ostpreußen Zintna, in Altbayern Weilheim, in der Oberpfalz Hirschau. Geschieht recht was Blödsinniges, so redet man von einem »Weilheimer Stückl«. Von diesen schreibt der Jesuit Johannes Bosch in seiner »Symbolographie« (1701). Wie aber die Weilheimer zu dieser Ehre kamen, weiß niemand. Ein Weilheimer Landrichter ließ sich einen Kürbis als Eselsei auf dem Gogelberg ausbrüten. Als man einen sehr langen Baumstamm nicht durch das enge Stadttor bringen konnte, brach man dieses ab; das Rathaus ohne Fenster und der Ochse, den man auf die Stadtmauer zog, um dort das Gras abzufressen, stammen aus dem »Lalebuch«. Die Hauptstadt München erhielt von Zeit zu Zeit den Beinamen »Groß-Weilheim«, sei es, daß man einen Schulpalast ohne Abortanlagen baute oder ein Staatsanwalt (1906) wegen Vergehens gegen das Lotteriegesetz 8 Millionen Mark Strafe beantragte bzw. für je 15 Mark einen Tag Gefängnis, so daß der Delinquent 533 334 Tage — rund 1 500 Jahre — hätte absitzen müssen, oder ein Leberknödel-Preisessen veranstaltet wurde (1895), bei dem nicht weniger als 2 800 Stück vertilgt wurden.
Von *Ingolstadt* sagte der Volkswitz früherer Zeiten: »Dort zeigt man einem die Feigen.« In Paulis »Schimpf und Ernst« (1555) las man: »Zeigt ihr die Feigen nach Gewohnheit der Walchen; das heißt aber ein Feig, wenn sie den Daumen durch zwen Finger stoßen.« Diese Abwehrgebärde *(far la fica)* wird in Deutschland schon 1178 erwähnt. Aber im vorliegenden Fall bezieht sich der Ausdruck auf das Geschütz auf dem Turm der Ingolstädter Liebfrauenkirche (Feige benannt), das bei der Belagerung durch die Schweden dem König Gustav Adolf das Pferd unter dem Leibe traf.
Die *Donauwörther* heißt man »Maikäfer«. War da einmal eine entsetzliche Maikäferplage; der Stadtrat bot die Schuljugend zu einer

Sammelaktion auf; haufenweise wurden die Maikäfer auf den Marktplatz auf einen gewaltigen Holzstoß geschüttet, den man dann anzündete. Was geschah? Kaum wurde es warm, flogen die braunen Gesellen massenhaft davon. Aber auch »Mondspritzer«, »Wassermäusb'schauer« und »Judeneinläuter« wurden die Donauwörther benamst. Zur Zeit des Hans Sachs muß das uralte Dorf *Finsing* bei Ismaning im Geruch besonderer Albernheit gestanden haben; denn in einer seiner Geschichten sagt er: »Und wo noch heut zu dieser Frist ein Mensch toll und unbesonnen ist, tölpelt, ungeschickt, so spricht man: der ist gar ein rechter Fünsinger.« Bei seinem Aufenthalt in München mochte er von Finsing gehört haben. In einer alten Münchner Predigt warnt ein Mönch: »Tu auch nit als die Funsinger tun, wenn man ihnen einen Krebs vorlegt, so fliehen sie, und davon in dem Funsinger Land so findt man kein Krebs.« Dabei sei bemerkt, daß bei Finsing ein Krebsberg steht. Bei Lessing ist die Glosse »Funsinger, stultus« verzeichnet.

Von den *Straubingern* heißt es: »Sie lassen fünf gerade sein«, das heißt, sie nehmen es nicht genau, sehen durch die Finger. In der Tat aber ist der Rathausturm mit den fünf Türmchen gemeint. Der »Bruder Straubinger« als Typus des reisenden Handwerksburschen, dessen satirisch gefärbte Reiseerlebnisse 1848 in allen Studentenverbänden und lustigen Gesellschaften die Runde machten, scheint auf einen Straubinger Gesellen zurückzugehen, dessen Aufschneidereien Aufsehen erregten.

Der »*Passauer Tölpel*« ist heute noch ein lebendiger Ausdruck; er bezieht sich auf einen großmächtigen Mönchskopf einer Steinsäule, die einstens auf einer Kirche stand und bei einem Brand herabstürzte und in Trümmer fiel. Er wurde später in einem Gasthaus eingemauert. Seine tölpelhafte Fratze gab zu diesem Spott Anlaß. So verstehen wir den Prediger P. Gansler, der 1696 sagt: »Die Dölpel von Passau, welche zwar hoch daran sein, doch an den Türmen kein Spitz abgeben.« Damals scheint das Steinstandbild noch auf dem Turm gewesen zu sein. »Die Tölpel von Passau« wurden volkstümlich; aber die Passauer hören's nicht gern. Mayerbergs »Führer durch den Bayerischen Wald« bemerkt: »Der Fremde vermeide, allzueifrig nach dem Passauer Tölpel zu fragen, weil er sonst Gefahr läuft, daß die Passauer ihm sein eigenes Bild im Spiegel zeigen.«

Bei Ingolstadt liegt der Marktflecken *Kösching;* der dortige Nachtwächter beantragte die Anschaffung eines neuen Mantels, da der alte schon voller Risse und Löcher war. Bei der Gemeinderatssitzung wurde beschlossen: »Indem daß eine Belastung des Gemeindesäckels vermieden werden muß, und der alte Mantel durch Aufnähen neuer Flecke repariert werden kann, soll der Ortsschneidermeister X einen neuen Mantel fertigen und daraus passende Flecke herausschneiden.« Was auch geschah. Seitdem heißen die Köschinger »Mantelflicker«.

Die *Vohburger* hatten viel durch Überschwemmungen und Eisstöße der Donau zu leiden. In einem besonders strengen Winter kam die Brücke durch den Eisgang des Stromes in Gefahr; um durch starke Belastung das Wegreißen der hölzernen Brückenpfeiler zu verhindern, türmte man auf die Brücke Ladungen von Wurzelstöcken (»Keastöck«). Aber die heranrollenden Eisschollen waren mächtiger: die Brücke barst. Da schlugen die Vohburger die Hände überm Kopf zusammen und jammerten: »Jessas, unsre guaten Keastöck!« Von der eingestürzten Brücke war keine Rede. Seitdem sprach man von den »Vohburger Keastöck«.

In *Erding* ist der Turm der Pfarrkirche durch ein schmales Gäßchen vom Gotteshaus getrennt. Das war dem Hohen Rat schon längst ein Dorn im Auge, und eines Tages beschloß man, den Turm zu verrücken. Alle Bürger und Dienstleute wurden zur Gemeinschaftsarbeit aufgerufen. Um aber zu beobachten, wie weit der Turm schon vorgerückt sei, legte ein Ratsherr seinen funkelnagelneuen Mantel hart hinter die Turmmauer. Ein Handwerksbursche kam gerade des Wegs, hob den Mantel unbemerkt auf und zog lachend weiter. Vorne aber schoben die Leute, daß sie vor lauter Schweiß dampften. Nach längerer Zeit sah der Rat nach seinem Mantel. »Hei!« rief er jubelnd aus, »der Turm ist schon verrückt; er liegt schon über meinem Mantel!« Seitdem heißen die Erdinger »Turmrucker«.

Eduard Stemplinger

Nix wird g'rafft!

»Ja, Herrgott, Sepp, wo kimmst denn nur grad du her?
Du hast ja's halbat G'sicht vaschund'n!
Am Hirn drob'n hast a Mordstrumm blaua Bink'n,
Und dö ganz Nas'n is entzund'n,
Und erst dei Janka, der is volla Löcha!
Ja, hab'n s' dar den beim Raffa z'riss'n?« —
»Naa«, sagt der Sepp, »mir sand so weit nöt kemma,
Mi' hab'n s' voneh scho' außig'schmiss'n!«

Fritz Druckseis

Bairische Anekdoten

Ein fremder Herr kommt sehr erhitzt in eine kleine Münchner Bierwirtschaft: »Ja mei, Herr«, sagt teilnehmend der Wirt, »Sie müaß'n ja g'rennt sei wia-r-a g'stutzter Hund!« — »Was erlauben Sie sich?« sagt entrüstet der fremde Herr. »Ich bitte mir einen andern Ton aus!« — »No, entschuldigen S' nur«, begütigt der Wirt. »I hab halt g'moant, weil S' schwitz'n wia-r-a Sau!«

Die alte Feldschusterin gesteht dem Herrn Pfarrer in der Osterbeichte, daß sie ihren Mann verprügelt habe. »Ja, Feldschusterin«, meint der hochwürdige Herr ganz erstaunt, »wie kann denn das sein, der ist ja schon zehn Jahre tot?« — »Ja, wissen S', Herr Pfarrer«, sagt die Feldschusterin und lacht übers ganze Gesicht, »so vui g'freut mi des heut no, daß i's jed'smoi beicht'n kunnt.«

Nach X, einem oberbayerischen Pfarrdorf, kommen die Burschen der umliegenden Orte mit Vorliebe zum Fensterln. X ist dafür in der ganzen Gegend bekannt. Nun soll nach langer Zeit in X einmal wieder eine Mission (besondere kath. Andachtszeit mit Mahn- und Erbauungspredigten, Beichte usw.) stattfinden. Am Sonntag vor Beginn der Mission sagt der Pfarrer am Ende seiner Predigt, in der er zu fleißigem Besuch der Mission aufgefordert hat, zu den zahlreichen auswärtigen Besuchern, die auch in der Kirche anwesend sind: »So, und ihr Burschen von S., L., K. und R., wenn ihr so gerne zu uns nach X kommt beim Mondenschein, dann hoffe ich bestimmt, daß ihr auch kommt beim Sonnenschein der ewigen Gnade. Amen.«

Ein anderer Dorfpfarrer schließt seine Predigt, in der er dagegen gewettert hatte, daß an den Sonntagen niemand im Dorf zu Hause sei, sondern alles in den Wirtshäusern der nahen Stadt, folgendermaßen: »Und jetzt will ich euch sagen, wer am Sonntag bei euch dahoam is: des kloa Kind in der Wiag'n — warum? Weil's noch nicht laufen kann! Die alt' Großmutter — warum? Weil's nimmer laufen kann! Und die Kuh im Stall drauß' — warum? Weil's og'hängt is, sunst waar s' aa net dahoam! Amen!«

Der kleine Maxl steht mit seiner Lehrerin nicht auf gutem Fuß. Als sich wieder einmal Meinungsverschiedenheiten ergeben, sagt der Maxl zur Lehrerin in seiner echten altbayerischen Bauernbuamwut: »I wann amal im Himmi bin, den ersten Blitz, den i abalaß, laß i auf di aufi!« Lehrerin wie auch der Benefiziat suchen dem Maxl, zunächst erfolglos, diesen Rückfall in heidnische Auffassung auszureden; endlich versteht er sich zu folgendem Zugeständnis: »No ja, nacha laß i'n halt daneb'n in'n Bach eini.«

Der Divisionär will bei einem Besuch den frischen Nachersatz darüber prüfen, ob er sich auch in der praktischen Ausnützung des Geländes bei Feuerüberfällen auskenne. Er fragt also den Kanonier Maier: »Was tun Sie, wenn plötzlich eine Granate neben Ihnen einschlägt und krepiert?« — »Auch onifliag'n und krepühm, Exzellenz«, ist die prompte Antwort.

Der Landarzt eines kleinen Dorfes im Bayerischen Wald berichtet folgendes Erlebnis:
»Kürzlich wurde ich nachts herausgeklingelt. An der Haustür stand ein Mann aus einem etwa zwei Stunden entfernt liegenden Gehöft und bat mich, sofort mit ihm zu kommen, weil sein Weib krank sei. Ich machte mich fertig und ging mit dem Manne durch tiefen Schnee in die bitterkalte Nacht hinaus. Es war kein leichtes Vorwärtskommen, der Schnee reichte oft bis an die Knie, und ein eisiger Wind blies uns um die Ohren. Als wir endlich auf dem Hof angelangt waren, fand ich die Frau jedoch gar nicht besonders krank; sie lag wohl im Bett — es war ja auch Nacht —, aber schien fröhlich und guter Dinge zu sein. Ich untersuchte sie und stellte wirklich nur eine lächerliche Lappalie fest. ›Wie könnt ihr mich wegen solcher Dummheit nachts aus dem Bett holen?‹ schrie ich ärgerlich den Gütler an. Mein Groll schwand aber wieder, als er mir schüchtern und treuherzig antwortete: ›Wissen S', Herr Dokta, zahl'n könna ma Sie eh net, und da hab i halt g'moant, i hol Eahna bei der Nacht, daß S' wenigstens koa Zeit net versaama.‹«

Das abgelegene Wirtshaus in X wird wenig von Sommerfrischlern besucht. Eines Tages verirren sich aber doch zwei von einer Fußtour erschöpfte Sächsinnen hinein.
»Kennen wir Rum kriechen«, fragen sie in ihrer Mundart den Wirt. Der ist einen Augenblick erstaunt und sagt dann großmütig: »Ja, kriacht's halt rum, wenn's enk a Freud macht.«

Auch das Wirtshaus in B. wird wenig von Gästen besucht, so daß ein angestochenes Faß Bier ziemlich lange läuft, bis es leer ist. Eines schönen Tages verirren sich aber doch unverhofft einige durstige Ausflügler aus der nächsten Stadt hinein. Als ihnen der Wirt das Bier hinstellt und sie den ersten Schluck tun, verziehen sie die Gesichter. Einer gibt den Gefühlen Ausdruck und sagt zum Wirt: »Mei Liaber, des Bier is aber schö matt (abgestanden)!« — »Ja no«, sagt der Wirt, »laafts ös drei Tag, nacha werds aa matt.«

Der Gendarm Müller, ein ziemlich beleibter Herr, verfolgt einen Landstreicher, den er beim Stehlen erwischt hat. Die Hetzjagd geht eine Viertelstunde lang bis zum nächsten Wald. Dort setzt sich der völlig erschöpfte Gendarm auf einen Baumstamm, um sich zu verschnaufen. Der Landstreicher tut in respektvoller Entfernung dasselbe. Als ungefähr zehn Minuten vorüber sind, ruft er höflich zum Gendarm herüber: »Was is, Herr Wachtmeister, pack ma's wieder?«

Es ist gerade Wahlzeit, die auch in München die Gemüter so erregt hat, daß, wie man hörte, bei einer Wahlversammlung ein paar zu große Kampfhähne derb an die Luft gesetzt werden mußten.
Kurz darauf sitze ich in einer Vorstellung des Zirkus Krone. Ein Clown macht gerade verschiedene erstaunliche akrobatische Kunststücke. Plötzlich höre ich neben mir folgende Bemerkung: »So weit kimmts no, daß si oaner selber beim Kragen packa ko und nausschmeiß'n!«

Auf dem Münchner Hauptbahnhof steht ein Zug zur Abfahrt bereit. Plötzlich rennt einer den Zug auf und ab und ruft andauernd heftig: »Herr Maier! Herr Maier!« Als die Schreierei nicht aufhört, erhebt sich doch einer in einem Abteil und schaut hinaus. In diesem Augenblick kommt der Schreier vorüber und haut ihm eine Saftige herunter. Der Betroffene fährt nach empfangener Ohrfeige zurück und setzt sich ruhig und ohne dergleichen zu tun wieder auf seinen Platz. Seinem Gegenüber wird diese Duldsamkeit zu dumm. »Ja, lassen Sie Eahna des aso g'falln?« fragt er. Darauf der andere sachlich: »Ja freili, i hoaß ja gar net Maier.«

Joseph Maria Lutz

Da Berglerbua

A schneidiga Bua hat g'nagelte Schuah,
ziahgt Wadlstrümpf o, daß a Hax'nschlag'n ko.
Tragt a rupfane Pfoad zu da Lederhos'n,
auf'n Hüadei a Federl und a Almaros'n.

A schafwollers Jankerl, wo koa Wind durchiko,
is an Sepperl sei G'wand und ziahgt er gern o.
Da schnalzt er, da pfalzt er in d' Welt dahi nei,
so lusti und frisch muß a Berglabua sei.

Afra Schulz

Der starke Stamm
Ein Volksstück

Dritter Akt

Bitterwolf: Mußt mich nicht drücken wollen, Annerl. Ich hab meinen Kopf so voll.
Annerl: Das mußt mir schon sagen, was jetzt wird.
Bitterwolf: Was wird werden? Gebraucht hätte es das nicht.
Annerl: Von dem sagst nix, daß man es in ein paar Monat schon kennt.
Bitterwolf: Ich kanns auch net aufhalten.
Annerl: Mein Vatter laßt mich so nimmer hinein, hast du eine Ahnung!
Bitterwolf: Ich tu ja auch was dazu. Ich streite mich ja nicht davon weg.
Annerl: Das solltest grad auch noch. Darauf gebe ich dir was, wenn du mich samt dem auf den Misthaufen schmeißt.
Bitterwolf: Auf den Misthaufen schmeiß ich dich net. Dummes Gerede.
Annerl: Ja, so darf ich meinem Vatter net kommen.
Bitterwolf: Ja, heiraten kann ich dich net.
Annerl: Mit mir wärst ja net ausgeschmiert.
Bitterwolf: Ich tu dir nix ab. Tätest mir ja gefallen, wenns nach dem geht. Aber nach dem allein gehts net. Ist der Bub nicht älter wie du.
Annerl: Das hast zuvor auch gewußt.
Bitterwolf: Weißt, einen Stoß hats mir schon geben. Aber bloß wegen dem Stoß?
Annerl: Das Leben ist beschissen.
Bitterwolf: Gleich heiraten. Da hängt schon noch mehr daran.
Annerl: Du mußt es ja wissen, was man macht und was net. *(Ab.)*

Bitterwolf: Ich kanns doch net heiraten. *(Balbina kommt von der Straße.)* Wo bleibst denn so lang? Den ganzen Tag bist net zum Haben.
Balbina: Ich war bloß in die Häuser.
Bitterwolf: So?
Balbina: In den Mund fliegt einem nichts hinein. Man muß den Leuten schon nachlaufen, wenn man sie rupfen will.
Bitterwolf: Sind die Säck für dich, die da kommen sind?
Balbina: Ich werd halt Säck brauchen.
Bitterwolf: Hast du ein Stroh gekauft? Wofür brauchst du ein Stroh?
Balbina: Für mein Hirn, daß was drin ist.
Bitterwolf: Der ganze Hof wird mir verstellt.
Balbina: Wir können die Leut, die wir hinauftransportieren, nicht auf den nackten Boden betten.
Bitterwolf: Laß mich bloß mit deinem Heroldsbach aus! Einen Lastwagen auch noch kaufen, den es nicht leidet!
Balbina: Mit einem Lastwagen kann man alleweil was machen.
Bitterwolf: Du langst an viel zuviel hin.
Balbina: Hätt ich ihn nur schon gehabt beim Gröning. Da hab ich noch zu langsam geschaut.
Schwager: Schwester, du bist in der Schanz und weißt nicht, daß der Teufel los ist. Am Land die Burschen haun deine ganzen Automaten zusammen.
Balbina: Was? Die Kästen, die mir gar nicht gehören?
Bitterwolf: Recht habens. Tät ich auch machen.
Schwager: Bist ja stocknarrisch.
Balbina (schreit): Hubert!
Bitterwolf: Die haben mehr im Kopf wie du und ich.
Balbina: Hubert, Hubert! *(Hubert kommt vom Hof.)* Denk dir nur, Hubert, am Land die Burschen haun meine ganzen Automaten zusammen.
Hubert: Was geht denn das mich an?
Balbina: Das wird dich nichts angehn.
Schwager: Zu Kruth haben sie angefangen. Das war wie das laufende Feuer, wie das einmal auskommen ist. Die Leut stehen daneben und lachen.
Balbina: Da muß man was tun, ja, da muß man was tun.
Schwager: Balbina, du bist nicht beliebt.
Balbina: Hubert, fahr hinaus. Auf der Stelle leerst es aus, meine Kästen. Zuvor schon müssen die leer sein.
Schwager: Bis der hinauskommt, ist weiß Gott was geschehn.

Balbina: Gleich fahrst hinaus, Hubert. Man muß es doch probieren.
Hubert: Wenn ich mag, schon.
Balbina: Sonst hast es doch auch getan, Hubert.
Hubert: Ich mach auch net alleweil dein Deppen.
Balbina: Ich darf net hintenbleiben mit meine Raten. Die Firma holt mir die Kästen weg wie nix. Ich hab für die Katz zahlt.
Hubert: Von mir aus!
Balbina: Hubert, fahr hinaus. Ich bin eine unselige Witfrau. Ich hab doch bloß dich, kapierst das net? Ich tu dir ja auch, was du willst, Hubert.
Hubert: Auf einmal wär ich recht.
Balbina (weint): Ich häng in der Luft. Ich hab für die Katz zahlt.
Hubert (läßt sich erweichen): Hinausfahren tu ich. Wenn ich heimkomme, will ich mein Geld sehn.
Balbina: Drei Finger leg ich aufs Herz, du siehst heut noch dein Geld. Ich tu dir ja alles, Hubert.
Hubert: Das ist mir neu. *(Ab mit Motorrad.)*
Balbina: Siehst, der ist anders wie du. Der traut sich halt hin.
Schwager: Mir gehörts net. Ich bring meine Pfoten nicht hinein.
Balbina: Du natürlich. Du bist ein Kalter.
Schwager: Ich kann auch nichts machen. Die Leut stehn daneben und lachen.
Balbina: Das muß man doch aufhalten können.
Schwager: Der Haß war schon drin. Du bist eben in Verruf.
Balbina: Ich möcht wissen, warum.
Schwager: Am Land wird behauptet, du hast unzüchtige Bilder verschickt.
Balbina: Nur auf Vorbestellung.
Bitterwolf: Sei so gut! Von dem weiß ich ja gar nix.
Balbina: Überhaupt habe ich das schon lang wieder eingestellt. Es war nur ein Versuch.
Bitterwolf: Du langst an viel zuviel hin.
Schwager: Die Schwarzen haben hineingestiert.
Balbina: Das waren Kunstgegenstände.
Schwager: Nein, das waren nackete Weiber. Das waren keine Bilder, wie man sie einem jungen Menschen in die Hand gibt.
Balbina: Wer denkt denn das, daß da solche Bilder dabei sind? Ich hab halt den ganzen Schwung einmal kauft von so einem Verhungerten, weil er halb geschenkt war.
Schwager: Schwester, jetzt machens dich fertig.
Metzgerjackl: Was haben denn Sie angestellt? Sind Sie ganz von Gott

verlassen? Für so was mache ich den Bürgen! Wer hängt denn drin bei der Sparkasse, wenns einen Saustall gibt? Ich!

Balbina: Aber Jackl, ich kenn Ihnen gar nimmer.

Metzgerjackl: Ich Ihnen auch nimmer in Zukunft. Schauns, daß Sie das Geld herbringen, sonst halte ich mich an Ihren Wagen.

Balbina: Da gibts nichts anderes, als wie Sie müssen zur Taufpatin nach Heroldsbach fahren. Sie werden das alte Weib doch zusammenbügeln können. Das andere mache ja dann ich.

Metzgerjackl: Ich spinn mit Ihnen nicht zusammen. Ich bring mich nicht in Verruf.

Balbina: Aber Jackl, warum wird denn herumgehackt auf mir?

Metzgerjackl: Ich fahr net auf Heroldsbach. Das machen gefälligst Sie, Sie verschandelte Hochstaplerin. *(Ab.)*

Balbina (zum Schwager): Willst du auch gehn?

Schwager: Ich kann doch net herwachsen. Ist schön genug, daß ich dirs gesagt hab. Obwohl, das erfahrt eins früh genug, wenns zu den armen Leuten gehört. Zu mir kommst mir nachher fei net.

Balbina: Du hast ein Gemüt.

Schwager: Haben andere Leut auch keines. Schwester, ich muß gleich wieder gehn, weil mich der Metzgerjackl noch mitnimmt. Wissen tust es. Mei, ich kann auch nix machen. *(Ab.)*

Balbina: Das ist nachher der eigene Bruder.

Bitterwolf: Selber siehst du dich halt nicht, Balbina.

Balbina: Von dem sagst net, daß ich so worden bin, weil ich schon viel hab mitmachen müssen, ganz im Gegensatz zu meinem Bruder. Was hat der schon erlebt, was einem weh tut? Dem geht alles hinaus. Gerecht ist das auch net. Der ist hart gewesen von Kind auf. Ich bins erst worden.

Bitterwolf: Was nicht von selber in einem drin ist, das kommt auch nicht heraus.

Balbina: Was weißt denn du? Bei dir sind die Dornen und Disteln net gewachsen, ich wüßt net, von was. Du hast das Glück von jeher gehabt. Dir haben sies ja nachgetragen. Du hast es nicht herauskratzen müssen aus dem gnadenlosen Stein, gehts, wies mag. Ein anderes wird schuldig und weiß nicht, wie.

Bitterwolf: So schaust du aus.

Balbina: Das ist um und um voller Wunden. Kommst verkehrt hin, reißt der Harsch wieder auf. Gleich heißts, die hat Haar auf die Zähn, das ist eine Böse, mach nur mit der nix. Ja, von dem wirds nicht besser.

Bitterwolf: Das liegt bloß an dir.

Balbina: Ich tät auch lieber mit der feinen Stimm rumlaufen und mit dem holdseligen Wesen, wie mans von manchen sieht. Ich wär auch lieber voller Gnaden. Ich könnts auch lieber süß.
Bitterwolf: Du hast halt keine Geduld.
Balbina: Ja, wenns noch gang, wenn net die Geduld schon erschöpft wär. Das ist die Bosheit noch lang net. Einmal kommt man auf den Grund. Aber ihr habts das gleich, in den Haufen kommst hinein und bist verdammt, daß du drinnen bleibst für dein ganzes Leben, herauskommen tust nimmer.
Bitterwolf: Eine solche net, wie du bist.
Balbina: Und ist doch so, daß du die Tür aufreißen möchst, und so viel Verlangen hast in dir drin, daß dir Flügel herauswachsen müßten aus dem, was die anderen anschaun für deinen Buckel, wenn eins bloß Augen dafür hätt und hätt an dich noch einen Glauben. Aber das gibts ja net auf der beschissenen Welt. Was dich beißt, sind nicht deine Flügel, wo herausstoßen mit aller Gewalt, das bleibt ewig dein Buckel.
Bitterwolf: Wirst doch net fortfliegen.
Balbina: Ist alles schon eingeteilt, und für eine solche wirst eingraben. Da hab eine Geduld.
Bitterwolf: Die Geduld, die ich meine, hat eins nicht von selber. Da muß eins schon mehr dazutun wie du. Das ist ein ewiges Werk und ist ein gutes Werk, und gießen muß man schon auch, sonst bringts keine Rosen.
Balbina: Man glaubts halt net, und man möcht halt über sich hinaus und muß pochen an fremder Tür.
Bitterwolf: Das hast du verpaßt. Das kannst du nimmer.
Balbina (verfällt wieder in die gewohnte Art): Ich muß noch meine Einnahme zählen, ich hab keine Ruh nimmer.
Bitterwolf: Deine Abrechnung mußt auch noch machen. Ich hab von dir noch was zum kriegen.
Balbina: Ich weiß ja net, wie groß mein Verlust ist.
Bitterwolf: Möchtst den net auch noch auf mich umlegen?
Balbina: Das ist nicht mehr wie gerecht, wenn du mein Teilhaber bist.
Bitterwolf: Nein, Schwägerin, so tun wir net. Das geht net an mir hinaus. Wenn du meiner Frau ein Geld abdruckst, von Haften steht da nix drin.
Balbina: Laß nur net aus. Friß mich nur ganz auf. *(Ab.)*
(Annerl kommt herein und hat den Hut auf.)
Bitterwolf: Annerl, so streng brauchst net schaun. Zwischen uns ist nicht Krieg.

Annerl: Mir könntst mein Zeugnis schreiben. Ich steh bei dir aus. Ich such mir einen anderen Dienst.
Bitterwolf: Nix noch Dümmeres ist dir nicht eingefallen?
Annerl: Ich hab meinen Urlaub noch gut, dann ist heut der letzte Tag, ich kann gehn. *(Ab ins Nebenzimmer.)*
Bitterfeld: Ich kanns doch net heiraten. *(Er stiert ein Loch in den Boden, dann geht er ihr nach ins Nebenzimmer.)*
Balbina: Deine Abrechnung, Schwager. No, die war doch so pressant. *(Sie sucht ihn in der Sattlerei und im Hof, sie macht endlich die Tür zum Nebenzimmer auf.)* Verzeihung! *(Sie zieht im ersten Schreck die Tür wieder zu, dann schreit sie:)* Net amal eine Tür kann man aufmachen in dem Haus! *(Sie stößt empört die Türe wieder auf.)* Aber Ihnen werde ich den Heiligenschein nehmen. Hupfts umeinander am Kanapee wie ein Has, daß ihr grad gut zum Zuschaun wär, wenn das Weibsbild net so schlecht wär!
Bitterwolf (kommt heraus): Halt dich zurück.
Balbina (schreit an ihm vorbei): Sie sind noch minderjährig, Sie!
Bitterwolf: Balbina, du sagst nichts.
Balbina: Das wirst mir du kaum verbieten.
Bitterwolf (plötzlich wütend): Dann sag nur dazu, daß ich sie heirate, und du kannst schaun wie ein weher Daumen, weil du das Nachschaun hast, weil der Hochzeiter net gezogen hat.
Balbina: Heirats doch! Ihr zwei könnts am Bettelstab heiraten. Meine Mutter tut nämlich das, was ich haben will. Jetzt kannst dem Geld nachschaun, das ist auch eine schöne Hochzeiterin. Jetzt mußt uns auszahlen, das wirst nachher schon spüren.
Bitterwolf: So? Daumenschrauben möchtst mir ansetzen mit eurem lumpigen Geld?
Balbina: Oh, das war recht ein schönes Geld, wie du es gekriegt hast.
Bitterwolf: Hätt ichs nie genommen! Alleweil habts in die Zenta hineingetan.
Balbina: Wenn die Zenta noch leben tät, hätt man dir das Geld ja gelassen. Sie lebt aber nimmer. Mußt sie schon net so gern gehabt haben, wenn du gleich wieder ans Heiraten denkst.
Bitterwolf: Du redst wie eine Kuh. Wenn die Zenta noch leben tät, müßt ich ja nicht dran denken.
Balbina: Das geht mich nichts an.
Bitterwolf: Nachher bringts mich halt um, wenn ihr meint. Fangts halt mit dem Einreißen an, wenn ihr nicht an einen denken könnt.
Balbina: Du hast an uns auch net denken können. Die Nähmaschin

hast auch net hergeben, und auf der Leibwasch bist auch gesessen. Der Vetter hat heut noch net das blaue Gewand.

Bitterwolf: Soll ich mich vielleicht nackert ausziehn für euch?

Balbina: Nackert wärst deswegen noch lang net.

Bitterwolf: Ihr täts einen schon aso stehnlassen, daß es eine wahre Schand ist. Aber das tät ja dir gefallen. Das möchtest du. Ich weiß noch gut, wie du mein Furunkel hast sehn wollen. Ja und wie du es können hast und wie du dich dreht hast, so bringts ein anderes gar net zusammen. Und am Gnack hast mich angelangt, du Malefiz, und ich hab geschrieen, komm mir nicht an mein Gnack. Siehst, dich möcht ich net amal mit einem Steckerl anlangen, damit du es weißt.

Balbina: Du brauchst dir kein Steckerl net suchen. Ich geh meine Weg.

Bitterwolf: Geh nur grad! Bist noch net gangen?

Balbina: Du wirst es erwarten können. *(Kalt:)* Weißt, wenn ich net hinausgehaut werde mit der Geißel, laß ich mir Zeit.

Bitterwolf: Tu, was du magst.

(Ein Motorrad fährt ein.)

Balbina: Jetzt kommt der Hubert.

Hubert: Gefahren bin ich wie ein Räuber.

Balbina: Bub, ich wart auf dich wie auf das ewige Leben. Ist das wahr mit meinen Automaten? Ist das wahr? Wo ist die Kasse?

Hubert: Die Kasse möchtst? Ausgeräumt habens deine Kasse. Ich bin froh, wenn ich ohne Kasse heimkommen bin. Und die Leute sind verhetzt.

Balbina: Net kann man sich wehren! Net kann man sich wehren!

Hubert: Zugehn tuts, wie wenns einer auslassen hätt, und was drin hängenbleibt, ist unser Name. *(Zu Bitterwolf:)* Die Kurrerin schickt dir das Muster zurück, weils ihr net gefallt, und der Spangler von Biberg hat mir angeschafft, er braucht fei de Matratzen net, wo er gemeint hat, zu Kipfenberg ist auch ein Sattler.

Bitterwolf: Gehts jetzt glücklich hinaus an meine Matratzen?

Hubert: Und die Holzköpf hören dich net an, die sind stur. *(Zu Balbina:)* Beim Möslwirt haben sie alles kurz und klein geschlagen, der macht jetzt dir den Prozeß.

Balbina: Die Menschen sind ja so schlecht.

Bitterwolf: Ich bin bloß gespannt, wer das alles zahlt.

Balbina: Wer wirds denn zahlen? Du.

Bitterwolf: Ich werde laufen.

Balbina: Das ist schon net anders. Das zahlt mir nämlich meine Mutter, weil sie mich net aso hängenlaßt, das wirst zugeben.

Bitterwolf: Rede dich nur aus.

Balbina: Wo täts meine Mutter hernehmen, wenn net von dem, was du ihr schuldig bist. Also zahlst es halt doch du.
Bitterwolf: Weißt was, du bist eine Maz.
Balbina: Ich bin bloß net aufs Hirn gefallen. Ich komm zu meinem Geld.
Hubert: Jetzt rücken wir zwei zusammen, Tante Bina.
Balbina: Ich vergiß dich net. So, das ist dein Teil. Net, daß du sagst, man hat dich verlassen. Zähls nach.
Hubert: Tu ich schon. Tante Bina, du hast mir ja zuwenig gegeben.
Balbina: Hast mir die Kasse net gebracht. Ich kann mich auch net entblößen. Den Rest laßt dir geben von deinem Vater. Wir ziehns ihm dann ab von seiner Schuld.
Bitterwolf: Das machst du täuschend.
Hubert: Wenns mir der Vatter geben könnt, hätt ich ja dich net gebraucht.
Balbina: Das machts nur ihr zwei aus miteinander.
Hubert: Dann malst dir einen, der dir deine Automaten ausleert.
Balbina: Grad jetzt, wo man nachschaun muß, was noch steht.
Hubert: Hock dich selber hinauf auf deinen Karren. Du reust mich kein bissel. Da sind deine Schlüssel.
Balbina: Oh, wegen meiner, von mir aus, wenn das der Dank ist!
Hubert: Ich geh hinein in mein Bett, ich bin heut nimmer auf der Höh. Ich roll mich hinein, von mir aus geht die Welt unter.
Balbina (süß): Ich weiß net, was du alleweil hast. Ich werde doch dich net berauben. Bist geschlagen genug, wennst eine Stiefmutter kriegst. Du weißt es bloß nicht, was das wird.
Hubert: Ist das wahr, Vatter?
Bitterwolf (holt Annerl herein): Ich hätt dirs heut schon noch gesagt. Wir zwei heiraten. Kennst es ja, das Annerl.
Hubert: Du mußt mich schon gar net mögen.
Bitterwolf: Du wirst dich beherrschen.
Hubert: Aber Vatter, das Annerl ist ja net älter wie ich.
Bitterwolf: Ich kann auch nix dran hinstückeln.
Hubert: Ich geh auf Peißenberg, Vatter.
Bitterwolf: Wieder einmal.
Hubert: Ich bleib dir nimmer daheim.
Bitterwolf: Wie sagt man denn, Stoffel? Kein gutes Wort kannst ihr du ja net geben.
Hubert: Sagts bloß zu mir nix. *(Ab.)*
  (Es läutet. Bitterwolf geht öffnen.)
Annerl: Jetzt ists anders kommen. Da herin werde ich die Frau.

Balbina: Das heiße ich einen Dusel.
Annerl: Von ihm?
Balbina: Nein, von mir, von mir!
Bitterwolf (mit einem Schutzmann): Balbina, du wirst gewünscht.
Schutzmann: Sind Sie die Witwe Balbina Puhlheller, zugezogen aus Wasserzell?
Balbina: Ja, die bin ich. Ich habe Lotterieautomaten aufgestellt in den Gemeinden. Mich räubert man aus. Ich verlange, daß man mich schützt. Das ist mein Gewerbeschein.
Schutzmann (gibt ihr den Schein zurück): Hier handelt es sich nicht um Automaten. Gegen Sie liegt eine Anzeige vor. Kommens nur gleich mit mir mit.
Balbina: Wer hat mich denn hingehängt?
Schutzmann: Das möcht mancher gern wissen.
Balbina: Sie müssen mir schon verraten, worum es sich handelt.
Schutzmann: Ich muß überhaupt nicht. Sie müssen.
Balbina: Bitte, in welcher Angelegenheit zeigt man mich an?
Schutzmann: Ich täte scharf nachdenken an Ihrer Stelle. Oder haben Sie in den Delikten die Auswahl?
Balbina: Ich bin mir nichts bewußt.
Schutzmann: Ziehen Sie es nicht in die Länge. Hut brauchen Sie nicht. Leisten Sie keinen Widerstand. Sie gehn mir voraus.
Balbina: Ich bin unschuldig, Herr Hauptmann. Ich streite es ab.
Schutzmann: Ich bin nicht Hauptmann.
Balbina: Schreien Sie mich nicht an. Sie sind auch nur ein Mensch. *(Schutzmann mit ihr ab.)*
Bitterwolf (zu Annerl): Jetzt, das ist gut. Meinst, die behaltens?

Marieluise Fleisser

Der Verschönerungsverein. »*Dös derf mir nöt vergess'n, da liederlich'n Resl kaff' ma a neus G'wand für d' Fremdensaison!*«

Bairische Schwänke

Der Postsepp

Wer hat nicht dazumal den alten Postsepp zu Rosenheim gekannt? In seinen jungen Jahren fuhr er mit dem Eilwagen tagtäglich nach der nächsten Station, und noch als Greis stieg er auf den Bock und ließ sich beim Posthalter und Lohnkutscher Amann verwenden. Wenn es not tat, so befuhr er die schlechten Wege mit der bekannten rotausgepolsterten »Diäten-Spritze«, wie man sehr bezeichnend das gebräuchliche Lohnfuhrwerk der Landgerichtskommission hieß. Er war immer munter und guter Dinge und nie einem derben Spaß abgeneigt. Doch einen Hauptspaß soll er einmal vollführt haben, als ihm in den letzten Regierungsjahren des allgeehrten Königs Max I. von Bayern die besondere Ehre zuteil wurde, diesen hohen Herrn, welcher auf der Reise nach Salzburg begriffen war, mit Extrapost nach Weisham zu fahren. Es war kein besonders warmer Tag. Der König und sein Begleiter saßen im geschlossenen Wagen und fuhren durch ein an der Straße gelegenes Dorf: Prutting soll es gewesen sein. Eine Menge Leute erwarteten den vorüberziehenden Wagen. Als sich derselbe näherte, warfen sich die Männer und Frauen andächtig und inbrünstig auf die Knie und bekreuzten sich. Dies wiederholte sich, sobald der Wagen wieder eine Gruppe von Leuten passiert hatte. Der König, auf diese seltsame Art von Ehrenbezeugung aufmerksam geworden, befrug seinen Begleiter erstaunt. Doch auch dieser wußte keinen Bescheid. Der Begleiter fragte dann unsern auf dem Bock kutschierenden Sepp, der schmunzelnd antwortete: »Als ich gestern von Weisham nach Rosenheim gefahren bin, erzählte ich den Leuten in Prutting, daß ich heute gar großen Dienst habe, weil ich den Papst von Rosenheim durch Prutting nach Weisham fahren müsse, denn ich wußte bereits, daß wir unsern ›Kini‹ zu fahren haben. Die Leute glauben es fest und knien sich nun nieder, um den päpstlichen Segen zu bekommen. Es war halt doch ein Hauptspaß!« — Der König befahl, sofort weiterzufahren. Er und sein Begleiter schütteten sich aber vor Lachen aus, und als Weisham erreicht war, erhielt der schnurrige Sepp ein gutes Extratrinkgeld für seinen närrischen Einfall. Die Geschichte von der Durchreise des Papstes wurde aber noch oft erzählt.

Der Jagasepp von Haag

Im Dienste der Grafen von Lodron in Haag stand viele Jahrzehnte ein urwüchsiger Revierjäger. Dürr wie eine Hopfenstange, hochgewachsen, wild bebartet, rauh von Sprache und Gebärden, ein vorzüglicher Schütze, versah er pflichttreu seinen Dienst und war weit und breit bekannt als Jagasepp. Sein Lebenswandel wird nicht als gerade tugendreich geschildert, doch werden ihm sogenannte Schlechtigkeiten im landläufigen Sinne weder nachgesagt, noch hielt man ihn solcher für fähig. Lüge und Heuchelei kannte er nicht, vielmehr wird seine Wahrheitsliebe, männliche Geradheit, Offenheit und jagdgerechte Grobheit gerühmt.
Einmal hatte er sich wegen seiner unberechenbaren Grobheit das Mißfallen des Herrn Grafen Lodron zugezogen. Er wurde von diesem in einer Weise gerüffelt, die sogar die Entlassung des sonst so verlässigen Jägers vermuten ließ. Schweigsam, ohne gerade tiefere Zerknirschung zu zeigen, nahm er die ernsten Vorstellungen seines Herrn entgegen. Nach Schluß der auch für den Grafen peinlichen Vorhaltungen wollte der Jagasepp ohne Gruß das Jagdzimmer verlassen. Der Graf rief ihn ungehalten zurück und schrie den Sepp an: »Was hat Er sich gedacht? Raus damit!« — »Dös derf i net sagn«, erwiderte in stoischer Ruhe Sepp. »Sogleich sag Er's, ganz gleich, was es ist: ich will's wissen«, befahl der Graf. Sepp kratzte sich hinter den Ohren. »Muaß i, Herr

Graf?« — »Zum Teufel, sag Er's!« rief der Graf noch mehr erregt. »I hob ma denkt, Graf leck am Arsch! Graf, zwoamol leck mi am Arsch! Graf, dreimol leck mi am Arsch!« Der Graf jagte ihn unter Lachen aus dem Jagdzimmer und schrie ihm nach: »Das sieht dir gleich, du vermaledeiter Grobian.« Graf und Sepp trugen sich nichts nach.

Günther Kapfhammer

Die Hochzeiterinnen

Hans Ulrich, dem Kreutweber von Lindach sein ältester Bub, ist aus dem Krieg als der einzige heimgekehrt, heil und gesund, gerad so, wie er hinauszog vor Jahr und Tag.
Und nun, da er wieder daheim sitzt bei seinem Vater, dem alten, halbtauben Kreutweber, da er wieder die alte pichige Lodenjoppe trägt, da fällt ihm ein, er könnt sich justament um eine Hochzeiterin umschauen. Um eine, die ihm die armseligen Werkeltage seines Daseins ein bissel in Sonntage umgestalten würde. Die ihm so viel einbrächte, daß er sich auch einmal an einem andern Tag, als gerad an dem des Herrn, ein kleines Räuscherl vergönnen kunnt. Denn er liebt den Trunk zur guten Stund und noch mehr zur schlechten, gleich seinen Vorfahren. Und so hockt er denn bei seinem Alten am Webstuhl und betrachtet eine Weile stumpfsinnig die geschäftigen Hände und Füße des Webers, der gerade Seihtücher für die Milcheimer der reichen Leinthalerin webt und dazu allerhand gurgelnde, pfeifende und lachende Töne ausstößt. Denn obgleich er schier taub ist, so singt er doch immer noch gern die Lieder seiner Burschentage. Das Gehör verlor er ja erst Anno siebzig als Kanonier bei Sedan. — Also, sein Bub sitzt bei ihm und schaut ihm zu. Und dann stößt er ihn in die Seite: »He, Voda!« Der Alte lacht verschmitzt: »I siechs scho. Macht nix. Auf oan oder zwoa Fehler gehts net zsamm.« Sein Sohn schüttelt den Kopf. »Naa. Aufhörn sollst.«
Aber wieder lacht der Weber: »Dees glaab i! Freili mag i a Maß! Dees woaßt, Bua, 's Bier mag i alleweil.«
Da gibt er es auf, der Hans: »Ah, was! Jetz dischkriert er vom Bier, bal i zwegn an Heiratn mit eahm redn möcht!«
Und erzürnt schreit er dem Alten ins Ohr: »Nix Bier! A Hochzeiterin brauch i!« Diesmal versteht ihn der Vater eher. »Ja so! A Hochzeiterin woaßt mir?«
Der Hans lacht laut auf: »Dees hörtest gern, gell! Naa, naa, mei Liaber! Nix vorhanden. *Haben,* sagt der Stummerl! — *Suacha* sollst mir oane. Verraten — mir!«

Jetzt hat er ihn ganz, der Alte. Aber er schüttelt lachend den Kopf: »O mei, Bua! Da bist irr! I woaß dir koane. I brauchet selm oane, di mi a bissl zsammfuattern tat und a weng aufwarma, bals kalt is.« Mittendrin aber fällt ihm doch etwas ein: »Bist scho bei der Krankahausurschl gwen?« fragt er. »D' Urschl wisset dir doch gwiß a paar Weibsbilder, die wo für di passen! Für mi sans alle z' jung. I brauch epps Übertragns.«
Worauf der Hans meint: »Du brauchst überhaupts koane mehr. Bal nur amal i oane hätt! Soviel wirds mir nachher scho einbringa, daß du a epps davo profitierst.«
Der Alte hat ja die Hälfte nicht verstanden; aber er sagt doch recht zufrieden: »Recht hast, Bua!« und werkt darnach weiter.
Der Hans aber nimmt seinen Hut vom Nagel, sagt der alten Susanne, die dem Weber aus christlicher Barmherzigkeit das Hauswesen schlecht und recht versieht, Pfüagood und geht.
Sein Weg aber führt ihn kerzengrad zum Krankenhaus.
Da steht eben die Urschl, ein schier neunzigjähriges Weiblein, am Fenster ihres Stübleins und zupft die welken Blätter von einem Blumenstock.
Die Urschl ist sozusagen ein Erbstück des Hauses. Denn ihr Eheherr, Gott hab ihn selig, bestimmte, da er mit ihr kinderlos blieb, sein Haus zu einem Obdach für Kranke und Sterbende; unter der Bedingung aber, daß man sein Weib, die Urschl, zeit ihres Lebens darinnen belassen und wohl halten müsse.

Zeitgemäß. »*Mir war's gnua, i hob a Stell kriagt im Gebirg als Sennerin!*« — »*Verstehst ja nix von dö Küah!*« — »*Für d' Küah g'hör' i a net; i g'hör' für d' Touristen!*«

Die Urschl nun weiß alles, was rings in der Welt vorgeht. Freilich reicht diese bei ihr nur etwa die Spanne von fünf, sechs Stunden im Umkreis. Von denen aber, die diesen Fleck Erde bewohnen, ist keiner, den sie nicht mit Namen wüßte — er hätte denn keinen.
Dieses alte Weiberleut also soll nun dem Kreutweberhans eine Hochzeiterin verraten.
Deshalb putzt er vor der Haustür draußen seine Stiefel gut ab und stapft darnach hinein.
Gleich bei der ersten Tür klopft er an.
Und — richtig: »Gsegn dirs Good — der Kreutweberhans kimmt gar zu mir!«, so begrüßt ihn auch schon die Urschl.
Und fragt darnach: »Bist eppa marod oder feit dahoam epps?«
Nein, das wär Gott sei Dank nicht der Fall, meint der Hans. Er hätt einen ganz andern Schmerz — das heißt, wenn sie es ihm nicht für übelnähm!
Aber die Alte lacht: »Ach beileib: Wia werd i dir denns Heiratn in Übel nehma! Bist ja no jung! Hast ja ganz recht!«
Der Hans reißt Augen und Mund auf: »Ja — wia kannst denn du wissen ...«
Die Urschl lacht noch mehr: »Jetz wundert er sich! Mei, dees is do leicht zum derraten, was d' möchtst! Du bist gsund, dei Voda is net krank — und enka Susann is aa heunt no in der Kirch gwen. Also — was kunnt da oana von der Urschl wolln? Natürli a Hochzeiterin!«
Der Bursch hat einen heiligen Respekt vor der Alten. Diese aber fährt fort: »Siechst, und i woaß dir aa oane. — Naa, zwoa. — Halt — naa, drei woaß i dir. Paß auf: die erscht is d' Noimerzenz vo Kreiz. A weng bollisch und zwider. Aber achttausad March glei und no amal soviel darnachst. Daß s' den oan Hax a weng nachziagt, dees woaßt ja.«
Jawohl. Der Hans weiß es. Und er rechnet: »No mal soviel, dees san sechzechatausad March. Und acht dazua is vierazwanzg. Der Hax tat nix macha, unds Bollischsein treibet i ihr bald aus. Aber ob s' halt Kreutweberin werdn will ...«
Indessen fährt die Urschl fort: »Und da is no d' Wimmerlies vo Haslach. Bildsauber, brav und riegelsam. Kennst es ja selm. Wird aber kaam mehra als wia viertausad March mitkriagn. Bals es kriagt. — Und nachher is no da die buckelt Schneiderresl vo Münster. A weng übertragn — i glaab, fünfadreißg Jahr is s' alt; aber Geld is da. Ausgmachts Heiratsguat dreißgtausad March. Unds Haus. Die Alt mußt halt in Austrag nehma. Aber sie is guat habn. — So — und jetzt woaßt es.«
Jawohl. Jetzt weiß ers, der Hans.

Und er denkt gar nicht lang an die brave Wimmerlies; er läßt auch die Noimerzenz wieder fallen und sagt: »Aha. Dreißgtausad. Und die Alt im Austrag. Aha. — Wie alt is jetzt d' Schneiderin? — Bald siebazg, sagst? — Aha. — No ja. — Jetz werdn mirs nachher scho sehgn. I sag dir halt derweil an scheen Dankgood. — Und mei Schuldigkeit werd i scho bereininga, bals epps werd mit oana. Und jetz pfüate.« — Die Urschl streckt ihm die Hand hin.
Aber nicht zum Abschied! — Nur ein etlichs paar Mark wenns wären! Weil man so viel Hunger leiden muß in dem Haus! — Es ist nicht leicht, einem Bauern den Geldbeutel aus dem Sack zu locken; aber die Urschl bringt es wahrhaftig fertig, daß ihr der Hans am End drei schmierige Papierfetzen in die Hand legt als Aufgeld für den Schmuserlohn, den sie für ihre Vermittlung zu kriegen hat. —
Nach diesem Abschied aber rennt der gute Hans nach Haus, als hätt er Flügel an den Stiefelsohlen!
»Ja, Himmelherrschaft! Dreißgtausad unds Haus! — Ja, scheener kunnts ja gar net geh! — Was kümmert mi der Buckel und die Alt! — D' Hauptsach is, daß's einschlagt. Und einschlagn tuats, dees woaß i. — Herrschaftseiten, dees Glück! I lach ja die ganze Welt aus! Juhu!« — Juchzend tritt er daheim in die Wohnstube.
Doch — was sieht er? —
Da sitzt am Tisch ein ihm gar wohl und gut bekanntes Weibsbild — die Annemirl vom Simmerbauern!
Und auf ihrem Schoß tummeln sich zwei Büblein, so an die vier Jahr alt — seine eignen!
Hei, da fallen ihm plötzlich alle seine Todsünden ein, auf die er doch so gern vergessen hätt.
Himmellaudon! denkt er: Akrat jetz, wo mir epps Rars einstand ... jetzt muaß *sie* dahocka!
Dem Hans wird ganz schwül: »Annemirl ...«
Aber die Annemirl nimmt ihre beiden Buben vom Schoß und sagt: »Da schaugts, da is er ja, der Ata! — So, jetzt gehts nur glei schee hi zu eahm und sagts eahm Grüaßgood!«
Und sie hilft ihm aus aller Not und Verlegenheit, indem sie sagt: »Gell, hättst bald vergessen auf uns drei! Aber mir rühren uns scho, woaßt!«
Ah so! Sie ist bloß wegen dem Kostgeld da! Der Hans beeilt sich, zu fragen, was er zu zahlen hätt. Er möcht gern die Gschicht in der Ordnung haben, bevor er heiratet ...
Aber die Annemirl unterbricht ihn: »Ja freili! Sinst nix mehr! Wirst dir jetz no lang Unkösten macha, wenn darnach doch alls aus *oan* Sack geht! — Mir werdns aa so derfüttern, die zwoa; und übrigens

hab i auf Lichtmeß mein Platz aufgebn. I bin jetzt lang gnuag Stalldirn gwen. Jetzt möcht i amal a Zeitl als Kreutweberin hausen. Meine Papier hab i dabei — dein Vodan is's recht, also — bals dir aa recht is, kinnan mir morgn scho zum Herr Pfarrer gehn ...!«
Wenns ihm recht ist!
Ja, Himmelherrgott! — Dreißigtausend wärens gewesen! — Aber da stehen ein paar Bürscherl vor ihm und sagen »Ata«!
Je nun! Es wird ihm wohl recht sein müssen! — Trotz der drei Mark Aufgeld und der reichen Hochzeiterin!

Lena Christ

Der Wirtsmartl

Der Hausl vom Wirt in Tuntenhausen, ich meine den Martl, das war einer, der zu keiner Arbeit nein sagen konnte. Eines aber gab es, für das er absolut nicht zu gebrauchen war, nämlich ein Gespräch am Telefonkasterl neben der Schenke abzunehmen. Er haßte dieses neumodische Graffelwerk aus ganzem Herzen. Obwohl das Kasterl schon fast über eine Generation an der gleichen Stelle hing, blieb es für den Wirtsmartl ein neumodisches Glumperzeug, für das eben ein altbayerischer Hausknecht nichts übrig haben durfte.
Eines Tages aber forderte ihn das Schicksal in Form seines Brot- und Biergebers heraus, sich an das neumodische Graffelwerk zu wagen. »Martl«, sagte der Wirt zu ihm, »die Wirtin liegt im Kindsbett, und i muaß ins Schlachthaus. Es kimmt a ganz, ganz wichtiga Anruf, und den muaßt abnehma, sonst raacht's.«
Wenn der Hauser-Lenz sagte: »sonst raacht's«, dann war mit ihm nicht gut Kirschen essen. Da konnte sein Hausl ganz schwer unter die Räder kommen.
Der Martl versuchte es daher mit Ausreden. »Dös sell wohl, Wirt, aber i woaß net, ob i mi mit dem Zeig z'rechtfind.«
»Wos hoast z'rechtfind? Du brauchst doch bloß an Hörer abnehma und a bisserl neilusen. Und wenn da anda was wissen wui, dann redst aso, wia da dei Schnabe gwachsen is.«
»Dös sell wohl, Wirt, aber i hör doch so schlecht.«
»Schneid o, Martl, mit dene Pflanz! Bis zur Stund hast no alles ghört, was d' hast hören wollen. Du nimmst dös Gspräch ab, sonst raacht's!«
Nachdem es der Martl auf das Rauchen nicht ankommen lassen wollte, meinte er ganz derbröselt: »Dann vasuach i's halt.«

Eine Stunde später schepperte das Telefon. Der Martl tat, als würde er es nicht hören. Doch die Köchin schrie von der Küche heraus: »Martl, 's Telefon hat gläut!«

»Jaja, i woaß scho. Deshalb konn i mi net z'reißn. Siehgst ja selba, daß i alle Händ voll hab!« Und er nahm schnell den Bierschlegel in die Hand. »Geh halt nacha du hi!«

»Des is net mei Arbat«, schrie die Zenta grob und hieb das Küchenfenster herunter.

Nachdem das Kastl sich nicht mit gutem Zureden beschwichtigen ließ, blieb dem Martl nichts anders übrig: Er ging hin und hängte aus. Dabei blieb er mit dem Ärmel am Halter des Telefonhörers hängen, so daß die Verbindung sofort unterbrochen wurde.

Der Martl merkte das nicht. »Tut! tut! tut!« machte das Telefon. Der Martl aber schrie: »Ha?« — »Tut! tut! tut!« signalisierte das Telefon weiter. Und der Martl drauf: »Ha? Wos moanst? I verstäh di net!«

»Tut! tut! tut! tut! . . .« war die einzige Antwort. »Wenn i da scho sag, daß i di net vastäh«, schrie der Martl und schloß das Gespräch mit seinem schönsten Kernsatz ab: »Am Orsch leckst mi, daß d' as woaßt!« Worauf er den Hörer auf die Gabel hieb.

Gleich darauf klingelte es erneut. Der Martl tat gar nichts dergleichen. »Z'erst hast du mi pflanzt. A zwoatsmal pflanzt du mi nimma!«

Aber das Luder an der Wand hörte nicht zu scheppern auf. Das Geräusch gellte dem Martl ins Gewissen. Darum ging er schließlich doch hin und hob erneut ab.

»Ha? Wos wuist?« rief er hinein.

Drüben, auf der anderen Seite, ertönte eine schneidige preußische Stimme. Preußisch aber hatte der Martl nicht gelernt. Er merkte nur, daß sein Gesprächspartner irgend jemand oder irgend etwas wollte.

»Ha? Wen wuist und was wuist?«

»Ich buchstabiere«, erklang es aus dem Kastl, »H wie Hans, dann Alois, Ulrich, Siegfried, Emil, Richard. Haben Sie mich verstanden?«

»Hob de scho«, sagte der Martl, und ein freudiges Leuchten, weil er etwas verstanden hatte, verschönte und vergeistigte seine Züge. »Aba von dene, wo du da möchst, is koana bei uns.«

Er hängte ein und zapfte quietschvergnügt den neuen Banzen an.

Fritz Köhle

Sagen aus der Hallertau

Die verhexte Pfaffenhofen-Fahrt

Ein Bauernknecht fuhr einmal mit dem Wagen nach Pfaffenhofen. Auf dem Weg begegnete er einer alten Hexe. Diese redete ihn an und sprach: »Fuhrmann, du kannst bald nicht mehr weiterfahren!« Kaum hatte sie diese Worte ausgesprochen, da drehten sich die Wagenräder schon nicht mehr um die Achse. Darüber war der Knecht sehr verdutzt, doch er wußte sich gleich zu helfen. Schleunigst sprang er vom Wagen und riß die dreizehnte Speiche aus einem seiner Wagenräder. Als sich der Fuhrmann dann nach der Hexe umsah, bemerkte er, daß sie nur mehr ein Bein hatte und tot auf dem Boden lag. Die entfernte Speiche war ein Bein der alten Vettel gewesen.

Wie der Kuglbauer bei Pfaffenhofen zu seinem Namen gekommen ist

Die Bäuerin eines Hofes, der zehn Minuten von Pfaffenhofen entfernt ist, machte einmal zu Mittag Knödel. Der Bauer setzte sich nach der Arbeit an den Tisch und wollte zu essen anfangen. Doch die Knödel waren ihm zu hart. Er geriet darüber so in Zorn, daß er den Knödel, der gerade in seinem Teller lag, schnurstracks zum Fenster hinauswarf. Der Knödel kugelte die Anhöhe hinunter, auf der der Hof steht, und grub eine tiefe Rinne aus, die nie wieder zugefüllt werden konnte. Seit dieser Zeit heißt man den Hof »beim Kuglbauern«.

Die Bäuerin von Demenkreuth

Im Demenkreuth, einem Flurstück der Gemeinde Wolnzach rechter Hand am Weg von Wolnzach nach Oberlauterbach, steht in einer Talmulde eine kleine Feldkapelle. Vorzeiten soll dort ein Bauernhof gestanden sein. Die Bäuerin mochte nicht in die Kirche gehen, statt dessen »betete« sie im Keller. Als sie starb, sagte man: »Die ist gut aufgehoben zwischen Himmel und Erde!« Als sie beerdigt werden sollte, wurde ihr das Geläute versagt. Als aber die Ochsen mit ihrer Leiche gen Wolnzach kamen, läuteten die Glocken von selbst.

Die Sage vom Öchslhof

Unweit von Mainburg liegt auf den die Abens begleitenden Höhen der Wald Öchslhof. Durch diesen fuhr einst ein schwerbeladener Kammerwagen. Darauf saßen neben dem Fuhrmann auch Braut und Näherin.

Der Weg war schlecht und hatte stellenweise große Vertiefungen. Der Wagen schwankte manchmal recht bedenklich. Um diesem Übel an einer besonders holperigen Stelle abzuhelfen, verfiel man auf den Gedanken, die Löcher im Boden mit den Brotlaiben auszufüllen, die man der Braut, wie es damals Sitte war, mitgegeben hatte. Als aber die Räder über die Laibe gehen sollten, standen sie plötzlich still, und der Wagen fing an zu sinken. In wenigen Augenblicken war er mit Roß und Insassen in der Tiefe verschwunden.

Eine Teufelsaustreibung

Meine Großmutter hat erzählt: Vor vielen Jahren haben die Pater in Mainburg auf dem Salvatorberg noch abgebetet. Da hat einmal jemand ein Kind gebracht, das sich nicht gescheit entwickelt und viel geschrien hat. Da haben die alten Leut gesagt, sie sollen es zu den Patern tun.
Das Kind hat sich furchtbar gewehrt. Der Pater hat auch geschwitzt, weil er so hat kämpfen müssen mit den bösen Geistern. Auf einmal hat das Kind recht geschrien und gestrampfelt, und man hat einen Kracher gehört. Da haben die Leut gesagt: »Jetzt ist der Teufel aus dem Leib!«

Da Deife hindan Oidor

Amoi hod a Heiaga (= Heiliger) z' Schromhausn din a Mäß ghoidn. Wiads augaunga (= angegangen) is, hod da Deife hindan Oidor (= Altar) söi (= dort) a Kuahhaud augnogld und hod oi Leid augschriem, de won umgschaugd oder glachd hom. Den Deife hod awa neamad gsehng ois da Heiaga. So vui Leid san beas gwen, daß bis za da Waulung (= Wandlung) ois a dera Haud daumgschdana is. Bloß a boor hom nau gfeiht. Iaz is da Saddan heagaunga, is mid seim Goaßfuaß naugschding und hod de Haud bessa zong. Unda dera Zeid is a ausgrudschd, und des hod da Heiaga gsehng. Nadürle hod dea glachd, und iaz hodn da Deife aa augschriem. Noch da Küacha (= Kirche) hod da Deife gsag: »So, Leid, iaz miaßds oi midgea!« Awa wohi, hod neamad gwißd.

Der Gritschen-Knecht

Beim »Gritschen« hatte man einen Knecht, auf dessen Tätigkeit alles achtete. Jedes Werk glückte ihm. Wenn es zur Ernte ging, war ihm die Sonne hold, auch wenn alle Zeichen auf Regen standen. Wenn er zugebaut hatte, stellte sich feuchtes Wetter ein, mochten auch die übrigen Fortdauer der Trockenheit wünschen. Mit einem Wort: In nichts hatte er Unglück.

Einmal zur Winterszeit mußte er für den Nachbarn, den Schuster Weber, Holz in der Hagenau holen. Er spannte vier Pferde ein, lud auf, und trotz dem Glatteis ging es sehr gut. Doch glitt der Wagen aus und geriet über die Straße. Der Knecht ließ den Mann die Pferde halten, stieg in den Seitengraben und hob spielend die schwere Last. Der Begleiter sagte bei diesem Anblick: »Du hast etwas! Du kannst etwas! Das bringst du nicht allein zuwege!« — »Oh, ich gäbe dir alles«, erwiderte der Knecht, »wenn du mir helfen könntest!« — »Ich helfe dir, geh nur mit mir am nächsten Sonntag!«

Da führte er ihn zum Franziskanerkloster. Plötzlich fing der Knecht an zu schreien und wollte nicht mehr weiter. Der kräftige Nachbar hielt ihn mit aller Gewalt fest, rief um Hilfe, und nachdem der bereits erschienene Pater einen anderen geholt, fiel der Bursche wie leblos zu Boden. Man trug ihn ins Haus. Dort lag er längere Zeit krank, kehrte dann ganz still und genesen zurück, dankte für die ihm gewährte Hilfe und starb nach einem Vierteljahr.

Das Feuerfaß

Zu den Zeiten, da noch der Gump und der Gänswürger, zwei gefürchtete Räuber, in den dichten Wäldern um Schrobenhausen ihr Frevelhandwerk ausübten, sah man alle Mitternacht eine feurige Erscheinung. Auf dem steilen Waldweg am Frauenberg vor der Peinhofer Breiten begannen Schlag zwölf Uhr die Bäume mächtig zu rauschen. Zugleich rollte schwerer Donner mit grellen Kugelblitzen. Da, mit einem Male, sauste ein feuriges Faß den steilen Waldhang hinunter, durchs Krotental und die Geistbergkreppe, und irrte bis nachts ein Uhr in Schrobenhausen umher. Punkt ein Uhr ertönte ein donnernder Knall: Das Faß war verschwunden. Wohl hätte manch tapferer Bauer den Grund der Erscheinung auskundschaften wollen, allein die Furcht vor den Räubern hielt ihn zurück.

Der Schäfer und sein schwarzer Käfer

Im Schloß Steingriff war einmal ein Schäfer. Der hatte immer viel Geld, war stets guter Dinge und gewaltig bei Kraft.

In einem Schachterl trug er immer einen schwarzen Käfer bei sich. Da die Zeit um war, wollte er jemand finden, der den Käfer ins Wasser werfe. Aber niemand getraute sich.

Plötzlich war der reiche Schäfer spurlos verschwunden. Man sagt, der Böse habe ihn geholt. Und der Käfer sei der Böse gewesen.

Der neue Betschemel

Da Hartl-Sepp hot si amoi an bsunders schean Betschame macha wolln. Do kimmt a auf den Gedankn, daß a bsunders schea werat (= würde), wenn a siebnaloa Hoiz dazu hernahm (= hernähme). Und a so kaaft a si siebnaloa Brettln und meßt und schneids sis zua und naglt und leimt, bis a saubera Betstui worn is. Denn wui a an am hohen Festdog eiweihn, und so trogt an am Hl. Omd (= Abend) in d' Pfarrkirch nei und stoitn an am guatn Platzl auf. Auf d' Nacht, wia alles in d' Mettn ganga is, is da Hartl-Sepp aa mit und hot sie in da Kirch volla Freid auf sein söiwagmachtn scheana Betschame hiknieat und hot andächti bet. Nach ara Zeit hot a si denkt, jetzt muaßt do amoi umschaugn, ob d' Leit aa auf dein schean, neichn Betschame a weng herschaugn! Aba wos moants es (= ihr), wos da Mo für an Trumm Schreckn kriagt hot, wiara do hinta eahm siebn greisliche Gspensta siecht, de wo eahn alle schreckli oschaugn, weil a in da Kirch auf sei scheane Arwat so eitl is! Glei hot a wieda vürigschaugt aufn Altar und hots am Christkindl vasprocha, daß a sei Lebdog in da Kirch nimma umschaugt und aa nia mehr auf eppas eitl is.

Der wandernde Mönch

Allnächtlich muß vom Kloster zu Hohenwart ein Kapuziner über den Aichberg und über Gröbern bis zur Aumühle wandern, wo tatsächlich das untere kleine Malbergholz den Flurnamen »Kapuzinerspitz« trägt. Im Klostergang selbst soll man seinen Begleiter schlurfenden Schrittes hinterdreinschreiten hören.
Auf dem gleichen Altweg zwischen und in den Hölzern geistern Lichter und rollen feurige Fässer.

Der weiße Pudel am Freigraben

Am Freigraben, an der Nordseite, sah man nachts einen weißen Pudel mit feurigen Augen sitzen, der allenthalben Furcht einjagte, bis ihn schließlich Pater Ulrich bannte. Der Hund ließ sich auch im Fleischmanngäßchen sehen und zog eine Kette, so lang wie die Straße, nach sich. Am Marktplatz verschwand er.

Die Schimmel-Jungfrauen

In Schenkenau stand einmal ein Schloß. Das war ringsum von einem Weiher umgeben. Nachts um zwölf Uhr kamen immer acht Jungfrauen geritten. Sie saßen auf Schimmeln und waren schneeweiß angezogen. Vor dem Schloß stiegen sie ab und ließen ihre Pferde stehen. Sie schritten zum Weiher und setzten sich an das Ufer. Dort wuschen sie ihre Füße und trockneten sie mit ihren Haaren ab. Dann gingen sie wieder zu ihren Schimmeln und ritten davon. Das währte so einen Monat lang. Dann kamen sie nicht mehr. Bald danach verschwand auch das Schloß Schenkenau.

Emmi Böck

Fremdenindustrie. »Donnerwetter, treiben diese Gebirgler einen Luxus mit Kleidern und Raritäten!« — »Ist alles zum Verkaufen! So 'n Kerl ist der lebendige Verkaufsladen, vielleicht vierhundert bis fünfhundert Mark wert. Wenn Sie ihm das alles abkaufen, läuft er nackt heim!«

Der Holledauer Schimmel

Ein Schelmenstück aus dem Hopfenlande

Zweites Bild

(Im Bräuhaus zu Haselbach.
Der sogenannte Saal. Ein sehr großer, aber ziemlich niedriger Raum, in dem Hochzeiten und sonstige Festlichkeiten stattfinden. Er ist voll Menschen.
Auf der einen Seite sitzen die Banzinger: Bauern, Burschen, Bäuerinnen und Mädel, darunter der Schneider *Kassian Stierl* und der junge *Andreas Ziechnaus*. Auf der anderen Seite die Haselbacher, darunter der Schuster *Severin Stülpnagel*. *Rosa Blasl*, die Bräuin, und ihre Tochter *Anna* sind ebenfalls im Saal. Im Hintergrund sitzen auf einem Podium erhöht einige Musikanten. Wenn der Vorhang wieder aufgeht, sind die Musikanten eben mit dem Vorspiel, das man bisher hörte, zu Ende und beginnen das Lied, das der Schneider Stierl mit einer Wendung gegen die Haselbacher zu singt. Die Haselbacher hören mit stummem Ingrimm und abgewandt das Lied an.
An einem Tisch allein sitzen vier Gendarmen.)

Kassian Stierl (singt):
> O heiliger Sankt Kastulus
> und Unser Lieben Frau,
> wer kann am besten Schimmi stehln
> wohl in der Holledau?
>
> So gut als wie in Haselbach
> kanns neamd im ganzen Gäu,
> die gengans hin auf Geiselreut
> in die Posthalterei.
>
> *Kehrreim:*
> Und wies den Schimmi-Schimmi stehn habn sehn,
> hams eahm a Schüberl-Schüberl Heu hingebn,
> weils halt sagn: gstohln wär dös net,
> wann der Schimmi selber geht.

Der Schuster Stülpnagel (aus Haselbach, giftig):
> Seit dreißg Jahr wißts ihr Banzinger kein anders Lied. Da können mir viel mehr!

Kassian Stierl (herausfordernd):
> Uns gfallts halt so gut, weils euch stinkt, wann mirs singen.

Ein Haselbacher Bursch:
   Ha — uns wird er stinka, wann der Schneider von Banzing mit seine Kuddelfleck tremoliert!
(Ein Gendarm hat sich erhoben.)
Der Gendarm (ernst und drohend):
   Keine Beleidigungen!
Ein Banzinger Bauer:
   Sing weiter, Schneider, die Gendarm möchten den zweiten Vers gern hörn!
(Der Schneider hat der Musik schon ein Zeichen gegeben, sie setzt ein, und er singt den zweiten Vers.)
Kassian Stierl (singt):
   Und gestern san ma neune gwen,
   heut san ma bloß mehr drei:
   a sechse san beim Schimmistehln,
   Maria, steh uns bei!

   D' Gendarm, die ham an Falschen gfangt,
   der Schimmi, der is gstorbn,
   o heiliger Sankt Kastulus,
   jetzt fang mas an von vorn!

(Diesmal fallen alle Banzinger in den Kehrreim ein.)
   Denn wie der Schimmi-Schimmi tot is gwen,
   hams eahm a Schüberl-Schüberl Heu hingebn,
   net daß d' Leut sagn, zwegn der Not
   war der Schimmi-Schimmi tot!

Anna Blasl (die während des Gesanges an der Türe stand, frozzelnd):
   Seids ihr schon fertig?
Kassian Stierl:
   Ja, warum?
Anna Blasl:
   Schad! Es ist euch grad gut zum Zuschaun, wann euchs Maul so weit aufsteht wie hungrige Geißböck!
(Lachen bei den Haselbachern.)
Anderl Ziechnaus (nimmt lustig aufgedreht den Zweikampf auf):
   Mit den Nasenlöchern können wir halt net singen, weils uns net so hoch drobn stehn wie euch Haselbacher!
Anna Blasl (auftriumphierend):
   Die reißts uns nur nauf, wann wir an Banzinger sehn!
(Lachen und Beifall bei den Haselbachern.)

Severin Stülpnagel (zum Anderl spottend):
Da mußt dir schon dein Mundwerk schleifen lassen, wann du gegen unsre Bräutochter aufkommen willst! — Die hat schon ganz andre derbröselt!

Anderl Ziechnaus (singt als Antwort, nachdem er die Musikanten zum Mitspielen aufgefordert hat):
Juchhe! D' Madln, die fürcht i net,
weil mi koane verdraht,
Juchhe! Wanns zviel redt, werds busselt,
und da, da hebts gern staad.

Anna Blasl (weiß sofort einen Vers dagegen):
Juchhe! Eh daß i mi busseln laß
von an Banziger Bubn,
Juchhe! beiß i eahm d' Nasn ab
und heirat a Rubn!

(Lachen bei den Haselbachern; die Türe vom Nebenzimmer hat sich geöffnet, Alois Eigelsperger steht darin.)

Alois Eigelsperger (mit amtlicher Entrüstung):
Ist jetzt keine Ruah mit dem Gewerklet? Da drin werdn Namen gschriebn, und ihr schreits da heraußen wie d' Jochgeier!

Ein Banziger Bursch:
Die solln halt net so lang mit der Versöhnung rumdreckln!

Severin Stülpnagel:
Wie stehts denn nachher damit?

Alois Eigelsperger (die Unruhe mit seiner gesamten Autorität bannend): A Ruah jetzt. Ihr werdets warten können!

(Er geht rasch wieder nach dem Nebenzimmer ab. Einen Augenblick lang eine verdutzte Stille.)

Ein Haselbacher Bursch:
Auweh, da stehts hantig!

Ein Banziger Bursch:
Wann die schon mitm Schreibn solang brauchn!

Kassian Stierl (stichelnd):
Damit habns die Haselbacher noch nie ghabt!

Anderl Ziechnaus:
Dafür um so mehr mitm Schimmistehln!

Der Greislinger (ein alter Haselbacher Bauer):
Ich hör allweil Schimmistehln!

(Zu den Gendarmen:)
Da herin muß einer bsoffen sein! — Schmeißts ihn naus, den Banzinger Rotzlöffel!

Anderl (erhebt sich drohend):
 Mir scheints, da will heut einer durchaus Prügel!
Ein Gendarm:
 Niedersitzen, sonst müssen wir einschreiten!
Kassian Stierl:
 Der soll den Rotzlöffl zrucknehmen!
Severin Stülpnagel:
 Nix werd zruckgnommen!
(Unruhe bei den Banzingern.)
Ein Banzinger Bursche (ist aufgesprungen):
 Das werdn wir na gleich sehn!
Anderl Ziechnaus (ist an den Tisch des Greislinger getreten, sehr drohend):
 Nimmsts zruck auf der Stell?
Kassian Stierl (zu den Banzingern, unternehmungslustig):
 Schmeiß mas naus, die Haselbacher Galgenhengst!
(Die Banzinger sind alle aufgesprungen, die Haselbacher stehen zur Verteidigung bereit, die Frauen sind an die Wände zurückgeflüchtet, die Musikanten bringen ihre Instrumente in Sicherheit, Rosa Blasl zieht die Tochter zurück — allgemeine Unruhe.)
Rosa Blasl (zu den Leuten):
 Da herin wird net grauft!
Severin Stülpnagel (herausfordernd):
 Gehts her, wanns a Schneid habts!
Rosa Blasl (angstvoll zu den Gendarmen):
 Tuts doch was, die schlagen mir ja alles zamm!
Anna Blasl (hat die Türe zum Nebenzimmer aufgerissen):
 Um Gottes willn, grauft werd!
(Die Gendarmen sind aufgestanden. Die Rauferei steht unmittelbar vor dem Ausbruch.)
Ein Gendarm (schreit):
 In Namen der Polizei: auseinander!
(Sie springen zwischen die Parteien, um sie zurückzuhalten.)
Kassian Stierl:
 Zerst d' Gendarm naus, daß ma raaffa können!
(Sowohl die Banzinger wie die Haselbacher befördern die Gendarmen hinaus; da erscheinen in der Türe des Nebenzimmers die Gemeinderäte von Haselbach und Banzing, voraus Korbinian Blasl und Sebastian Ziechnaus.)
Korbinian Blasl:
 Auseinander! A Ruah! — Mir san versöhnt!

Vor der Stadt. »Cenzl, nimm dei Huatnadl und stich an Bräundl in d' Hax'n eini, daß 'r durchbrennt!« — »Bist narrisch word'n, Muatta?« — »Na, aber da vorn steht der Milli-Inspekta, und mir hamm vierzig Prozent Wasser drunta!«

(Es tritt sofort Stille ein; große Verwunderung.)
Korbinian Blasl (fährt fort):
   Jawohl: Friede ist zwischen Banzing und Haselbach! Nix mehr wird grauft!
Kassian Stierl:
   Schad, heut hätten wirs ihnen zeigt!
Sebastian Ziechnaus:
   Staad bist, Schneider!
Korbinian Blasl:
   Es ist beschlossen und unterschriebn: mir san fortan ein Herz und eine Seele!
Greislinger (an der Türe zum Flur):
   D' Gendarm dürfen wieder einikommen!
Korbinian Blasl:
   Was war, ist ausgwischt und vergessen!
Sebastian Ziechnaus:
   Die gegenseitigen Beleidigungen und feindseligen Maßnahmen werden mit dem heutigen Tage für alle Zeit eingestellt und in unzertrennliche Freundschaft verwandelt.

Korbinian Blasl:
> Und daß euch der Tag unvergeßlich bleibt, ham der Bräu von Banzing und ich für heut vier Banzen Freibier gstiftet!

(Fröhliche Überraschung.)
> Und als äußeres Zeichen unserer Eintracht schlage ich vor, daß wir Haselbacher heut nix als Banzinger und die Banzinger nur Haselbacher Bier trinken!

(Ruft seiner Frau zu:)
> Rosa, laß anzapfen!

(Rosa geht ab; eine etwas zweideutige, fast betretene Stimmung. Die Mitglieder des Gemeinderates haben Platz genommen.)

Alois Johannes Lippl

Der Galgendieb

Einmal, da ist so viel gestohlen worden in Weilheim, daß die Zigeuner im Trab durchgfahren sind. Weil sie Angst ghabt haben, daß ihnen was wegkommt. Zuerst sind die Weilheimer lang nicht draufkommen, wie das zugeht. Aber mit der Zeit haben sie gmeint, ob das nicht vielleicht doch ein Dieb ist? Und sie haben gsagt: »Den wenn wir derwischen!«

Aber sie haben ihn lang nicht derwischt. Sie haben dem Nachtwächter eine zweite Latern geben. Eine für vorn'naus leuchten und eine für hint. Aber gholfen hat's an Dreck. Vielleicht ist's ein Tagdieb, haben sie gsagt, weil ihn der Nachtwächter nicht derwischt. Und sie haben eigens einen Tagwächter aufgstellt. Auch mit zwei Latern. Erwischt hat ihn aber der Totengräber. Und zwar, wie der Dieb grad das letzte Trumm vom Galgen gstohlen hat.

Das war jetzt saudumm. Weil sie zuerst immer einen Galgen ghabt haben und keinen Dieb, und dann haben sie den Dieb ghabt und keinen Galgen mehr. So verdreht kann's zugehn, auf der Welt!

Aber aufghängt muß er werden! haben sie gsagt. Grad mit z' Fleiß! Aber wenn sich der Bazi einbildt, daß wir eigens wegen ihm einen neuen Galgen anschaffen, dann hat er sich brennt! Grad mit z' Fleiß net! Und drum haben sie einen Boten nach Landsberg nübergschickt, anfragen, ob sie ihnen vielleicht aushelfen möchten und ihnen den Dieb aufhängen täten, auf ihrem Galgen. Ausnahmsweis. Der eigne wär ihnen gstohlen worden.

Die Landsberger haben nichts dagegen ghabt. Für fünf Gulden täten sie das schon machen, haben sie gsagt.

Mehr hätt zwar ein neuer Galgen auch nicht kost, aber jetzt war's schon so, wie's war. Bloß hat sich keiner gefunden, der den Dieb nach Landsberg nüberbringt. »Bei so oam woaß ma nia, ob ma net selber abhanden kimmt, unterwegs!« hams gsagt. Da war guter Rat teuer. Und sie haben schon angfangen, auf den Totengräber schimpfen: »Du bist schuld!« hams gsagt. »Wär uns scho glei liaber gwesen, du hättst'n gar net derwischt! Jetzt ham mir bloß d' Schererei!« Ist ja auch wahr.
Aber dann ist ihnen doch noch was eingfallen: Sie haben dem Dieb fünf Gulden geben und gsagt: »Geh selber nüber, nach Landsberg, und laß di aufhänga!«
Muß aber den Weg verfehlt haben. Oder ist ihm sonst was passiert. Verhungert jedenfalls kann er nicht sein. Weil ihm die Weilheimer ein Zehrgeld mitgeben haben. Und eine Zeitlang haben sie die Landsberger schwer im Verdacht ghabt, ob sie sich nicht die fünf Gulden unter den Nagel grissen haben und den Dieb einfach laufenlassen.
Aber aufweisen haben sie ihnen nichts können.

Christian Buck

Das hochzeitliche Bschoadtüchl im heutigen Niederbayern und im alten Rom

Das federnverzierte Plüschhütl schief auf dem lebfrischen Graukopf, ein buntes Kunstblumenbüschl im Knopfloch der Festtagsmontur, in der Rechten den hilfreichen Haklstecken und in der Linken ein weißgetupftes rotes Packerl mit vier Tuchzipfeln — so wackelt der alte Ammerbauer zu nachtschlafender Zeit seiner Heimstatt zu. Weil er gut aufgelegt ist, pfeift er manchmal ein Trumm von einem Landler, einer Polka oder einem Zwiefachen, oder er singt gar ein sternhagelverliebtes Schnaderhüpfl und denkt an die Zeit, da er die ehr- und tugendsame Bauerntochter Margarete Ponigl an den Traualtar gweist hat.
Woher kommt er denn, der Ammerbauer, der schon gutding zehn Jahrl im Austrag lebt und sonst mit den Hühnern ins Bett geht? Der Kenner weiß es! Der Alte war zu einer großen Bauernhochzeit geladen und beim abendlichen Schenken feierlich aufgerufen worden als »der wohlachtbare, ehr- und tugendreiche Herr Matthias Winkler, Ausnahmsbauer auf dem Ammerhof in Bernleithen, dem Herr Bräutigam sein viellieber und teurer Freund und Herr Vetter.« Und dann hat der Hochzeitslader die Spielleut noch aufgefordert: »Auf, Musikanten, ihm zu Ehrn laßts eure Instrumenter hörn!« — Denn der Ammervater

hat das große, bunte Familien- und Pfarrfest mitgemacht von A bis Z, hat gegessen, getrunken, getanzt und gesungen wie noch mal ein Junger. Der Stamm vom Ammerbauerngut ist ja ein gußeiserner, und seine Sprossen sind in der Gegenwart ebenso lebenskräftig, wie sie es seit drei Jahrhunderten immer gewesen sind auf ihrem Hof, der einst als Amtshof über alle anderen Bauerngüter herrschte.
Der Mond scheint freundlich auf dem Ammervatern sein Handpackerl, und der Mann selber blickt es nicht minder freundlich an. Denn er freut sich schon drauf, wenn er die Liebes- und Erinnerungsgabe seinem Eheweib als willkommenes Bringerl auf den Höhtuchent oder das Deckbett legen kann.
Freilich wird die »Mutter«, wie der alte Ammer seine Hausfrau nennt, seit sie ihm vor mehr als fünfzig Jahren den kernigen Stammhalter in die uralte Hauswiege geschenkt hat, freilich wird sie ihm Vorhalt machen, weil er gar nimmer gscheit wird, der »Vater«, und erst heimkommt, wenn die Hofleut schon fast wieder ans Aufstehen denken müssen, und weil er sicher trotz seiner 76 Jahre noch ein paar Tänze gedreht hat.
Aber dann wird der alte Ammervater sagen, indes er sich bedächtig eine Riesenpris Schmalzler auf das rechte Handgrüberl haut: »Sei jetzt staad, Mutter, und sag nix mehr! Schau zerst den schönen Bschoad an, den vielen, und dann schimpf noch, wenn du die Leckerbissen gesehen hast: ein halbes Gansviertl, Gebackenes vom Kalbl, ein Trumm Schweinernes und gar nicht feist, vom Rindfleisch auch ein schönes Bröckl, ein Tortenstückl, zwei Eierweckl und einen ganz mürben Butterbogen! Hätt mich selber schier plangt drum! Hab ihn aber eigens aufgehebt für dich, weil ihn dein Biß leichter zwingen kann!«
Da wird das Gesicht der Altbäuerin gleich um ein paar Grad milder. Aber weil sie in bezug auf Reinlichkeit eine ganz Genaue ist und gern kritisiert (und das tun alle Weiber gern), sagt sie mit hausfraulichem Ernst: »Brav, Vater, daß du auch auf mich denkt hast und einen so schönen Bschoad heimbringst! Aber auf der Stell tust du mir das Zeugs weg da von der Liegerstatt! Machst ja den frisch überzogenen Höhtuchent ganz voll Fettpatzen! Ihr Mannsbilder denkt aber auch an gar nichts!« —
Aber der alte Ammerbauer wird sich schon zu helfen wissen, wenn seine Alte trotz des schönen Mitbringsels noch keinen Fried geben sollte. Dann tischt er ihr ein paar jener Schnaderhüpfl auf, die er beim Schenken gesungen hat, spaßhalber nur, damit es was zum Lachen gab:

77

»Und lusti han i gheirat
und trauri han i ghaust,
und a Stubn voll kloa Kinder
und a Wei, daß's ma graust!

Und da Ehstand is a Wehstand
für zwoa junge Leut,
wann d' Wiagn aso kneagazt
und 's Kind aso schreit!

U mei, liaber Hochzeiter,
iatz hast halt a Wei!
Iatz hauts' dir an Hadern
bald umi ums Mäu!

Gern schau i an Hochzeiter an
mit seiner schön' Braut.
Und i muaß iatz hoamgehn
zu meiner altn Haut!«

Man fragt mich nun: Was ist das »Bschoad«? Woher kommt es? Wer je im Altbayerischen eine nahrhafte und reiche Bauernhochzeit mitgemacht hat, der kennt sich aus. Bei einer solchen Festlichkeit muß es nach jeder Richtung hin hoch hergehen. Gewand, Roß, Fuhrwerk, Musikanten, alles muß standesgemäß nobel sein und ankündigen, daß der Hof, auf den geheiratet wird, ebenso geldig ist wie der, aus dem sich der Hochzeiter seine Braut geholt hat. Und weil der Mensch aus Seel und Leib besteht, wird bei einer solchen Hochzeit ein Mahl aufgetragen, das sowohl in der Zahl seiner Gänge als auch in der Güte des Gesottenen, Gebratenen und Gebackenen und in der Größe der Portionen des hohen Tages würdig ist. Mit der süßen Weinbeerlsuppe hebt das zwölfgängige Mahl an, und mit dem buntfarbigen Tortenstückl hört es am sinkenden Abend auf. Die Musikanten spielen über das Mahl, das erlesene Hochzeitsbier fördert die allseitige übermütige Stimmung.
Freilich, an so einem Tag kann sich auch der gesündeste Bauernmagen überessen, und weil man dem Herrn Wirt nichts schenken will und das ansehnliche Mahlgeld nicht umsonst ausgegeben werden darf, hat man einen sehr lobenswerten Ausweg gefunden. Man läßt sich in der Mitte des Mahls durch einen »Nachigeher« oder eine »Nachigeherin« (ein anderes Glied der Familie) in der unerschöpflichen Esserei ablösen.

Der Vorgeher setzt in der Gaststube drunten sein Trinkgeschäft fort oder eilt übersatt und trunkerheitert heimzu.
Aber auch der Nachgeher kann nicht alles aufzehren, was die überreiche Hochzeitstafel Gutes aufwartet. Drum nimmt jeder Hochzeitsgast vorsorglich und herkömmlich sein saubergewaschenes Bschoadtüchl mit. Der fortschrittliche Wirt legt für jeden Gast noch ein Stück Fettpapier bereit. In Papier und Tuch legt der Tafelsitzer von den gönnerhaften Gängen ein Stück nach dem andern: ein Haxerl, ein Schnitzl, ein Ripperl, nicht zu vergessen das Schmalzgebackene und die Köstlichkeiten der bäuerlichen Zuckerbäckerkunst. Wenn dann das Tafeln ein Ende hat und die große Tanzerei anhebt, packt man die Überbleibsel säuberlich in seinem Bschoadtüchl zusammen, verwahrt es gut und überbringt es dann den Hofleuten als schmackhafte Hochzeitserinnerung.
So kommt es, daß an einem bäuerlichen Heiratstag sowohl am Nachmittag und Abend als auch zu den unterschiedlichsten Stunden der Nacht, zuweilen aber auch erst um die Zeit des ersten Hahnenrufes, lustige rote oder blaue oder auch blühweiße Bschoadpackl den Dörfern und Einschichten zustreben, roglich in den Händen getragen oder früher von stabbedürftigen Mannsleuten an den fast mannshohen zwiegegabelten Haselnußstecken aufgehängt, wie man sie heute noch oft sieht, wenn Vorstadt- und Vereinsbühnen, sogenannte Bauernkomiker und »Gebirgstrachtenerhaltungsvereine« bäuerliches Wesen mehr oder minder glücklich nachahmen.
Nun, glaube ich, kennen wir zur Genüge das altbayerische und insonderheit niederbayerische »Bschoad« und das »Bschoadtüchl«. Das Wort »Bschoad« lautet im Papier- und Schriftdeutschen »Bescheid«. Bei uns Landhausenden spricht man vom »Bescheid trinken«, wenn man einem achtbaren Tischnachbarn oder guten Freund im Wirtshaus zuprostet.
Nun ist ein weiter Weg vom Niederbayerischen nach Rom, und es liegen zwei Jahrtausende und noch etliche Jahre zwischen unserem Zeitalter und dem klassischen des hochgebildeten alten Rom. Ja, nun staune man und gebe wieder einmal dem oftgerühmten alten und weisen Ben Akiba recht, der vor genau 1800 Jahren hingerichtet wurde. Denn von ihm stammt der Spruch: »Alles schon dagewesen!« Daß es nichts Neues unter der Sonne gibt, das beweist nun auch unser an sich so nebensächliches Bschoad und erst recht das heimatliche Bschoadtüchl. Denn bereits die antiken Römer, die Römer des genannten hochkultivierten Zeitalters, kannten und schätzten beides. Und daß die wohlgebildeten vornehmen Römer, wenn sie in ihrer edlen Toga von einem Hochzeitsmahl ihren Palästen oder Villen zuwanderten, ein regelrechtes Bschoad-

tüchl mit nach Hause trugen, nein, das hätte ich mir denn doch nie träumen lassen! Allein, es ist wirklich so! Alles schon dagewesen! Im kunstgeadelten Speisesaal eines römischen Patrizierhauses hat man es bei der Hochzeitstafel ebenso gemacht wie bei uns in den niederbayerischen Tavernen: Man hat während des üppigen Brautmahls ein Reststücklein nach dem andern sorgfältig in ein bereitgelegtes Tuch getan und am Schluß der oft überreichen Gasterei den Zuhausegebliebenen das Bschoad mitgebracht.

Woher weiß ich das, der ich mich im Niederbayerischen viel besser auskenne als im Altrömischen? Im 25. Heft der »Tusculum-Schriften« des Heimeran-Verlages, in dem Bändchen »Die Frau im alten Rom«, erzählt der Verfasser Hans Fischl folgendes: »Bei den Hochzeitsmählern des alten Rom brachte jeder Gast eine Serviette mit, die man die ›mappa‹ nannte (daher kommt unser Wort ›Mappe‹). In diesem Mundtuch nahm man beim Nachhausegehen Speisen vom Nachtisch und kleine Geschenke mit, was also nichts anderes ist als unser heimatliches Bschoad. Daß es bei den römischen Gastmählern gelegentlich der Hochzeiten hoch herging, läßt sich denken.« Der genannte Verfasser berichtet, daß dort eine Hochzeitsfeier zuweilen nicht weniger als 10 000 Mark gekostet hat. Freilich gab es auch Paare, die ihre Vermählung in aller Stille auf dem Lande feierten, wie es auch bei uns immer mehr Mode wird, daß sich bäuerliche Brautleute in irgendeiner fremden Kirche in aller Stille trauen lassen, was ihnen lieber ist als der endlose und anstrengende Trubel einer großen, freilich heut meist recht nüchtern und eintönig gewordenen Bauernhochzeit.

Max Peinkofer

Sauwaldprosa

Saß dort im Schatten von Kastanien, an einem Hundstag, trank mein Bier. Weiß nicht mehr, was mir durch den Kopf ging. Nichts von Bedeutung, denke ich, denn je mehr ich mein Erinnern anstrenge — ein Unterfangen, von dem jeder erfahrene Tagträumer weiß, daß es denkbar ungeeignet ist, Schätze des Unterbewußtseins heraufzuhieven —, je mehr ich erzwingen möchte, desto übermächtiger antwortet Schläfrigkeit. Vom leisen Schblatzen zusammensackender Bierschaumtörtchen, von den Kläffzäsuren, die ein Dachshund mutwillig ins Stimmengebräu setzt, sofern er nicht Zeitung schnobert am Schuhwerk der Gäste, von den Wespen im Drahtpapierkorb, von den verschwomme-

Mißtrauisch. »*Koane Summafrischler mag i nimmer. Die tean grad spionier'n, wia dick daß d' Milli is, bals von der Kuah kimmt!*«

nen Architekturformen und all den Gesäßen und Gesichtern, die mir jetzt in den Sinn kommen, vermag ich nicht zu sagen, ob es sich um Wahrnehmungen »damals in Passau« oder, was ich eher annehme, um die Bildsumme vieler Biergärten handelt, um den Garten der Gärten gewissermaßen, wie ihn wohl die meisten Zeitgenossen hiesiger Hopfen- und Gerstenbreiten in sich tragen.
Aber dann ist da, unüberhörbar-energisch, die große Passauer Sauwaldkadenz, nicht aus den Registern der Domorgel, sondern herübergespielt von einem Solisten am Nebentisch, von einem, der es mir ansah: »Eana siecht ma's glei o, daß S' no weiter wolln, stimmt's oder hab ich recht?!« — »An was sehn S' des?« — »Des kann i ned sagn, aber ma siechts halt!« Ob er auch sehe, wohin ich heute noch wolle, frage ich. Er: »Wenn mi der Toiffe ned am falschn Herndl ziagt, nacha wolln S' heit no in' Sauwald auffe!« Ich nicke. Er: »Zu de Riaßler?! — Respekt! — Sie ham'd a Schneid!« — »Weshalb Schneid?« wünsche ich zu erfahren. Doch er intoniert ausweichlerisch: »Nnnja, i moan halt, so mir nix, dir nit, in' Sauwald, und no dazua mit'm Raadl, also — i moan, des is scho tollkühn!« — »Tollkühn? Aber wo soll denn da die Gefahr liegen?« — »Die Gefahr liegt ned im Sauwald, sondern die rennt, die rumpelt, de kimmt daher wia a Haglwetter. Und wen s' derwischt, sagt ma, der is a Leich, der werd in' Grund und Bodn neigwalzt, so tiaf, daß er d' Posauna nimmer hört am Jüngstn Tag!«
Wo man solches sage, kundschafte ich. Er: »Ja, im Sauwald, wo sonst!«

— »Kennen Sie den?« — »Ja freili, weil von do bin i dahoam!« Gefragt, warum er mir das nicht eher bekannt habe, starrt er, den Atem anhaltend, auf meinen Adamsapfel, mimt den Lauschenden nach innen wie nach außen und überspielt die Tatsache, daß ihm solches Fragen nicht recht ins Konzept paßt, mit dem bedeutungsschweren Gehabe eines Wissenden, dem es hart ankomme, etwas auszusprechen, dem standzuhalten der Gegenüber, ich also, keinesfalls gerüstet sei. Den gläsernen, schlecht eingeschenkten Bierkrug unter der Nase, alles Weiße der Augenbälle an die Redefront werfend, die Rechte, bislang die Ruhe auf der Tischplatte selbst, zauberisch-spreizfingerig neben das Ohr erhoben, löst er die Spannung, die er weidlich zustande gebracht hat, mit seinem: »Weil i Eana warna mecht! Warna, warna und no amoi warna!« durchaus nicht. »Vor was denn warnen?« frage ich. Doch nun trinkt er erst einmal, läßt mit dem Bier viel Zeit hinunterfließen. Schluck für Schluck wächst das Gefahrvolle. Auf der fleischigen Nase meines durstigen Oraklers sitzt ein Schaumhöckerchen, zerläuft und wird, offenbar weil es zu kitzeln beginnt, mit dem Stoffkranz, den der hinaufgekrempelte Ärmel glorios um den Bizeps windet, umständlich steif, als bestünde berechtigte Furcht vor einem Auskugeln des Gelenkes, abgewischt. Dann kracht der Maßkrug neben dem Bierfilzl nieder — »öha!« —, und es trifft mich ein letzter, prüfender Blick: »Also guad, — nachdem daß s' ja ned oiwei an jedn dabreesln, auffeschlenzn und unters Gras einepflüagn, mecht i Eana doch an kloan Rat gebn, aa auf de Gefahr hi, daß s' mi amoi o'packan — aus Rache! Also ruck zuaba doda, da ich da's sag!«
Großzügig gestimmt in Erwartung des unschätzbaren Geheimnisses, in dessen Besitz ich nun gleich gelangen würde, bezahl ich unser Bier und geb auch noch eine Maß aufs Zukünftige aus. Er dankt mit einem lapidaren: »Des hätt's fei ned braucht!«, verabschiedet den Rest im Glase mit einem teilnahmsvoll-bedauernden: »Pfüat de, Laakerl!«, begrüßt die neue Maß: »Du kimmst ma grad recht; mit deim Bruader bin i aa scho fertig wordn!«, um sich endlich mir zuzuwenden: »Also, wenn in Schärding d' Saatkartoffeln 's Bluadschwitzn o'fangn, wenn z' Schardenberg d' Henna d' Farbn wechseln, dann hast no Zeit zum Davokemma! — Wenn aber scho amoi der Haugstoa 's Rucka o'fangt und d' Ooachbaam z' Hautzing 's Kaicha und Knarzn überkimmt, obwohl gar koa Wind no ned geht, dann is's hechste Zeit! Wenn abers Wetter scho amoi orglt, wenn Pflüag und Ochsngspann durch d' Luft sausn, Dachstühl und Grabstoa daher schwirrln, wenn scho amoi der Blitzgott Eschn schwertlt und Kirchtürm sprengt, dann hilft koa Betn nix mehr, dann san s' im Kemma, dann san s' nimma weit!«

»Reiner Zufall« sei es, meint er, wenn ich dann noch überlebte. Denn nun wandere der Wald. Aus Angst, sage man, vor denen, die da kämen. Büffel seien »Ratzn« gegen sie und ...
»Da Blitzgott, hast dees g'hert!« höhnt es da hinter der Kastanie.
»Der Blitzgott und fliagate Ochsngspann! Ja Beppi, daß du doch oiwei wieder oan findst für deine Schpofankal!« — Hervor tritt, dümmliche Heiterkeit auf rosig-feuchtem Gesicht, die Bierfahne nieder, ein Endfünfziger. Doch die Schadenfreude, meinem Rhapsoden eins ausgewischt, den wilden Lauf seines Geisterheeres, wer weiß, vielleicht sogar den Galopp einer schwarzborstigen Kollerwolke tobwütiger Urkeiler, unterbrochen zu haben, klingt bei all der betulichen Harmlosigkeit unüberhörbar aus der Sülzenstimme des ungebetenen Stammgastes: »Glaam S' eam nix! Ois, was der vazählt, san Krampf! Sei Vater war aa scho so oaner; i hab'n no kennt!«
Wehmütig lächelnd erhebt sich mein Sauwäldler: es täte ihm leid, daß er mir nicht Weiteres mitteilen könne, doch »so niachtane Leit wia dem — niachtan aa, wenn s' alle Tag bsuffa san, damit ma uns richtig vaschtengan!« — gehe er schon seit gut zweitausend Jahren aus dem Weg. Mit einem gekonnten Schlenzer, hierzu nur die Rechte und das Knie gebrauchend, plaziert er den Gartenstuhl, auf dem er gesessen, ordnungsgemäß an den Tisch. »Des wissn mir scho aa, daß's koan Blitzgott ned gibt! Und trotzdem gibt's oan, vaaschtehst! So, wia's aa an Boandlkramer, an Dürrling gibt, obwohl's koan gibt! — Des is hoit amoi insane Art, d' Welt zum O'schaugn. Insane! Aber so Oa-Augerte wia du ...« — jetzt schneidet sie provokant-verächtlich, die Stimme des verletzten Barden — »sehgn freili ned mehr, als was auf'm Lohnstreifn steht!«
Den zugelaufenen Nachbarn hat diese handlose Ohrfeige empfindlich getroffen. Bittersüß grinsend senkt er den rosaroten Kugelkopf, duckmäuserisch abwartend. »Wissen S'«, nimmt der andere den Geißelstrick seiner Rede wieder auf: solche Übergescheitlinge, die sich für moderne Menschen hielten, weil sie an keinen Gott nicht mehr glaubten, keine Geister und auch »koa Seel in der Natur nimmer«, was nicht ausschließe, daß sie ihrem Dackel übermenschliche Intelligenz zusprächen, »solcherne Bildzeitungsphilosophen, de wo moanan, wia aufklärt daß s' san, weil s' koan Bilwiß und koa Hollermandl nimma geltn lassn«, gerade die hätten den »höchstn Aberglaubn«, nämlich den, daß sie meinten, sie seien sie. Dabei stehe das doch nur im Personalausweis, den »a doikata Beamta« gestempelt habe, auf daß die Arbeit nicht ausgehe.
Beherrschte Erregung in der Kehle des Barden, Kraft, die noch zulegen

könnte. Der ihn anfangs vertraulich »Beppi« geschulterklopft hatte, will jetzt vom Stuhle, die Schläfen geschwollen, die Faust geballt. Souverän-ungerührt indessen der Barde: »Brauchst gar ned ans Raaffa denka, Mandei, heit hilft dir eh koaner bei der Hitz!« Zudem führe die Donau heute »zum Stoaner-Zähln« wenig Wasser, was die Landung in ihr schwierig gestalte, sofern das Schicksal nicht gnädig und der Schwung des Hinauswurfs so bemessen sein würde, »daß de im Boarischn Woid wiedafindst oder gar bei de Tschechn drent!«.
Womit der Sauwäldler ausspuckt, den Hut zurechtrückt und gegangen ist. Zwei-, dreimal dreht sich der schweißgesalzene Bierglobus auf wohlumspecktem Atlas, dann nimmt er schnaufend seine ungelenke Bahn, glasigen Blicks. Einige Tische weiter sinkt er in die Stühle und sägt und schnorchelt im Gesumm von Fliegen.
»Insane Art, d' Welt zum O'schaugn!« Ja, der ungehaltene Barde wußte sich trefflich abzusetzen von dem ältlichen Räuschling, der für so viele »Nüchterne« steht, vielmehr hockt, in einem bilderlosen Dasein — und aus dieser Enge heraus stets bereit ist zur Flucht nach vorn, zur Aggression gegen die Phantasie, wo immer sie sich zeigt, die verführerische Schwester der Freiheit, die spinnert, »nicht ganz normal« anmutet all denen, die ihren Geist mit Brotwissen abspeisen, ihn furchtsam zur Ordnung rufen, wenn er einmal die muffigen Tapeten übernommener Weltanschauung zu freiem Spiel verlassen möchte. Weil aber die Kreativität, die allein uns des Mechanischen zu entheben vermag, nur aus dem Spiel erwächst, das jene scheuen — es könnte sie in zu viel Freiheit stürzen —, fehlt diesen Kümmerlingen jegliche Produktivität, die aufzubringen hat, wer teilhaben will an einer Produktion. Nein, es ist nicht Unvermögen, was die Bilderlosen im Grau der Langeweile hält, nicht angeborene Unfähigkeit, in Bildern zu denken, die sie von den Welten der Sehenden trennt, als vielmehr Trägheit, Gleichgültigkeit gegenüber dem Lebendigen, das also, was der Bayer in den Adjektiven »lätschert« und »gschtingat« zusammenfaßt.

Uwe Dick

Der Waldler

Vom Wald bin i außa,
Wo ma d' Erdäpfi baut;
Drum bin i aa g'wachsen
Wias Erdäpfikraut.

Anzügliche Auskunft. »*Erlauben Sie mal, können Sie mir einen ungefährlichen Weg zum Gipfel zeigen?*« — »*Geh nur allweil an Kuahmist nach! Wo sich 's Rindviech hintraut, da konn dir a nix passier'n!*«

Stoapfalz

Is a Land su oam und stoanad
wäi mas weit fei soucha kannt
und da Boun so hat,
da moanast niad,
daß dou a Kernl fandst.

Menschn plaung se af de Föda,
bugln schwar ban Sterna glam.
Gsichta homs wäi d' Landschaft söiwa,
su durchastlt wäi a Baam.

Hinta grouße Schläihabuschn
specht vasteckt da Awaglaum.
Und gor vüi seahn nu wos huschn,
wenn's nauchte wird und Nöiwö drauhn.
                       Margret Hölle

Der Seppl und die Bauernfänger. »*Secht S', mit sellanö Bazi wie s' ös seids, spiel i am liabst'n! G'winn i, nacha is a so recht, verspiel' i aber, nacha hol i d' Gendarmerie!*«

Im Zug nach Regensburg

Ein Reisender will mit dem Abendzug von München nach Regensburg fahren und im Zug ein bißchen schlafen. Er gibt daher dem Schaffner beim Einsteigen a paar Zigarren und a Maß Bier und kriegt dafür ein Coupé für sich ganz allein. Er sagt zum Schaffner: »Ich muß Sie auf etwas aufmerksam machen, ich hab nämlich einen sehr tiefen Schlaf, sind Sie so freundlich, und wecken Sie mich auf, wenn wir in Regensburg sind.« — »Da können's Ihnen verlassen drauf, ich weck Sie schon«, sagt der Schaffner. »Und noch was«, sagt der Reisende, »wenn ich vielleicht nicht aufwachen sollte, denn ich hab an Schlaf wie a Murmeltier, dann packen Sie mich und werfen mich einfach zum Coupé hinaus, das macht nichts.« — »Wird schon gmacht«, sagt der Schaffner. Der Reisende zieht sich aus, legt sich nieder und schlaft den Schlaf des Gerechten. — Endlich wacht er auf, schaut beim Fenster hinaus und bemerkt, daß schon heller Tag draußen ist. Er sieht auf die Uhr: ja Sapperment, wir müssen doch schon lang in Regensburg gewesen sein. Richtig, die nächste Station ist schon Hof. Er steigt aus und schimpft wie ein Rohrspatz. Das ist eine Gemeinheit, eine Unverschämtheit usw. Die Leute auf dem Perron bleiben stehen und schauen, warum der so schimpft. Der Stationsvorstand kommt auch heraus und sagt der Schaffner: »Sie, sag'n S' mir einmal, warum schimpft denn der Mann so furchtbar.« — »O mei«, sagt der Schaffner, »das is ja noch gar nichts, da hätten S' erst *den* hörn soll'n, den ich in Regensburg rausg'worfen hab.«

Weiß Ferdl

Die Neureich'n

Die Neireichn moana:
Die Markln zammscharrn
und dann mit'n Karrn
ins Nachbarland fahrn,
war as Hechste. Zum Woana!

Es is dene Büffeln
as Boarische Land
noch gar net bekannt.
Und drum is's a Schand,
wenn s' auswärts rumschnüffln.

Sie hocka und schwitzn
in Wirtsheisln drunt,
machn Sprüch ohne Grund,
daß ma s' abwatschn kunnt
bei südlicha Hitzn.

Dann siehgt ma s' am Brenna
mit Obst in die Taschn,
an Schoko zum Naschn
und Strohgeflechtflaschn
nach Deitschland z'ruckrenna.

Und vadaut ham s' wias Essn
ihre Sprach über Nacht
und ham 10 oder 8
neie Wörter mitbracht,
dafür deitsche vagessn.

Sie kenna net d' Eifl,
net as Schwarzwäldereck
und manch scheene Fleck,
weil — die inländisch' Streck,
sagn s', is für notige Deifl!
               Renate Mayer

Der freundliche Bauernwirt. »Du, Wirt, drauß' san an etli Stadtfrack, dö möcht'n a kuahwarme Milli!« — »A söllane hab'm mer nöt, sagst, dö soll'n a Bier saufa, dös is a kuahwarm!«

Im Bayrischen Wald hint!

Der Boß einer Geldfälscherwerkstatt in Niederbayern sagt zu seinen zwei Angestellten: »Jetzt machts amal hundert Fuchzgmarkschein!« Die beiden machen sich an die Arbeit. Dann legen sie ihrem Chef das Ergebnis vor. Sie sind ganz überrascht, als der schreit: »Ihr Deppn, was wollts denn mit dene Hundertfuchzgmarkschein? De gibts doch gar net! I hab euch doch gsagt ›hundert Fuchzgmarkschein‹! Was solln ma denn mit Hundertfuchzga o'fanga, ihr Riedviecher?« — Da sagt der eine: »Des is a Mißverständnis gwesn. Aba des kriang ma scho. Im Bayrischn Wald hint bringa ma des Geld scho los.« — Die beiden nehmen die Hundertfuchzger, steigen in ihr Auto und fahren in den Bayerischen Wald. Im ersten Dorf halten sie vor dem Kramerladen an. »Jetz mach i an Testversuch«, sagt einer von ihnen. »I geh eini, verlang a Packl Zigarettn um a Markl und zahl mit an Hundertfuchzga!« — Er geht hinein, kommt übers ganze Gesicht grinsend wieder heraus und erzählt seinem Spezi: »Guat is ganga! D' Kramerin hat ma pfeigrad rausgebn! Da schaug her: zwoa Siebzga und an Neuna!«

Bernhard Pollak

Parkblooz soucha

Wenn e
am Samsdoogvoamiddoog
en da Innanstood
äuwei koan Parkblooz finn
na winsch a me
a näids Moi
um sechshunnad Johr zruck
und draam davo
daß e mei Rooß
voan Bahnhof obinnd
und nacha
schöi gmiaddle
en d Fußgängazone
zon Eikaffa gäih
        Josef Berlinger

Die Weltstadt mit Herz

Äußerliche Reinigung. »Im Hotel geben wir euch natürlich als unsre Frauen aus.« — »Freilich, sunst san mer ja unsittlich.«

Auf München

Dorf und Millionenstadt,
de a Preuß gegründet hat.
Alte Häusln in der Au,
Wolkenkratzer, U-Bahn-Bau.
Blauer Himme, Berg zum sehgn,
Föhn und Schneetratsch, Nieselreng.
Isarauen, d' Luft voll Blei,
Gmütlichkeit und Grantlerei,
Biergartn, Kastanienbäum,
Verkehrschaos bis naus nach Laim,
Schafkopfrennats, Preiswettschnupfer,
Olympia, Stabhochsprunghupfer,
Radi, Brezn und a Maß,
Lüngerl, Schweinsbratn, Leberkas,
Wammerl, Kraut und vis-à-vis
Pizza, Reiswein, Raznici.
Starkbierzeit, Oktoberfest,
Schwabing, Hippies und Protest.
Dirndlrock und Trachtengwand,
Blue jeans, Mini, alls mitnand!
Inder, Schwedn, Mexikaner,
Rußn, Preußn und Japaner,
Leut aus China, USA,
hi und da a Münchner aa.
Zünftig, zwider, jung und alt,
greislich, nett, was, des oam gfallt,
und wo's oam stinkt, was Bunts, was Graus,
des alls machts Gsicht von Münchn aus.
      Helmut Zöpfl

Ham S' den scho g'hört?

Vor einem Geflügelstand auf dem Viktualienmarkt steht eine Dame. Die Marktfrau redet sie an: »Was kriang ma denn, gnä Frau? Recht schöne Ganserl hätt i da, net z' fett, net z' mager!« — »Aber die Gänse sind doch ganz blau!« meint die Dame. — Da geht die Standlfrau auf: »A so müassn S' daherredn, Sie Rupfa, Sie greislicha! Legn Eahna Sie amal acht Tag nackad da her, nacha san Sie aa blau, Sie Bixlmadam, Sie zammazupfte!«

Zwei Gammler sitzen in der Trambahn einer Klosterschwester gegenüber, die ein Gipsbein hat. »Wia is Eahna denn des passiert?« fragt der eine. — »Ich bin in der Badewanne ausgerutscht«, erklärt die Schwester. An der nächsten Haltestelle steigt sie aus. Da fragt der eine Gammler den andern: »Du, was is denn des, a Badewanne?« — Der andere sagt: »Des woaß i net, i bin net katholisch.«

Der Xaver muß aufs Vormundschaftsgericht. Der Richter schüttelt den Kopf und fragt ihn: »Ja, sagen Sie einmal, wie ist denn das möglich: drei Fälle von Vaterschaft gleichzeitig — bei der Stinglwallner-Walburga von Grasinning, bei der Bichl-Kreszentia von Unterforstharting und bei der Ratzenstaller-Katharina von Moosbirlbach?« — Der Xaver erklärt es ihm: »Mit'n Motorradl geht des scho, Herr Richter.«

Der Kare muß zum Militär. Er hat sich zur Marine gemeldet. »Können Sie schwimmen?« fragt man ihn bei der Musterung. — »Wiaso des?« fragt der Kare. »I hab gmoant, bei da Marine fahrt ma mit'n Schiff!«

Bernhard Pollak

Mei München

I sags, wias is, i hab mei München einfach gern,
und nia möcht i woanders lebn und sterbn.
I bin geborn da, und dös is mei größte Freid,
mei Stadt — dös is für mi mei Seligkeit.

Scho als a Bua hab in de Isaraun i gspuit
und mi als wia a Kini dabei gfuit.
Bin mitn Vatta aufs Oktoberfest marschiert,
in Tierpark hat mi d' Muatta oiwei gführt.

Hab mit der Tante 's Nymphenburger Schloß ogschaut,
und mit der Schulklaß gsehgn, wias Bier wird braut.
Hab 's Rathaus bsuacht, Pinakothek und d' Frauenkirch,
an Alten Peter, d' Asam-, d' Michelskirch.

Dann bin i älter worn und neberm Fuaßballspuin
hab i aa no ganz andre Sachen wuin.
Im Kleinhessloher See hamma a Kahnfahrt gmacht,
und 's Madl hat si gfreut, hat gscherzt und glacht.

Bankerl und Platzerl hab i damals gwußt — so staad.
Im Café Luitpold, da hamma Walzer draaht.
Herrgott, war dös a guate Zeit — aa ohne Geld.
Es war halt oafach schö auf dera Welt.

Dann — wias am schönsten war — hams uns in Krieg nausgschickt
und vui ham d' Münchner Stadt nia mehr erblickt.
Wias i nach Jahren wieder gsehgn, 's Herz hat mir bluat.
Bloß Trümmer no, aa d' Frauntürm warn ohne Huat.

Und heit! Fast net zum glaubn, wias wieder hergstellt is;
wia früher hats aa jetzt as große Griß.
Sie is modern worn und gleich gmüatlich bliebn,
und wenns recht globt werd, 's is net übertriebn.

Alle, die s' kenna, sagn: »Is dös a schöna Fleck!«
Sie möchtn bleibn — und müassn wieder weg.
I aber — i darf dableibn bis ans selig End —
und mehra hab i niamals mir ersehnt.

Josef Steidle

Brummlg'schichten
(Nach der Hörfunkserie von Radio München)

Butzi
Ein bayrischer Fall Anno 1947

Es ist kurz nach dem Kriege. Außer Ruinen gibt es nichts. Wenn man in die Reste der Stadt geht, kann man sich höchstens die Haare schneiden lassen, denn Friseure gibt es noch. Oder wieder — wie man will. Das Friseurgeschäft Meier ist trotz des Namens Meier ein durchaus vornehmes Geschäft. Eigentlich war es einmal ein feines Geschäft gewesen, aber heute hing auch hier das obligate Schild: »Bitte Rasierseife selbst mitbringen.« — Immerhin: Wenn auch das Publikum nicht mehr gerade vornehm war, es war doch immer noch ein Publikum und keine Kundschaft. Ein zahlreiches. Man saß Schlange.

Der Einsame. »*Fad is scho, jetzt im Hochsommer, koa Mensch is nimmer in der Stadt, lauter Fremde!*«

Sechs Weißbekittelte waren eifrig daran, die überflüssigen Haare des Publikums zu entfernen, es war heiß im Raum und roch nach einem undefinierbaren Cocktail von mittelmäßigen Salben und Wässerchen, und auf dem Boden lagen viele Lockenfarben herum. Von nebenan, aus dem Damensalon, tönten die Geräusche von Wärmehauben, und manchmal konnte man durch den Vorhang Damen sehen, die von beängstigenden Nickelgeräten umhüllt waren.
Herr Xaver Brumml war in Nöten. Sein ein und alles, sein treuester Kamerad in Krieg und Frieden, sein Hund namens Butzi, war verschwunden. Spurlos. Fassungslos im Leide jagte er durch die Straßen, geleitet von seinem schwarzhandelnden Freunde, dem Vogelgesicht Anton Wurmdobler, und dem drall-törichten Dienstmädchen Zenzi, das dem älteren Rentnerpaare seit Jahren treu ergeben im Wege war. Dann hieß es, der Liebling sei verkauft worden. An einen gewissen Friseur.
Als Brumml, Wurmdobler und Zenzi eintraten, schauten sie sich eine Weile suchend um. Dann nimmt sich der Brumml ein Herz und geht auf einen wohlbeleibten jungen Friseur zu und fragt dessen rotes Antlitz:
»Sie — 'tschuldigen S'.«
»Müssen warten — die Herrschaften san alle noch vor Eahna —« und damit deutet er auf die schmalen Hocker, die an der Wand stehen.
»Naa — wissen S', mir möchten an Chef sprechen.«
»Der is net da.«

»Net da? Jetzt, wo 's ganze G'schäft voller Leut is?«
Ein vielsagendes Achselzucken ist die Antwort.
»Und wann kommt er denn?«
Wieder das Achselzucken. »Des woaß ma beim Chef nie so genau.«
Brumml schaut etwas ratlos zum Herrn Wurmdobler, der neben ihm steht.
Wurmdobler springt in die Bresche: »Wann er kommt, wissen Sie net? Eine Zierde der Zunft woaß des net?«
»Naa. Der is mit am Hund weg.«
Den Brumml reißt's: »Mit an Hund?«
Wurmdobler: »Des war bestimmt Eahna Hund!«
Brumml: »Der Hund!«
Wurmdobler: »Ja, da helft nix, da müssen wir warten.«
Brumml will's jetzt aber genauer wissen. Er packt den Friseur, der eben einem neuen Kunden das weiße Tuch umhängt, beim Ärmel und fragt ihn: »Sagen S' — war des a kleiner Hund?«
Der Friseur blickt streng auf Brummls Hand, die noch immer seinen Ärmel hält, und sagt ungnädig: »Ja, so a Stiegeng'landerrass'. So oaner mit fünf Füaß.«
Das trifft Brumml natürlich tief: »No, erlauben S', Plattfüß hat er g'habt, des war aber auch alles.«
Und brummend begibt er sich auf seinen Hocker und wartet. Es dauert eine gute halbe Stunde. Brumml schaut alle paar Minuten auf seine Uhr. Dann kommt der Friseur auf ihn zu und sagt: »Der nächste Herr, bitte. San Sie dran?«
»Ja, aber wir möchten eigentlich —«
»Eigentlich«, fällt Wurmdobler ein »eigentlich könnten wir uns scho rasieren lassen, wenn ma scho warten müssen.«
»Mhm. Und Kopfwaschen und Haarschneiden.«
»Ja«, sagt die Zenzi — »und i laß mir derweil Dauerwellen machen.«
Aber das paßt Brumml nicht. »Untersteh dich — daß d' uns nachher auf dem elektrischen Stuhl sitzt, unter dera Wurschtmaschin, und kommst uns nimmer hoch, wenn wir wegmüssen.«
Das sieht Zenzi nicht ein. »Aber Sie lassen Ihna doch auch rasiern und die Haar putzen.«
»Des is was anderes. Beim Haarschneiden kann man ja zu jeder Zeit aufhören.«
Zenzi schiebt die Unterlippe beängstigend weit vor: »Immer muß i den Trampel macha«, sagt sie.
»Macha ist guat.«
Während Brumml das weiße Tuch umgelegt bekommt, sagt er zu dem

Friseur: »Sie, i find des scho a bisserl merkwürdig von Ihrm Chef, so mitten unter der G'schäftszeit wegz'geh.«
Aber der schwitzende Figaro sagt nur ergeben, indem er zu dem Lederriemen greift, um das Messer zu schleifen: »I bitt Eahna, welcher G'schäftsmann kümmert sich heutzutag schon um sein Geschäft.«
»Und ihr derft's die Arbeit macha.«
Ein tiefer Seufzer ist die Antwort. —
Seit zwei Stunden sitzt Brumml nun glatt rasiert und frisch geschoren und hat — jeder Rasierklingenreklame zum Hohn — trotz seiner glatten Wangen eine Laune zum Bäumespalten. Er kann sämtliche Schilder des Ladens bereits auswendig, vom: »Nicht auf den Fußboden spucken« bis »Trylisin: für die Dame, für den Herrn — durch neuen Zusatz besonders wirksam«.
Herr Wurmdobler neben ihm hat seinen Stesser wieder ganz ins Genick geschoben, sich an die Wand gelehnt, die Augen geschlossen, den Mund leicht geöffnet, und nach seinen ruhigen Atemzügen zu schließen schläft er vorerst mal eine Runde. Sein Kopf bewegt sich leicht im Takt der Atemzüge, und die Melone, die an die Wand gedrückt wird, hebt sich im gleichen Rhythmus ein wenig von seinem Kopf — ein beschauliches Bild.
Die Zenzi hat vor zwanzig Minuten einen letzten verzweifelten Vorstoß gemacht und die ultimative Frage gestellt, ob sie sich jetzt vielleicht endlich ondulieren lassen dürfe, weil das dauerte ja doch noch drei bis vier Stund; andernfalls würde sie einfach z'haus gehen, weil ja noch soviel zu tun sei und —
Aber sie wurde von Brumml unfreundlich und energisch des Sprechens verwiesen.
Brumml hat vor fünf Minuten auf die Uhr gesehen, da war es fünf Minuten vor halb eins. Jetzt schaut er wieder.
Fünf Minuten vor halb eins.
Nanu?
Brumml nimmt die Uhr von der Kette, schüttelt, zieht auf; nichts rührt sich. Leise, aber intensiv flucht er vor sich hin.
Ein alter Herr mit einem Gesicht, das aussieht wie die Kartographie eines Alpentrakts, von ehrwürdigen Furchen durchzogen, ein kleines schmächtiges Zwetschgenmanndl mit guten, erstaunten braunen Augen, dieses alte Mannderl also sitzt neben Brumml und schaut interessiert herüber. Dann fragt er:
»Is Eahna Uhr steh'blieben?«
Brumml wirft einen halben Blick zu seinem Nebenan, dann sagt er springgiftig: »Allerdings. I hab mit dem Brater nix wie Ärger.«

Der andere nickt nur, und eine leise Bitterkeit schwingt in seinen Worten mit: »Ja mei«, sagt er, »die neuchen Uhren, auf die is koa Verlaß mehr. Alle Augenblick bleiben's steh'. I woaß scho. Die alten Brater san halt doch die besten.«
Brumml nickt, aber im Augenblick interessiert ihn mehr als die Qualität irgendwelcher anderer Uhren die Tatsache, zu erfahren, wie spät es sei. Und das fragt er.
»Momenterl, wer' ma glei ham«, sagt der Alte, knöpft seinen Rock auf und zieht eine umfangreiche goldene Uhr mit Sprungdeckel heraus. Er zeigt sie dem Brumml, aber er macht den Sprungdeckel nicht auf. Er zeigt sie nur und dreht sie hin und her und hält sie in der Hand wie ein rohes Ei.
»Sehen S'«, sagt er, »da hab i a alte Uhr. Aber geh' tuat's wiara Glöckerl. Und da —« er kramt in seiner zweiten Westentasche und bringt endlich eine zweite Uhr zum Vorschein, der Abwechslung halber eine schwarze —, »da hab i mei Firmungsuhr, mit der kontrollier ich die andere. 'tschuldigen S' schon, was ham denn Sie für eine?«
Brumml zeigt seine vor. Der andere windet sich in Mißmutskrämpfen.
»Uije — a flache! Is scho der gfeite Zwiefi, de flachen, de san nix. No dazu ohne Doppeldeckel, da kummt ja der ganze Staub vom Tascherl eini, da kann ma gar net gnua ausputzen. — Naa, naa, wenn i Eahna raten darf, schmeißen S' den Krempel weg, und schaun S', daß S' a alte kriegn. Aber Sie wern kaum mehr oane kriegn. Aso eine wie die mei scho gar net. Alle Tag richt i ma s' nach der Uhr am Bahnhof, da hab i immer ganz genaue Zeit.«
Wie er da so sitzt, in jeder Hand fest umschlossen eine Uhr mit Sprungdeckel, hat er etwas rührend Glückliches. Aber Brumml hat für die Poesie dieses alten Mannderls gar kein Interesse. Er fragt nur prosaisch noch einmal, wie spät es sei. Während sich der Alte anschickt, Glöckerl und Firmungsuhr aufschnappen zu lassen, mischt sich der Herr Wurmdobler, der während des Diskurses erwacht ist, ins Gespräch:
»Lassen S' doch den Uhrentritschler — passen S' auf, es is genau —« und er zieht seine Uhr aus der Westentasche. Das geht dem Alten natürlich wider den Strich. Aber ganz aus ist es, als er Wurmdoblers Uhr zu Gesicht bekommt. Er macht einen aufgeregten Ruck auf seinem Sessel und ruft:
»Ah — geben S' Eahna gar koa Müh, Herr, i brauch Eahna Uhr bloß o'schaugn, dann siegh i scho, daß s' nix wert is. Des is aa so a neumodische, die lauft nur von zwölfe bis z' Mittag.«

Das bringt Wurmdobler seinerseits auf: »Was denn, was denn? Des is ein prima Schweizer Werk! Lauft auf Rubine!«

»Rubine! Rubine!« hohnlacht der andere. »Wenn i des scho hör, hab i scho g'frühstückt! Auf d' Brillanten kommt's net o, Herr, auf d' Brillanten net — sondern auf die Präzision!«

Auf dem ersten Höhepunkt seiner Erregung betont er das Wort »Präzision« auf dem »i« in der Mitte. Da hakt Wurmdobler seinerseits natürlich mit Wonne ein. »Präz-i-sion, Präz-i-sion«, echot er und fügt dazu: »I vergleich mei Uhr jeden Tag mit der Uhr an der Schwabinger Brauerei, und die stimmt aufs Haar!«

»Ha!« schreit der Alte. »Is scho verkehrt! Is scho verkehrt! Schwabinger Brauerei, wenn i des scho hör! Wo hat denn die die Zeit her, he? Doch aa vom Bahnhof, net? Da geh i doch glei am Bahnhof und richt mei Uhr da«

Wurmdobler fühlt sich überlegen: »A — des is doch alles des gleiche. Der Bahnhof kriegt's aa wieder vom Radio, und die ham's von der Sternwarten —«

»Wo der Bahnhof die Zeit her hat, woaß i net, um des bekümmer i mi auch gar nicht, des is mir wursch. Jedenfalls kriegt man die zuverlässigste Zeit am Bahnhof, des hat mei Vater scho allerweil g'sagt.«

Wurmdobler hat eine neue Achillesferse entdeckt: »I möcht nur wissen, warum Sie Eahna Uhr jeden Tag richten müssen, wann s' doch aso gut geht!?«

Aber da stößt er auf eisige Verachtung.

»Ja, Sie san guat. A jede Uhr muß ma doch richten. Und außerdem tu i mei Uhr bloß vergleichen. I schaug nur, ob s' präzis geht.«

»Gut — vergleich ma — vergleich ma —«

»Bitte, von mir aus!«

Drei Uhren werden nebeneinandergehalten. Zwei Sprungdeckel klappen auf. Dann erfolgt zur selben Sekunde ein Aufschrei aus zwei Kehlen: »Uije!«

Brumml, der sich schon gefreut hatte zu erfahren, welche Zeit es wirklich sei, steckt seine kaputte Uhr resignierend ein.

Jetzt geht's erst richtig los.

»Sä«, schreit der Wurmdobler, »da gibt's gar koa Uije, die mei geht richtig!«

»Richtig geht die? Richtig?«

»Jawohl geht die richtig. Aber die Ihre, die geht um anderthalb Minuten nach!«

»Nach?«

»Nach!«

»Eahna neumodischer Brillantenzwiefi geht vor! Und wie!«
Wurmdobler lacht schrill auf. »Haha!«
»Da braucha S' gar net so verkrampft lacha! Da, schaugn S' her, auf der is a paar Minuten drüber, und da hier auf meiner Firmungsuhr, da —«
Wurmdobler hat den entscheidenden Angriffspunkt gefunden.
»Der Firmling! Der Firmling!« schreit er, und die Umsitzenden lachen. Das bringt den Alten noch mehr in Wut. »Bahnhofszeit«, sagt er immer wieder und deutet mit der einen Uhr auf die andre.
»Und die mei is Radiozeit«, belehrt ihn Wurmdobler. »Außerdem, wer geht denn heutzutage scho nach der Bahnhofszeit — bei dene Zugverspätungen?«
Das war ein taktischer Fehler. Hier hakt der Alte seinerseits mit einem Aufschrei ein:
»Jetzt werd er auch noch unlogisch.«
Wurmdobler, der seinen Fehler erkennt, wird vornehm: »Er, er? Wer is denn Eahna er?«, und mit plötzlicher sanfter Freundlichkeit: »Sie, i gib Eahna an guten Rat! Lassen S' Ihre zwoa Kartoffi da ausputzen und richten, und na legen S' as am Marienplatz auf die Trambahnschienen, mehra san s' net wert.«
Wieherndes Gelächter rundherum.
Aber der Alte gibt zurück: »Und Sie — Sie tean Eahnan Himmifahrtsbrater derweil mit Pelikanol o'schmiern und hängan ihn in Kanal abi, damit d' Ratzen vor Lacha hi'wern.«
Und da haben beide genug. Sie wenden sich voneinander ab und sprechen sich nur noch über die Schulter an:
»I wer' mit Ihna streiten. Mir tut ja die Zeit leid, die ich mit Ihnen streit!«
»So ein gemeiner Mensch. Der glaubt, daß sei Uhr die einzige in München waar, ausgerechnet des neumodische Trumm! Auf die Brillanten kommt's net an —«
»Sondern auf die Präz-i-sion!« echot Wurmdobler noch einmal und kann damit wieder einen wesentlichen Sieg buchen.
Die beiden Kontrahenten sitzen also Rücken gegen Rücken und schmollen vor sich hin. Da wendet sich Brumml zu ihnen und fragt ganz schüchtern und bescheiden:
»Entschuldigung, aber könnt ma jetzt net einer der Herrn sagen, wie spät es wirklich is?«
Da fahren die zwei wieder in die Höhe und zeigen mit Fingern aufeinander.
»Fragen S' doch den — der woaß's ja so genau — Bahnhofszeit —

Radiozeit — Brillantenzwiefi — der überjährige Firmling!«
Mit einem Laut des Unmuts steht das alte Mannderl auf, knöpft den Rock über den beiden beleidigten Uhren zu und verläßt mit einem resoluten »Mahlzeit!« das Lokal.
Der eine Friseur ruft ihm noch nach: »Hallo, Momenterl, Herr — Sie kommen doch gleich dran«, aber das Mannderl ruft nur zurück: »Lieber komm i an andersmal wieder und wart drei Stund, als daß i mi no länger mit dene unpräzisen Zeitgenossen da streit. Auf die Brillanten kommt's net an —«
Wumm — Tür zu.
Und Brumml weiß noch immer nicht, wie spät es ist.
Er sollte es auch nicht erfahren. Kurz darauf betritt der Chef das Geschäft. Brumml wendet sich an ihn.
»Ich hätte eine Frage.«
»Wünschen?«
»Ein private Frage. Sie ham doch gestern einen Hund bekommen.«
»Ja und?«
Brumml freut sich und sagt: »Des war mein Hund. Man hat ihn geraubt und verkauft. So war des fei!«
»Na und?«
»Na und — Sie san gut! Ich möcht mein Hund wiederhaben.«
»Den möchten Sie wieder? Den kloana schierlichen Ratzen? Können Sie den überhaupts ernähren?«
Darauf war Brumml natürlich nicht gefaßt. »Ja freilich kann ich das«, sagt er mechanisch.
Der Friseur schaut ihn mißtrauisch an. »I hab ihn nimmer«, sagt er schließlich.
»Was — Sie ham ihn nimmer? Ja — wo ist er denn?«
»Ham Sie überhaupt an Ausweis, daß des Eahna Hund war?«
»Ausweis? Ja — brauchen jetzt die Hund auch schon an Ausweis?« Dem Brumml wird's ganz heilig vor Respekt. »Ausweis hab i koan!«
»Bedaure, dann kann ich keine Auskunft geben. Zum Auskunftgeben bin ich auch gar nicht verpflichtet. Ich hab den Hund gestern kauft, und was weiter damit ist, das geht niemand was an. Basta.«
Als Brumml sieht, daß er so nicht weiterkommt, versucht er es auf die Gefühlstour. In den süßesten Tönen, in denen früher einmal die Handwerksburschen um Obdach oder ein Stückerl Schwarzbrot mit ein bisserl Speck drauf gebeten haben, fängt er an: »Schaun S', Herr, versetzen S' Ihnen doch amal in meine Lage. Ich, ein treusorgender Hundebesitzer, werd kurz vor dem Abendessen vor die nüchterne Tatsache gestellt, daß mein Butzi weg is —«

Der Friseur sieht ihn groß an.
»Sie san gut. San Sie verheirat?«
»Ja.« Es klingt wie ein Seufzer.
»Dann hätten S' sowieso nix von dem Hunderl g'habt.«
Brumml kann nicht ganz folgen. »Bitte?«
»No«, erklärt der Friseur, »für zwei Personen hätt doch des kleine Hunderl nie g'langt. Zwei Biß, und weg is er.«
Den Brumml reißts bis in die Kniekehlen. Fassungslos starrt er sein Gegenüber an. In ihm steigt ein fürchterlicher Verdacht auf. »Sie sind — Sie san ja ein Rohling.« Er denkt an die Lebensmittelkarten. Die Hungermittelkarten, die läppische Fleischration. Die Gier nach Schmackhaftem — doch! So muß es gewesen sein. Seine Stimme steigert sich langsam zum Forte: »Sie Mörder — Sie ham mein Butzi g'fressen!!« Der Friseur will aufbegehren, aber Brumml steht vor ihm wie ein Vollzugsrichter und donnert und blitzt:
»Sie Subjekt! Gestehn Sie — was ham Sie mit mein Butzi g'macht?«
»Ich verbitte mir —«
»Ham S' Eahna net die Zähnd ausbissen an ihm? Steht nicht die gequälte Hundeheit auf in Gestalt vom Tierschutzverein? He? — Frißt der mein Butzi!«
Brumml macht eine erschöpfte Pause, die der andere seinerseits nutzt, um mit Stimmaufwand seine Meinung kundzutun:
»Ich den Kanalratzen fressen? Des Sparifankerl? Des Verreckerl? Daß i net lach!«
»Lachen auch noch — ich verlange Rechenschaft über das Leben und Sterben meines Butzi! —«
»I wer Eahna was husten. Und wenn S' jetzt net glei verschwinden aus meim Laden, dann pack ich Ihnen eigenhändig beim Krawattel!«
Und um die Wirkung seiner Worte zu unterstreichen, beginnt er, die Ärmel hochzustreifen.
Brumml — feige wie jeder kluge Mensch — weicht zurück, sucht Anschluß an die interessiert zuhörende Gruppe Wurmdobler und Zenzi. Er deutet vorsichtig auf den langsam Tomatenfarbe annehmenden Friseur und sagt:
»Er droht mit Tätlichkeiten. I hab Zeugen!«
»Was Sie macha, des is Hausfriedensbruch. Dafür kriegen S' drei Monat!«
»Und Sie kriegen a halb's Jahr!«
»Außi, oder i hol die Polizei!«
»Holn S' as doch! Holn S' as doch!!« sagt Brumml, indem er immer weiter vor dem langsam sich in Bewegung setzenden Friseur zurück-

weicht. Die Situation wird bedrohlich. Auf beider Stirnen beginnen bereits die Adern zu schwellen, der Friseur geht mit katzenartigen Schritten und eingezogenem Kopf auf Brumml zu, der immer weiter zurückweicht. Da tritt Wurmdobler zwischen die beiden, hebt die Hände und sagt begütigend: »Leut, Leut, seid's doch demokratisch!«
Das kam unerwartet. Jeder andere Schlichtungsversuch wäre unweigerlich mit klassischen Worten zurückgewiesen worden, aber das — die Verwendung dieses neuen, ungewohnten, von der Besatzungsmacht eingeführten Begriffs: das war verpflichtender als christkatholisch. Überall standen Leute herum, man konnte doch nicht wissen — wer möchte sich denn schon undemokratisches Benehmen nachsagen lassen. Die beiden Kämpfer bleiben also mit einem Ruck stehen, holen tief Atem und entspannen sich.
»— jetzt hätt i bald was g'sagt«, murmelt Brumml und holt sein Schneuztücherl heraus und beginnt zu trompeten.
»Zupft's euch!« sagt der Friseur, sichtlich aus dem Konzept gebracht, und es klingt lange nicht mehr so barsch wie vorher.
Aber Wurmdobler hat noch etwas auf dem Herzen. »Sie, Herr Chef, eine Frage hätt ich noch.«
»Na, von mir aus. Mit Ihnen kann ma anscheinend vernünftig reden.«
»Freili. Nur eine Frage. Mir liegt nämlich viel dran, daß die G'schicht wieder in Ordnung kommt, verstehen schon, und da möcht i halt fragen, ob — verstehen schon — ham Sie den Hund wirkli g'fressen?«
»Das — naa, jetzt fangt der auch noch an!«
»Es war nur eine Frage!«
Die hat aber dem Faß den Boden nahezu ausgeschlagen. Die Tomatenfarbe beginnt zu reifen. Da mischt sich die Zenzi ein. Mit aufgehobenen Händen tritt sie vor den Chef hin:
»Ach, lieber Herr! —«
»Ich weiß nix, und ich red nix. Ich bin der verträglichste Mensch von der Welt, aber wenn ma so mit mir redt, is's aus!«
»Lieber Herr!«
Brumml wirft die Flinte ins Korn. Er macht eine hoheitsvolle, zugleich wütende Handbewegung und sagt streng: »Zenzi, komm, mir genga, des hat keinen Zweck. Wenn i dem sein Bauch no länger anschau und denken muß, das des am Butzi sei Grab is —«
Aber Zenzi gibt nicht auf. Sie flötet in den süßesten, verschämtesten Tönen:
»Schaun S', lieber Herr! — Ich bin die, wo schuld is, daß der Butzi entflohen is. Und wenn wir jetzt nix Genaueres über sein Schicksal erfahren, dann hab i die Schererein mit'n Herrn Brumml — des kön-

nen S' net verantworten. Sie wissen ja nicht, was ich für ein Martyrium mit ihm — net —«
Der Friseur schaut verbissen auf sie herunter. »San Sie sei Frau? Mein herzlichstes Beileid.«
»Pf — Frau! I bin's Deanstmadel.« Knicks.
Ihre in weinerlichem Ton vernuschelten, flehentlichen Worte haben die Wirkung nicht verfehlt. Das Eis um die Friseurseele beginnt zu schmelzen.
»Deanstmadel — aha. Erst recht mei Beileid. — Aber — hm — weil Sie mich so schön bitten —«
»Gell ja, ich bitt schön!« Zenzis Lächeln ist wie eine Rose im Morgentau.
»Weil Sie mich so schön bitten: von mir aus — das Malefizviech is noch am Leben.«
Freude. Unterwürfigkeit.
»O bitte, lieber Herr, sagen S' uns, wo is er — wo?«
»In der Valpichlerstraße auf Nummer 19 im dritten Stock!«
»Los«, schreit der Brumml, »kommt's, schnell, eh s' ihn dort fressen!«
Allgemeiner Aufbruch. Kurze Dankesworte.
»Wo ist denn die Valpichlerstraßen — wie kommen wir denn da hin?«
»Mit der Linie 19«, belehrt der Herr Wurmdobler. »Da komm ma leicht nei.«
So geht die Suche nach dem Verlorenen weiter.

Zuerst kam lange nichts.
Viele Leute standen an der Haltestelle, und jeder sah den anderen verbissen an, weil jeder jedem zuviel war. Die besonders Versierten stellten sich schon auf die Fahrbahn an die Stelle, wo vermutlich die Tür sein mußte, wenn »sie« wirklich kam und hielt.
Sie kam und hielt.
Die Klumpen drängten sich an den Türen. Einzelne, die im Wagen waren, stellten sich mit listiger Routine so, daß niemand hinein und niemand hinauskonnte.
Stimmen wurden laut.
»Vorsicht!«
»Gehn S' doch weg da — Herrschaft —«
»Daß sie d' Leit aso anstellen müssen. Ma könnt grad moana —«
»Alauben Se ma —«
»Drucka S' doch net so her, Sie Preiß!«
»Zustände sin das hier in Bayan. Rück-sichts-loses Volk.«
»Gottseidang.«

Und ähnliches. Mittendrin, mit Armen und Beinen rudernd, der Herr Brumml, der sich verzweifelt wie ein Ertrinkender bemühte, die Griffstange zu erangeln. Die Zenzi war dicht vor ihm. Durch Überraschungstaktik einiger dunkeluniformierter Ausländer wurde plötzlich eine Bresche fei, durch die auch Zenzi und Brumml überraschend das Innere des Wagens, genauer gesagt: die Plattform, erreichen konnten.
Im gleichen Augenblick erscholl aus dem Inneren des Wagens eine mächtige, heisere Stimme:
»Wagn is besetzt! Achtung! Fahr zua, Schorschi!«
Klingeln. Rucken. Und sie bewegt sich doch.
Zwischen Zenzi und einem Herren neben ihr entspinnt sich ein kleiner Dialog.
»Gehn S', Sie, Herr —«
»Was is?«
»'tschuldigen S', könnten Sie net a bisserl mit Eahnan Ellbogen aus meim Rippenfell außagehn?«
»Wann's Eahna net paßt, laufa S' halt z' Fuß.«
»Es war ja nur ein Vorschlag.«
»Na, vo mir aus.«
»Au! Ah —«
»Was is denn?«
»Aus'm Rippenfell san S' draußen, aber dafür stehen S' auf meim Fuß.«
»Jessas, Jessas —«
»Au — Ahh —«
»Paßt Eahna scho wieder was net?«
»Jetzt stenga S' auf'm anderen.«
Da holt der Herr tief Luft und spricht die salomonischen Worte: »Wissen S', was! Bevor i Eahna noch wer weiß wo hinsteig, laß ma's dabei.«
Man sollte ihm deshalb auch nicht zürnen. Er hat ja die Straßenbahn auch nicht erfunden.

Kurt Wilhelm

Im Gärtnertheater

Ich weiß nicht mehr genau, war es gestern, oder war's im vierten Stock oben, da bin ich mit meiner Mutter ins Gärtnertheater gegangen. Wir haben zwei Billetten g'habt, eins hab' ich g'habt und 's andere sie, und die zwei Billetten haben wir zusammengetan, und mit diesen *zwei* Billetten sind wir zu *einer* Vorstellung 'gangen.
Wir hätten uns zuerst bald nicht hinein'traut, weil wir glaubt hab'n,

ins Gärtnertheater dürfen nur die Gärtner hinein, wir haben aber vorsichtshalber in einem Auskunftsbüro telefonisch ang'fragt, und da hat's dann g'heißen: »Ja«, dann waren wir wenigstens sicher, daß wir uns nicht umsonst an'zogen hab'n — weil wir unanzog'n nicht ins Theater hinein'gangen wären.

Kaum sind wir d'ring'sessen — is's noch lang net an'gangen, da hab'n wir uns gedacht, jetzt wart'n wir schon, bis es angeht, wenn wir schon positiv das Theaterstück sehen wollen, denn wegen dem Theaterstück sind wir hauptsächlich hinein'gangen. No, wie wir so a halbe Stund' d'rinsitzen, auf einmal — geht's noch nicht an. Ja, hab'n wir uns gedacht, wir zahl'n doch nicht für's »noch net angehn«.

Auf einmal sind die Musiker herein'kommen, die hab'n sich gleich vorn an die Bühne hing'setzt, daß sie ja alles recht gut seh'n und hör'n, die andern Leut', wo zahl'n und 's Jahr vielleicht einmal ins Theater 'neinkommen, die dürften sich hint' hinsetzen.

Endlich is dann 's Theaterstück selbst an'gangen, jetzt das hat uns eigentlich weniger int'ressiert, weil's uns der Vater zu Haus schon erzählt hat, gehn hab'n wir aber auch nicht gleich wieder woll'n, wenn wir schon extra deswegen her'gangen sind.

Nach dem ersten Akt ist eine Pause gekommen, während der Pause haben sie überhaupt nicht g'spielt, da is der Vorhang 'runter'gangen, dann hab'n wir nicht mehr g'sehn, wie's droben weiterspiel'n. Jetzt hab'n uns ich und meine Mutter gedacht, jetzt könnten wir eigentlich in den Erfrischungsraum 'naufgehn, weil's uns so heiß war; no, wir sind 'nauf'gangen, da hab'n wir uns gar nicht auskennt droben: da hat's Flaschenbier 'geben, Schokoladebonbons, belegte Brötchen und lauter so Zeugs, und ich und meine Mutter, wir haben uns den Erfrischungsraum so wie ein Brausebad vorgestellt.

No, dann sind wir wieder 'nunter'gangen auf unsere Plätz', ins Parkett, da is uns beim nächsten Akt was Dumm's passiert, da hab'n wir sehn woll'n, ob auf der Bühne ein Teppich liegt, drum sind wir aufg'standen von unsere Sitz', derweil schrei'n s' hinter uns: »setzen«; wie wir uns niedersetzen woll'n, haben wir keine Sessel mehr, hab'n s' uns in diesem Moment d' Sessel g'stohlen.

Jetzt hab'n uns ich und meine Mutter, bis der Akt aus war, in der Kniebeuge so hinbuck'ln müssen, wissen S', wie uns d' Haxn weh getan hab'n; erst wie der Akt gar gewesen ist und wie das Theater heller wurde, sind wir auch heller wor'n, da sind wir d'rauf gekommen, daß die Sitz' bloß so 'naufgeschnappt sind.

Nach dem vierten Akt war's dann beim Schluß gar, jetzt hat's uns erst int'ressiert, wie das Theaterstück heißt, wo wir grad g'sehen hab'n.

Wir hab'n schon einen Theaterzettel dabei g'habt, aber den alten, vom Hoftheater ein', aus Lohengrün, den hab'n wir uns nur mitgenommen, daß wir uns im Gärtnertheater nicht extra einen kaufen müssen, d'rum hat nix g'stimmt d'rauf, weil das Stück, wo wir grad g'sehen hab'n, hat der Herr neben uns g'sagt, heißt »Bruder Straubinger«. Drum ist auch kein Schwan dahergekommen, anstatt dem Schwan is eben dann der Bruder kommen, der Straubinger. — Wir wär'n dann schon noch sitzen 'blieben, aber die andern Leut' sind schon alle drauß' gewesen, haben wir uns denkt, geh'n wir auch, und weil wir so müd war'n, wär'n wir gleich gefahren, weil grad wie wir zum Theater 'naus sind, is a Auto drauß' g'standen — drauß' g'standen sind ja mehr, jetzt wir wär'n bloß mit *einem* gefahr'n, weil wir nicht mehr Geld dabei g'habt haben.

Wie wir an das Auto hinkommen, fragt der Chauffeur, wo wir hinfahren woll'n — da sind wir nicht g'fahren, grad weil er so neugierig gewesen ist, und zweitens hätt' sich 's Fahren bei uns so nicht recht rentiert, weil wir gleich vis-à-vis vom Theater wohnen.

No, dann sind wir heim und ins Bett gegangen, das heißt nicht gegangen, sondern hineingestiegen, weil wir vom Zimmer bis zum Bett nicht gar so weit zum Gehen haben.

Wir haben die ganze Nacht geschlafen, wie wir in der Früh' aufwachen, hat uns die ganze Nacht vom Theaterstück geträumt, hab'n wir das ganze Theaterstück im Bett g'sehn, wissen S', wie uns das Geld gereut hat für die zwei Billetten, wir haben uns aber verschworen, daß wir nie mehr ins Gärtnertheater gehen, außer wir sind den Tag vorher im Bett gelegen.

Karl Valentin

Ein Wintermantel wird gekauft

Frau Scheggl: »Zeit waar's ja scho, daß d' dir amol wieder an neuen Mantel zualegast. Kimmst daher wie a Schlawiner. D' Fransn hänga dir vo de Ärmel weg, und an Kragn wenn ma aussieadat, des gaab a Pfund Fettn wia nix. Muaß ma si direkt schama, wenn ma nebn dir dahergeht.

Wos? — Es gibt nix Solides mehr seit'n Kriag?! — Weilst halt du nix mehr Gscheids siehgst bei deine Tarockspezln. De ham freili koa Gfui für a Gwand. — Aso rumlaafa! Wias di nur net schaamst!«

Scheggl: »... Gehn ma halt nachher ...!«

Im Geschäft: »An Wintermantel für den Herrn kriagatn mir. Scho was Bessers, was Guats. Ham S' vielleicht a bißl an dunkln, so a bißl an Salz-und-Pfeffer-Mantel. Mei Schwager hat aa mal bei Eahna oan kaaft — war recht z'friedn damit! Wissen S', so a bißl was in Salz und Pfeffer war's. Das schmutzt net so leicht, des tragt si guat, des macht oan aa jugendlich, net...«
Scheggl, Idealfigur eines »kurpulenteren Herrn« aus Katalog B 5, hat geduldig wie ein braves Kind dreißig Mäntel anprobiert. — Der Verkäufer, höflicher junger Mann, klettert wie ein schwindelfreier Gemsbock in Regalen und Etagen herum und schleppt immer wieder herbei. Scheggl kennt dies seit seiner Kinderzeit. Viel lieber ginge er zum Zahnarzt oder zu einer Blinddarmoperation. Der höfliche junge Mann und die kritisch prüfende Frau ziehen Scheggl an und aus, an und aus und zupfen an ihm herum wie an einer Himbeerstaude. Was die Frau vorne hochzieht, zieht der junge Mann hinten wieder hinunter.
Scheggl steht wie der unglückliche Hiob vor dem Spiegel. Er geniert sich.
»Sag halt du aa was! Du redst nix, du deutst nix! — Wos moanst denn?«
Scheggl hätte sich ja gleich für den ersten Mantel entschieden. Der junge Mann hat auch gesagt: »Prima!« Aber die Frau!
»Ja, wissen S', Herr, de Farbn stehn halt mein Mann net bsonders. Und zum Straplizieren sollt's halt aa sei! Wenn S' halt so was Salz- und Pfeffrigs hättn! Ham S' so was net?«
Der junge Mann preist den letzten Mantel an wie eine Geliebte — aber Frau Scheggl kann sich nicht entschließen. Der junge Mann klettert wieder eine Leiter empor, um in einem Mantelkamin zu verschwinden. Er bringt etwas in Salz und Pfeffer.
»Den nehma ma!« sagt Herr Scheggl.
»Ja scho — aber de Qualität vom Schwager is er halt doch net, des war so a ganz kloakarierter. Scho Salz und Pfeffer, Herr — aber in der Hauptsach doch mit so kloane Karo! — Wenn S' vielleicht oan mit so kloane Karo hättn...!«
Der junge Mann pflückt den Karo-Mantel wie ein Edelweiß von der höchsten Zinne.
»Ja, des is so was in Karo! Aber z' hell! Vui z' hell halt. — Den hast in vierzehn Tag versaut! Wenn S' vielleicht a bißl an dunklern hättn, aa so Karo!«
Ein bißl ein dunkler Mantel schlägt um Scheggls Lenden. »Scho eher! Gang scho eher! Aber de Gurtn, de schaugn halt so gigerlhaft aus. Ohne Gurtn ham S' koan? — So oan, mit Karo? Da ham S' uns vorher oan

zoagt, da unter de Mäntel liegt er drin, der war vielleicht doch ... A Seidnfuatter! Des is halt was diffisils! Des hat Läus, wenn ma da net aufpaßt! — Vielleicht zeign S' uns doch no amal den erschtn. — Der hat a bißl was in Salz und Pfeffer ghabt. — Sag halt was! Sag halt du aa was! Stehst allweil da und sagst net Gick und net Gack!«
Scheggl, ein Verschmachtender, japst sein Ja. Er ist selig, daß er soweit ist. Auch der junge Mann ist selig. Er preist den erwähnten Mantel mit einem Hohenlied und legt ihn zusammen. Frau Scheggl steht wie eine Wetterwolke am Horizont in Aktion. Die drei machen sich auf den Weg zur Packstelle.
»Daß dir jetzt so was gfallt! — So was is doch net de Qualität vom Schwager.« Sie kriegt den jungen Mann noch mal zu fassen. »Sie, Herr, wenn S' halt doch so freundli wär'n, i hab mir's jetzt wieder überlegt. Der oane mit dem Gurt war halt doch a recht solids Tuach. Vielleicht könnt'n mei Mann doch no amal oziahgn. — Solid ist er scho! Aber der Gurt! Des is halt was für junge Leut! Der Gurt wann net waar... Moanst net, Xaver, daß der mit de Karo do besser waar, oder der blaue — aber der is halt a bißl kurz ... Wissen S', Herr, mir überlegn's uns jetzt no amal, mir komma na morgn vormittag mit'n Schwager, damit S' den sein Salz-und-Pfeffer-Mantel sehgn — entschuldigen S' halt vielmals ...«
Scheggl (draußen): »Daß ma aber aa gar nix gfundn ham!«
Sie (ärgerlich): »Gfundn ham! Gfundn ham!! — Weilst di halt du nia für was entscheiden kannst!« —

Julius Kreis

Traum von der Südsee

Man hört: den Vater und die Mutter
(Ein Hawaiien-Gitarren-Konzert im Lautsprecher ist eben zu Ende.)

Vater (anerkennend): Bravo — sehr guat! — So was laßt si hör'n. — Ha, Muatta — war des net fab'lhaft?
Mutter: Ja wirkli — wunderbar!
Vater: Ja, ja, da is halt eine Romantik drin. Da siecht ma halt glei, wo des herkummt.
Mutter: Wiaso »herkummt« —?
Vater: No ja, des kummt doch von der Südsee, net wah! — Von Hawaii. Desweg'n hoaßt ma's ja aa Hawaiia-Gitarre.
Mutter (mehr für sich): So — von Hawaii? Von der Südsee —?
(Pause. Dann:)

Vater (sentimental): Ja, ja — des war scho immer mein Traum. — (Sehnsuchtsvoll:) *Südsee!* — (Resigniert:) Awa weiter wia bis zum Pilsensee hab i's nia bracht.
(Pause.)
Mutter: Gibt's da net die schöna Frauen, auf der Südsee?
Vater (als ob er dort gewesen wäre): Ja, des glaab i! — Die san dir beinand, mei Liawe. — (Stiller, schwärmend:) Und nix o als wia a kloans Röckerl aus Bananen.
Mutter: Aus *was* —?!
Vater: Ja ja — aus *Bananen!*
Mutter: Geh, wer hat dir denn den Schmarr'n aufbund'n?
Vater: Was »Schmarr'n« — ?! — Des is gar koa Schmarr'n! Des is geschichtlich nachgewiesen. Gott sei Dank.
Mutter: Des war vielleicht frühers amal — wia die Wuid'n no alle nackat umanandagrennt san. — Awa heut woaß ma doch sogar bei dene, was ein Schamgefühl is.
Vater: Was hat'n des mit dem Schamgefühl z'toa?! — Des muaß ma doch bewundern, wann der Mensch noch so einen Instinkt hat!
Mutter: Ha — i möcht di hör'n, wenn i mit an Röckerl aus Bananen rumrennat.
Vater (eindeutig): Ja — du —!
Mutter (drohend): Warum? — Was moanst du mit dieser Betonung?
Vater: Geh, hör doch auf! — Mir reden doch net von dir — mir reden doch von der Südsee. Da hat ma doch ganz andere Körperformen als wia bei uns.
Mutter (spitz): So, da hat ma anderne Körperformen? — Was denn für oane, wennst as scho so genau woaßt?
Vater: »Woaßt!« — Was hoaßt denn »woaßt«?! — Drüb'n war i aa no net. — Awa des woaß doch a jed's Kind, net wah — was die da drüb'n für Figurna ham.
Mutter: Die wer'n aa net anders gebaut sei wia mir.
Vater: Anders net. — Awa a schönere Linie wern s' halt ham.
Mutter: Daß fei dir unsere Linie nimmer guat g'nua is! — (Beleidigt:) Nacha muaßt halt's nächste Mal oane in Stromlinienform heirat'n.
Vater: I heirat' nimmer. — Mir langt's. — Gib mir 's Bier her!
(Pause. Der Vater trinkt.)
Mutter: Übrigens werst di bald nimmer beklag'n könna. — (Spitz, gekränkt:) Über meine Linie —
Vater: Hat koa Mensch was g'sagt, daß i mi beklag.
Mutter: No ja — ma muaß mi ja net grad mit'n Holzhammer auf 's Hirn hau'n, bis i was merk. — (Überlegen:) Awa du brauchst koa

Angst ham. — (Stolz:) Es gibt ja Gott sei Dank Mittel und Wege, daß unseroans aa wieder eine gewisse Linie kriagt. (Sie steht auf.) Guat Nacht.

Vater (erstaunt): Was denn?! Willst denn du scho ins Bett geh'?

Mutter: Jawohl, ich geh' ins Bett.

Vater: Ja, nacha wart' doch wenigstens, bis der Ding da im Radio fertig is — der Bunte Abend — na geh' i doch aa mit.

Mutter: I muaß morg'n früah um sechse raus. I muaß bis um achte meine Vorhäng' ei'g'woacht ham.

Vater: Pressiert des Ei'woacha aso?!

Mutter: Jawoi — des pressiert. (Betont:) Weil um achte im Radio die Gymnastik für die Hausfrau is.

Vater (erstaunt, betroffen): Die *was* —?!

Mutter: Die Gymnastik für die Hausfrau! Als gebildeter Mensch sollst des scho wiss'n, was des is.

Vater (der nun versteht, belustigt): Ja Herrgottsa'! — Willst du mit deine oanafuchz'g Jahr —?

Mutter: Erstens bin i no net oanafuchz'g, sondern i wer's erst im Oktober — und zwoat'ns hat des mit'm Alter gar nix z' toa.

Vater (kopfschüttelnd, lachend): Ja, gibt's jetzt des aa?! — Gymnastik für die Hausfrau! — Ja, was machst denn da?!

Mutter: Was wer' i denn macha?! — Übungen halt, net wah. — (Mit Beziehung:) Damit ich die gewünschte Linie kriag.

Vater: Ja, hupfst denn du da umananda? Wia ma's im Kino siehgt?!

Mutter: Da werd gar nix umananadg'hupft. — Des san Kniebeugen und Rumpfübungen — und kleine Sprünge.

Vater (gemütlich): So is recht! — No, da konn si der Blinzlberger unter uns freu'n. — Wann du mit deine zwoa Zentner plötzlich mit der Deck'n zu eahm awikimmst.

Mutter: Ja, ja — tua nur spott'n! — (Laut:) Waar g'scheiter, du taat'st aa a bißl Gymnastik treib'n. Mit dei'm Spitzbauch.

Vater (tief getroffen): Du, erlaub du mir! Dir wer i glei an Spitzbauch geb'n, dir!

Mutter: Schaug an Herrn Schmeikugler o — drob'n im zwoat'n Stock! Der is drei Jahr älter wia du — awa eine Figur wia eine Venus!

Vater (höhnisch): Ah — da schau her! Scho wieder mal der Herr Schmeikugler?! — (Bitter, ausbrechend:) Wann i a pensionierter Jungg'sell bin und nix tua, als wia an ganzen Tag spazier'ngeh' im Englisch'n Gart'n, nacha schaug i aa aus wia eine Venus! — (Noch lauter:) Nacha hätt' i halt an Herrn Schmeikugler g'heirat! Und net mi mit mei'm Spitzbauch!

Mutter (plötzlich ruhig): Guat — nacha is ja so recht!
Vater (verwirrt): Was is recht —?!
Mutter: Nacha laß ma uns eb'n scheid'n. — I heirat'n Herrn Schmeikugler — und du heiratst oane von der Südsee!! — Nacha hast du oane mit einer schönen Linie — und i hab oan ohne Spitzbauch.
(Pause. Der Vater muß erst wieder Luft haben. Dann:)
Vater (bitter, kopfschüttelnd): Es is unglaublich! — Ma derf red'n, was ma mag! — I fang von der Südsee o — und du hörst mit mei'm Spitzbauch auf! — (Ärgerlich, resigniert:) Geh zua — tean ma liawa wieder Radio horcha — da braucht ma si wenigstens net ärgern.

Carl Borro Schwerla

Hofbräuhäusler. »*Teufl sakra, is dös Malefizbier kalt im Winter!*« — »*Ja, da muaß ma sich halt schön warm anziahgn!*«

Das Versprechen

Der alte Münchner Naglbrett
lag einmal auf dem Sterbebett.
Er hat am Buckl neunzig Jahr,
seitdem er einst ein Säugling war.

Von Haus aus war er Türkenstraßler
und dort war er auch Ersterklaßler.
Die Türknkasern, die hat er kennt,
weil er Soldat beim Leibregiment.

Das liebste Bauwerk in sei'm Gäu,
das war der alte Schwabinger Bräu.
Nur *ein* Gebäude kennt er net:
das ist die Alte Pinakothek.

Die schaut zwar zu sei'm Fenster rei,
seit er getan den ersten Schrei.
Doch war er ihr nie so gewogen,
daß sie ihn hätt nach *drin* gezogen.

Was ihn jetzt so erschüttert hat,
daß er in seiner Liegestatt
im Angesicht der Ewigkeit
geschworen hat den heiligen Eid:

»Wenn i wer' no amoi gesund,
dann geh i no zur selben Stund,
bevor i bsuach an Bräu,
in d' Buidasammlung 'nei!«
                                Stephan Metzger

Zu intelligent

Stillvergnügt sitzt der Privatier Dirschl vor der zweiten Maß Bier im »Bavariakeller«, als der Ingerl-Aloisius, ein alter Bekannter des Dirschl, auf ihn zusteuert. Der Dirschl freut sich, seinen alten Freund wieder einmal zu sehen, und lädt ihn ein, bei ihm Platz zu nehmen.

Der Ingerl-Aloisius hat einen mordsmäßigen Durst und bestellt sich eine Maß Bier. »Wo hast denn deinen Rußl, Dirschl?« erkundigte sich der Ingerl.
»Meinen Rußl?« sagt der Dirschl. »Der ist doch tot!«
Der Ingerl wundert sich nicht wenig und fragt, wie denn das zugegangen sei.
»Der war z' g'scheid«, erklärt ihm der Dirschl. »Ja, ja, glaub mirs nur, Ingerl, das Viecherl war zu intelligent.«
Der Ingerl kann sich nicht erklären, wie ein Hund an so etwas enden könne. Nachdem ihm aber der Dirschl die folgende Geschichte erzählt hatte, ging dem Aloisius ein Licht auf.
Mit dem Metzgermeister Stangl war ausgemacht, daß sich der Rußl vom Dirschl alle Tag sein Futter in einem Körbchen, das er im Maul trug, holen könne. Der Dirschl brauchte sich weiter nicht zu kümmern. Jeden Tag gegen halb zehn Uhr lief der Rußl fort, hinüber zum Metzgermeister Stangl in den Laden, wo er sein Futter in Empfang nahm.
»Jetzt paß auf, Ingerl, wie intelligent das Viecherl war.«
Der Ingerl lauschte gespannt der Schilderung des Dirschl.
Allmählich hatte der Rußl herausbekommen, daß am *Nachmittag* nicht der Herr Stangl im Laden ist, sondern seine Frau, die Stanglin. Was tut der Rußl? Er lauft von da ab alle Tag auch noch am Nachmittag hinüber in den Laden. Die Frau Metzgermeister meint natürlich, er komme das erstemal am Tag, und legt ihm auch eine Riesenportion ins Körberl. Sie hat ihn ja narrisch gern ghabt, weil er ein so lieber, gelehriger Kerl war. Das hat der Spitzbub ziemlich lang getrieben. Aber, o weh, der Rußl ist immer dicker und dicker geworden, und das End vom Lied war, daß er eines Tages gestorben ist.
Der Ingerl hatte mitleidsvoll der Schilderung des Dirschl gelauscht; dann tat er einen tiefen Zug aus seinem Maßkrug. »Und was war schuld?« fährt der Dirschl fort:
»Nur die Tatsach, daß das Hunderl so intelligent gwen is! — Aber so is er gwen, unser Rußl ... gscheit, so gscheit scho! Oder waar vielleicht ein anderer Hund aa draufkemma, daß man die Unwissenheit der Menschen so raffiniert ausnützen ko?«
Der Ingerl nickte ehrfürchtig und nachdenklich. Dann setzte er den Krug auf den Tisch zurück, fuhr sich mit der Hand über den Schnurrbart und meinte: »Woaßt, uns zwoa werd des kaum passiern, daß mir wegen zu großer Intelligenz sterbn! Oder moanst?«

Martin Lankes

Nichts Neues

Daß man auch heute noch, im Zeitalter der S-, U- und Straßenbahnen, oft recht lange auf »seine Linie« warten muß, ist nichts Neues. Hat aber manchmal auch sein Gutes. So war es beispielsweise Herrn X. (Name ist der Redaktion bekannt) nur durch eine fahrplanwidrig lange Wartezeit möglich, ein zwischen Herrn Dimpflmoser und Herrn Pemmerl geführtes Gespräch in voller Länge mitanzuhören. Von seinem Angebot, den Wortlaut dieses Disputs im Rahmen unserer Dokumentation zu veröffentlichen, machen wir nachstehend dankbar Gebrauch.

»Ah, der Herr Dimpflmoser! Trifft ma Eahna aa amal wieder! Ham uns scho a Ewigkeit nimmer gsehgn!«
»Ja, dees werd gor net langa!«
»Wia geht's denn allwei, ha?«
»Danke, Herr Pemmerl — es geht!«
»So, na geht's ja! Und wos gibt's Neu's?«
»Mei, i woaß nix! Is alls beim altn! In der Früah steht ma auf, auf d' Nacht legt ma si nieder, und unterwegs schnauft ma halt, daß ma net derstickt — wos soll's da scho vui Neu's gebn, net wahr?«
»Allerdings! Aber warum macha S' denn so a bäs's Gsicht?«
»Ah, weil d' Eisgruaberin a bläde Kuah is, a bläde! Dera Frau ko ma rein gor nix in d' Hand gebn!«
»Wiaso — wos hat s' denn to?«
»Vorige Woch ham ma unsern Hansi auf acht Tag zu ihr in Pflege gebn, net wahr — fragn S' net, wia der Vogl ausgschaugt hot, wia s' 'n wieder z'ruckbracht hot! Vierzehn Tag war er krank —«
»Hat s' 'n net gscheit gfuattert?«
»I woaß net, wos dee Frau gmacht hot! Jedenfalls war der Vogl bloß mehr a Schattn! D' Federn san im Häusl umanandglegn, wia wenn a Sofakissn aufganga waar!«
»Vielleicht hat er an Haarausfall? Aber dees is net so schlimm — der erholt si scho wieder!«
»Erholn is guat! Der erholt si nimmer, Herr Pemmerl!«
»Wiaso?«
»Weil er gestern gstorbn is!«
»Woos? Der Hansi? Ja gibt's dees aa? Gel, da siehgt ma's wieder, wia schnell daß's oft geh ko! Ham S' mir doch allwei verzählt, wia lebhaft daß er war und daß er allwei alls vollgschissn hat, wenn S' 'n rauslassn ham aus'm Häusl — da, bums, jetz hat's 'n owighaut vom

Stangl! Aber daß Sie dees Vogerl aa in fremde Händ gebn, wo S' doch wissn, wia d' Leut mit fremde Sachan umgehnga!«
»Ja no, wos wui i denn macha? I ko den Vogl doch net in d' Klinik mitnehma!«
»Ja warn denn Sie in der Klinik glegn?«
»Und wia! Acht Tag lang!«
»O Kruzitürkn! Wos hat Eahna denn gfehlt?«
»An Mogn ham s' ma auspumpt!«
»Um Gottswuin! Ham S' a Fleischvergiftung ghabt?«
»Wos hoaßt Fleischvergiftung! 's Wirtshausessn ko i halt nimmer vertragn! Essn Sie amal a Woch lang jedn Tag Niernbratn mit gmischtn Salat und —«
»Ja, warum ham S' denn nacha net dahoam 'gessn?«
»Dahoam 'gessn! Wer kocht mir denn, wenn d' Frau mit ara Lunga-Entzündung im Bett liegt?«
»Ja, wos muaß i denn da hörn? Eahna Frau hat Lunga-Entzündung ghabt? I sag's ja: dee Jahreszeit jetz hat an Deife gsehgn!«
»Jahreszeit! Deswegn braucht ma no lang koa Lunga-Entzündung kriagn! Aber wenn ma natürli stundnlang auf ara Beerdigung ohne Schirm im Regn umanandsteht, na muaß ma si ja wos holn!«
»Ja, gell — da geht ma andern Leut auf d' Leich und holt si womögli selber an Tod! Übrigns, wos war denn dees für a Beerdigung?«
»Ach, von der Frau Dings — von der Frau Auberger!«
»Woos? D' Frau Auberger? Dee is gstorbn? Ja, wia is denn dees mögli?«
»Mei — der Schlog hot s' troffa!«
»Der Schlog? Gehn S', dee war doch no gar net so alt!«
»Dees net! Aber dee Frau hot si zu sehr aufgregt!«
»Wiaso?«
»No ja, mit ihrm Mo!«
»Warum — is der eppa nebn'naus —«
»Naa, naa! Derschossn hot er si!«
»Wos — der Au — ja, da verschlagt's ma ja glei d' Stimm'! Der alte Baurat Auberger hot si derschossn?? Dees ko i ja glei gor net fassn! Ja, und sagn S' ma no, warum?«
»I hab gehört, wega sei'm Sohn!«
»Wega dem Windbeutl? Der is 's wert! Dees war doch scho vo jeher a Schlawiner! Und — wos hot er denn scho wieder gliefert?«
»Unterschlagunga soll er gmacht ham!«
»So, scho wieder amal! Dees is ja bei dem nix Neu's!«
»Sag i ja: es gibt nix Neu's!«

Willy Vierlinger

Der »Feitsenix«

Auf Johann Stöckls Lebensweg lag nicht viel Sonne. Es gewitterte oft recht bös um ihn, und einmal schlug es sogar ein; das war damals, als er mit seinem Sägewerk in Konkurs geriet. Dann kam wieder eine bessere Zeit, wo es nicht mehr gar so grob wetterte; sie ließ Stöckl wieder »zu was kommen«, wie die Leute sagten, ohne daß er freilich ein wohlhabender Mann geworden wäre. Ich sehe ihn noch vor mir mit seinem rotgegerbten Gesicht, dem kräftigen strohblonden Schnurrbart und den durchdringend scharfen Augen, hinter denen soviel lebensmutiger Humor verborgen war.

Ja, sein Humor, oder was man dafür hielt, war die auffälligste Erscheinung an Stöckl. Viele hielten ihn darum für einen bloßen Spaßmacher, der sich den Vorteil genügsamen Wohlbehagens selber in die Tasche log. Sie waren nicht hellhörig genug, um zu ergründen, daß sich hier ein Mensch bemühte, selbst aus den Mißhelligkeiten des Tages die Kraft zu einer heiteren Lebensbetrachtung zu schöpfen. Was konnten sie auch bei ihrer oberflächlichen Beurteilung von einem Manne anders halten, dem es, nach seinem eigenen Wort, auch beim offenbarsten Mangel »nie an etwas fehlte«? »Feit se nix!« Wie oft konnte man diese Zauberformel aus seinem Mund hören!

»Feit se nix!« Er schmetterte es heraus am Morgen nach jener Nacht, in der ihm sein Apfelschimmel umgestanden war.

»Feit se nix!«, als er nach mehrwöchigem Krankenlager, blaß und müde, meinem Großvater auf der Straße begegnete.

»Feit se nix!« als Schutzwall gegen anschleichende Mutlosigkeit, als Trostwort, das ihm künftig bessere Tage verheißen sollte.

Die Leute nannten ihn nur noch den »Feitsenix«. Wenn irgendwo ein paar Männer beieinanderstanden und über die bösen Zeiten und ihre eigenen Nöte salbaderten und Stöckl kam hinzu, dann hellten sich ihre Mienen auf, und sie sagten fröhlich: »Jetzt kommt der Feitsenix.« Und derweil trug Stöckl vielleicht gerade Schwereres im Herzen, als die Männer zusammen genommen zu bestöhnen hatten. Sie hielten ihn eben für einen Spaßmacher, über den man lachen mußte.

Bis in die letzten Stunden seines Lebens »fehlte sich nix« bei ihm. Mein Großvater, der sein Spezi war, besuchte ihn, den der Tod schon gezeichnet hatte.

»Wie geht's denn, Stöckl?«

Stöckls Augen leuchteten zuversichtlich: »Feit se nix!«

Es war der alte Zauberspruch, der seine Kraft noch in Stöckls letzter Stunde erwies.

So glaube ich fest, daß ihm der liebe Gott nichts anderes gesagt haben wird als ein freundliches »Feit se nix, Stöckl!«
Und um dieser Heiterkeit seines Herzens willen, so meine ich, darf der Gedanke an den »Feitsenix« getrost auch in unserer Gegenwart stehen.

Karl Spengler

Kurzmeier ißt eine Rübe

Wie jeden Tag stieg Karl Kurzmeier mit der Mappe unter dem Arm in den S-Bahn-Zug, um zu seiner Arbeitsstätte zu gelangen. Er setzte sich auf einen noch leeren Fensterplatz, machte es sich bequem und nahm, nach verstohlenem Umsichblicken, eine in Papier gewickelte gelbe Rübe aus der Mappe. Es war eine kräftige und peinlich sauber gewaschene Rübe, aber Kurzmeier seufzte, als er die Enthüllte betrachtete. Dann wickelte er die Gemüsewurzel so weit wieder ein, daß nur das Stück zum Anbiß frei blieb. Zwar hatte er, fünfzigjährig, mager und grauhaarig, nicht mehr die ehemalige Pracht seiner zwei Zahnreihen; immerhin waren ihm einige Zähne verblieben, und es knackte hörbar, als er begann, die Rübe ihrer Bestimmung zu opfern. Auch das Kauen war vernehmlich, wie bei einem Gaul, der eine Brotrinde zermalmt. Gestört blickte ein Herr am gegenüberliegenden Fenster von seiner Zeitung auf, was Kurzmeier zwang, angreiferisch zu denken: Paßt es dem vielleicht net? Der is g'wiß aus dera Gegend, wo ma süaße Suppn auf den Tisch bringt! Da braucht der net so g'schreckt toa, wenn oana a Ruam ißt! — Daß die andern Fahrgäste ihn kaum oder gar nicht beachten, war ihm angenehm.
Der Zug fuhr bereits an, als noch ein dicker Mann zustieg. Er setzte sich Kurzmeier gegenüber, rückte mit dem Zeigefinger den grünen Plüschhut aus der rötlichen, glänzenden Stirn und sagte: »'s Godd!« Der Blick auf die Rübe in Kurzmeiers Hand war so geringschätzig, daß der davon Betroffene versucht war, den Gegenstand des Anstoßes in der Tasche verschwinden zu lassen. Dann aber steifte er sich und ließ es darauf ankommen, als ein fanatischer Vegetarier angesehen zu werden. Er nahm nun sogar die Rübe gänzlich aus dem Papier und hielt sie — leicht vorgeneigt dasitzend — bereits zur Hälfte gekürzt, kerzengerade herausfordernd vor sich hin.
»Schmeckt's Eahna?« fragte sein Gegenüber, und die Äuglein im vollen Gesicht verrieten die gründliche Ablehnung solcher Kost.
»Des könnt i grad net behauptn! A Trumm Leberkas waar mia liaba«, bekannte Kurzmeier ehrlich. »Warum essn S' nacha so a Zeug?« forschte der andere vorwurfsvoll erstaunt. »Net um hundert Mark möcht i so a Ding inhalieren! I bin doch koa Kinihas!«

»I aa net«, rechtfertigte sich Kurzmeier. Mit ungehemmtem Vertrauen erzählte er diesem Landsmann: »Wissn S', Herr Nachbar — mei Frau hat an Vortrag über neuzeitliche, g'sunde Ernährung g'hört. Seither is sie auf Rohkost verschworn. A Müasli muaß i in der Früah essen, hat s' verlangt, oda a Ruam. De is vitaminreich und bluatbildend, sagt s'. A Müasli! Mir gangst! Da probier i liaba a Ruam, hab i mir denkt, de werd mi net glei umbringa.« Um zu zeigen, daß er auch rübenessend ein vollwertiges Mannsbild sei, biß er wieder herzhaft davon ab.

Von der übernächsten Sitzbank her beobachtete ihn hartnäckig ein Sechsjähriger. Der Junge sagte zu seiner in einer Illustrierten blätternden Mutter: »Schau, Mami — der Mann dort ißt eine Möhre! Ich möchte auch eine Möhre haben!«

Kurzmeier krauste die Stirn. »A Möhre! Ham S' des g'hört, Herr Nachbar! Jetz schmeckt ma glei mei Ruam nimma«, sagte er. Der süßlich-herbe Geschmack war ihm überhaupt nur erträglich, weil er sich vorstellte, wie die Vitamine umgehend seinen Körperhaushalt bereicherten und das Blut auffrischten: »Wissn S'«, sagte er zu seinem vollwangigen Gegenüber, »bis ma so a Ruam verdruckt hat, des braucht fei sei Zeit — de is zaach — de rutscht net nunta wia a Weißwurscht. Dahoam, in der Fruah, da pressiert's, daß ma aus'm Haus kommt. Auf'm Weg mag ma net essn. Und im G'schäft — möcht ma se net von de Kollegn dablecka lassen. Aba jetz, während der Fahrt, des is der richtige Moment.«

»Mir könnt mei Frau no sovui Ruam in d' Hand drucka — i taat net tanzn, wia sie pfeift«, versicherte der Dicke.

Der Herr mit der Zeitung schaute abermals herüber. Kurzmeier war ein bescheidener Mensch, der nicht gerne auffiel; es war ihm unbehaglich, daß er mit seinem Geknapper jemand auf die Nerven ging. »Wissn S'«, sagte er, »meiner Frau is de Ruamfresserei in a paar Tag wahrscheinlich selba z'wida.« Und nun froh, endlich den Rest hinuntergeschluckt zu haben: »Herr, vergelt's Gott — de Ruam is drunt. Mir g'langts. Jetz hab i direkt Hunga kriagt«, und er entnahm seiner Mappe eines der beiden Wurstbrote, die für die Arbeitspause im Geschäft bestimmt waren.

Auch sein Sitznachbar atmete auf. »Jetz san S' ma sympathisch«, versicherte er. »Wenn i Eahna no länga hätt zuaschaugn müaßn, waar's mir direkt schlecht worn.«

Maria Zierer-Steinmüller

Ein Nörgler. »Dö überspannten Fremden im Sommer, dö hob' i dick g'habt. Da war'n mir dö G'scherten lieber auf 'm Oktoberfest, aber do hat mer wieder so vüll Verwandte drunter!«

Ein Mosbacher

Was ein Mosbacher ist, die alten Münchner wissen's noch und können mit manchem schlagenden Beispiel aufwarten. Die Gebildeten haben dem Wort das Gemütliche genommen, sie sprechen von einem Faux pas oder umschreiben's mit der Wendung, daß man im Hause des Gehenkten nicht vom Strick reden dürfe.

Nun, einen solchen Mosbacher treibt mir grad der Wirbel der Erinnerung hoch, wie uns ja manche wunderlichen Gestalten noch einmal flüchtig erscheinen, ehe sie für immer aus dem Gedächtnis entschwinden. Diesmal ist's die alte, zaundürre Frau Siry, die nach dem ersten Weltkrieg zu uns als Störnäherin kam und Grabesluft um sich verbreitete. Sie erzählte unserer Köchin und auch uns natürlich, wenn wir grad in der Nähe waren, tausend Wichtig- und Nichtigkeiten aus ihrem kümmerlichen Dasein und erging sich soeben ausführlich über die beengten Wohnverhältnisse in ihrem Herbergshäusl in der Au, in das sie auch ihren aus dem Feld heimgekehrten Sohn und seine Braut aufgenommen hatte.

»Ja, wissen S', Fräuln Berta, oft sitz i a Stund lang auf'm Abort, damit's ja koan Zwist net gibt, net, denn die jungen Leut wolln halt aa amal unter sich sein, net?«

Und in einem jähen Ausbruch von Gram und Groll fügte sie hinzu: »Denken S' Ihnen nur, Fräulein Berta, ein *Dienstmädchen* will mein Sohn heiraten!« — und merkte gleich, was für einen schrecklichen Mosbacher sie gemacht hatte. »Jessmarandjosef!« rief sie, winselnd vor Angst und Unterwerfung. »Fräulein Berta, net eins wie Sie, wo denken S' hin — ein ganz ein gewöhnliches Dienstmädchen!«

Eugen Roth

wos am koindandla dramd hod

heid nacht
hodsma dramd

schlüsslbleame waarn gwaxn
aus de koinhaiffa

und a broade dreppn
aus union-brigetts
is a frau owakema
in an ganz an weißn gwand.

de hod se higsezd
& mi ogschaugd
& meine hendt ghoitn
oiswia wenns as dobleim
im sinn ghabd häd.
do is ma aufamoi
nimma dreggad woan
vom koinoglanga.

aasoan schmarn
kons oam drama.
              josef wittmann

Leuchtende Brunnen

Es ist eine Münchner Sonntagsommernacht, und die Brunnen der Stadt sind festlich erleuchtet. Am Sendlinger-Tor-Platz hebt sich in strahlendem Gold die mächtige Fontäne in den Nachthimmel hinein. Bewundernd stehen die Leute davor.
Ein Kind von auswärts, das mit seiner Mutter vom Tierpark kommt und hier umsteigen muß, ist über dies neue Wunder fassungslos vor Staunen.
»Mutti, Mutti, da schaug hin! Is des die Fee im Märchen, die des macht?«
»Ja«, sagt die Mutter, die vom vielen Herumlaufen schon ein bißchen müde und teilnahmslos ist.
»Mutti, Mutti, wie macht denn des die Fee?«

Die Mutter weiß keine rechte Erklärung, und das Kind muß sich selber eine erfinden. —
»Oder san des vielleicht die Zwerge, die wo Gold machen können?«
»Konn scho sei«, sagt die Mutter
»Die Zwerge san vielleicht da drunt, Mutti. Da schaug hin — da, wo die kleinen Springbrunnen wia Dacherl springa, da sitzen vielleicht die Zwerge drunta, wia unter die Schwammerl im Bilderbuch.« —
Ein Er und eine Sie gehen nun vorüber; elegant, gemessen, schätzungsweise junges Ehepaar.
»Schön«, sagt er und bleibt ein bißchen mit ihr stehen.
Sie schaut eine Zeitlang dem leuchtenden Brunnen zu. Plötzlich quillt es, wie der Brunnen selber, aus ihr heraus:
»Siehst du, so habe ich mir die Farbe von dem neuen Abendkleid gedacht — weißt du, so ein leuchtendes Goldgelb und so ganz glatt fließend herunter ...« Sie fährt dabei über ihre schlanke Hüfte und deutet dann auf die kleinen Strahlenhügel hinüber, unter denen das Kind die Zwerge vermutet hat. »Und dann so einen weißen Pelz dazu, wie der Schaum da oben — und dann aus dunkler Seide einen Abendmantel dazu, wie das dunkle Wasser im Becken ...«
»Komm!« sagt er und zieht sie vom Märchenbrunnen fort. —
»Du, Mutti«, staunt das Kind immer noch, »is des lauter Gold, Mutti?«
Die Mutter lächelt ein bißchen wehmütig: »Ja, das is lauter Gold.«
»Mutti, Mutti, derf man da nix mitnehma davon?«
»Nein«, sagt die Mutter, der endlich etwas einfällt, »da derf man nix mitnehma, des g'hört doch der Stadt München.«
»Warum läßt nacha die Fee bei uns in Erding keine solchen Goldbrunna springen?«
»Ja mei«, sagt die Mutter.
Das Kind macht große Augen. —
»Uih, muaß die reich sein, die Stadt München! Lauter Gold!«
Ein paar gesetzte Männer, Geschäftsleute, gehen vorbei und hören das mit dem Gold.
»Hast scho recht, Kloaner«, sagt der eine zum Kind, »des kunnt ma scho braucha, so a Goldquelle, net wahr — und alle Tag a paar Hüat voll mitnehma.«
Er lächelt der Mutter zu, die das Kind mit sanfter Gewalt fortziehen muß, weil die Trambahn kommt.
»Waar net schlecht, wenn mir so an Geldscheißer z' Minka hätten, wia den Brunna da!«
Man hört die beiden noch lachen, als sie schon hinter den Bäumen verschwunden sind.

Jetzt baut sich ein älteres Ehepaar vor den Wasserspielen auf und sieht eine Zeitlang wortlos dem leuchtenden Zauber zu.
»Siehgst, in der vornehmen Reklame, da is halt München ganz groß«, bemerkt er nach einer Weile.
»Wieso Reklame?« frägt seine Ehehälfte etwas erstaunt.
»No«, sagt er mit einer großartigen Handbewegung, »schaug doch hin, des is doch schön, net wahr — das ist doch Kunst, net wahr — da sieht doch jeder Fremde glei, daß mir eine Kunststadt san, net wahr?« Er schaut seine Frau triumphierend an.
»Jaja, des scho.«
»Und nacha«, fährt er fort und wird ganz weich vor Begeisterung — »schaug doch hi, wia des rauslaaft, so schö frisch und so schön gelb und so schö ei'gsotten, wia lauter helles Bier. Und dann den schöna Foam wia des macht, grad als wia wann frisch ozapft waar! Also, wenn das keine erstklassige Bierreklame is für unser Münchner Helles, nacha hoaß i Hans.« Er kann sich gar nicht trennen von dem Bilde. — »So schö frisch und so schö goldgelb, wia lauter Helles!«
Und nun faßt er mit keckem Entschluß den Arm seiner Frau: »Geh weiter, Alte, trink' ma no a Hells mitnander in de ›Drei Rosen‹.
Lachend und unternehmungslustig stapfen die beiden ab.
In goldener Heiterkeit rauscht der Märchenbrunnen.

Joseph Maria Lutz

Viktualienmarkt

Stände wie die Schwammerlinge,
und darunter tausend Dinge:
Runde Marktfraun und Madamen.
»Scheene Radi — 's God beisammen!«

Gänse, Hühner, Schmalz und Butter.
»Braucht der Herr koa Vogelfutter?«
Obst in Körben und in Steigen.
»Nüß wärn billig heut und Feigen!«

Aal und Barsch im hölzern Zuber.
»Darfs aa mehra sei, Frau Huber?«
Brunnen mit den Münchner Gwachsen.
»Schau, Bua, des san frische Daxen!«

Pflanzen für Balkon und Garten.
»Frauerl, tuan S' net z'lang mehr warten!«
Heiliggeist und Alter Peter.
»Taubeern, Muatterl, gibts erst später!«

Maibaum voll mit bunten Sachen.
»Nachbarin, du kannst leicht lachen!«
Duft von Äpfeln, Kraut und Flieder.
»Gnädge Frau, beehrn S' mich wieder!«
      Günter Goepfert

An den Wassern von Schwabylon

Nun schmurgeln sie endlich wieder. An den kühlen Wassern von Schwabylon. Die Nackten und die Roten, die braunen Witwen und die camembertbleichen Nichten der Frau Oberst. Und der Spaziergänger muß kopfschüttelnd denken, wie sich doch die Sitten geändert haben. Früher war Braun nur immer die Farbe der Gewöhnlichen. Nur Knechte, Kulis, Kolchosbauern oder Kanoniere waren sonnenverbrannt und kupferhäutig. Kokotten, Königskinder, Kameliendamen oder Kardinäle aber waren selbstverständlich blaß. Bleich war die Farbe der Vornehmen. Das ging sogar so weit, daß eine wirklich edle Lady auch an Bleichsucht starb. Doch heute ist nur mehr der Kümmerling oder ein Schreibstubenhengst bläßlich und unterbelichtet. Der andere dagegen, der es sich leisten kann, demonstriert schon mit seinem Winnetou-Teint, daß er die Sache, die man Arbeit nennt, zutiefst verachtet. Manchmal rechtfertigt er seinen Bronzeüberzug aber auch mit dem religiös-philosophischen Hinweis: »Wenn der liebe Gott schon eigens die Sonne anzündet, ist es einfach ein Frevel, das nicht zur Kenntnis zu nehmen.«
Solcherlei Gedanken bewegen den Badegast, der selber ein eifriger Verehrer des Zentralgestirns ist, immer außerordentlich, wenn er beispielsweise das Familienbad Floriansmühle, oder — wie es auch im lässigen Schwabinger Slang genannt wird — die »Flohmühle«, besucht. Wenn er nicht gerade lieber das »Hurlet-Aquarium«, wie sie das feuchte Herz von Wahnmoching, das Ungererbad, auch heißen, bevorzugt. Nun, die Flohmühle ist wohl die schönste Plätscher-Küste Münchens. Wenn das Wasser nicht wäre. Das sieht nämlich manchmal so aus, als hätte es irgend jemand auf seinem langen Anmarschweg schon einmal getrunken gehabt. Und im Herbst ist der »Floh« leider auch noch der Einsatz-

hafen von unzähligen viermotorigen Bremsen-Geschwadern. Die alle Dreiviertelnudisten dann bis auf die feinsten Kapillaren aussaugen. Wie das Finanzamt. Allerdings sind die Liegewiesen andererseits auch immer dicht mit strahlgetriebenen Luxusbrummern bevölkert. Die schon früh am Tage in schicken Restaurants einen Zahn voll rotem Sekt zu sich nehmen und jetzt den Fernsehbossen, die hier in großer Zahl verkehren, mit flinken Petting-Augen ein bißchen gefällig sein wollen. Im Ungerer dagegen treffen sich hauptsächlich Studenten und Studentinnen. Vorausgesetzt, daß sie nicht gerade protestieren müssen oder Transparente malen. Und dazu jede Menge Minimäuschen, Modelle, Midinetten und auch Gewerbslose unter der ultravioletten Hitzedusche. Und haben ein Auge mit Silberpapier abgedeckt. Wie die Nofretete. Denn mit dem anderen müssen sie doch die Bräunungsfortschritte der Konkurrenz beobachten. Manchmal geht auch tatsächlich eine unter die Brause. Aber nur, um ein Beutelchen mit Magerquark oder ein Netz voll Supermarkt-Tomaten in den nassen Strahl zu hängen. Ihre Bäuchlein sind nunmehr fast alle mit dem goldenen Keuschheits-Kettchen verziert, das irgend ein »Sugar Daddy« stiften mußte. Dafür durfte er es natürlich auch selber anlegen. Ganz verrucht ist es aber, sich diese fadendünnen güldenen Breitengrade ohne Verschluß direkt auf den Bauch schmieden zu lassen. Der Neugierige sah auch eine reifere Lady, die eine weißliche Liebesschlinge trug. Als er jedoch genauer hinschaute, mußte er feststellen, daß es nur eine Querfalte war. So was scheint ihm natürlich weniger reizvoll zu sein.

Der letzte Schrei jedoch ist augenblicklich ein bleistiftbreiter Streifen aus dicker weißer Creme, den die hingestreckten Schönheiten beim Bruzzeln auf der Nase tragen. Das verhindert nicht nur, daß ein solchermaßen präparierter Zinken nachher ausschaut wie eine gebratene Debrecziner. Sondern durch die abgedeckte Zone erhält der zarte Schnüffler auch noch ein ganz besonders schmales Profil. Die Erfinderin dieses Nasen-Looks ist die Schwabinger Tänzerin und Psychologin Gisela. Eine langbeinige Party-Sphinx, Nachfolgerin der sagenhaften Gräfin Reventlow und die eigentliche Entdeckerin der Faulheit. Ein aufregendes Männerschafott, sagen die Interessenten. Und man erzählt sich auch: Wer dieses blonde Gerüst einmal erklettert hat, kommt nachher völlig kopflos wieder herunter.

Doch noch eine kesse Neuheit entdeckte der Betrachter. Die Beschriftung der Bikini-Slips nämlich. Da haben sich doch ein paar besonders schiefe Schwestern auf ihre Kaltwasser-Zwickel einige freche Sprüche draufmalen lassen. Wie zum Beispiel: »Achtung, Hochspannung — Ehegefahr.« Oder auch nur schlicht: »Parken verboten.« Der Badegast

Ein moralischer Münchner. »*Ach, seid ihr Münchner dämlich solid!*« — »*Solid? Koa Spur, aber wenn mir amal unser' Bettschwer'n g'suffa hab'n, nacha san mir sogar zu der Schlechtigkeit z' faul.*«

sah unter dem röstenden Angebot viele köstliche Steaks von rosarot gebraten bis ganz durch. Doch auch ein paar zähe, schwerverdauliche Lendenschnitten waren darunter. Aber auch die blieben nicht übrig. Denn da nahte mit Bestimmtheit der Gastarbeiter Mustafa Iglanghi aus dem fernen Balkandorf Mirgraustvorgornix, und er grub im Geiste bereits sein herrliches Gebiß in so ein Knautschlack-Modell. Denn er war ja schließlich an Bergziegen und Juchtenleder gewöhnt.

Die wirklichen Party-Mädchen aber, die schmal und appetitlich sind wie Weißbrotscheiben, die grillen sich mit großer Vorsicht und Überzeugung. Denn sie wissen es ja aus langjähriger Erfahrung, wie groß die Konkurrenz abends bei dem riesigen Büfett auf dem Boulevard Leopold ist. Und daß da nur die allerreschesten Toasts vielleicht eine Chance haben, auch belegt zu werden.

Siegfried Sommer

Unterm Fernsehturm

Unterm Fernsehturm
liegt a Regnwurm,
bitt' an Herrgott um
a wengerl Regn.
»A paar Tröpfal nur
in mei schmale Spur,
kannt mi dann in Ruah
fortbewegn!«

Da Herrgott hat nix ghört,
doch a Gast, der leert,
was da Wurm begehrt,
a Bier von obn.
Jetzat lacht da Wurm,
und er dankt dam Turm
und den Gast, den guatn,
tuat er lobn.

Doch dann wurmts an Wurm
unterm Fernsehturm,
weil da Gast ned hischitt,
wo er bitt'.
                    Hardy Scharf

Von Schwabing nicht geliebt

Seit der Schwager erlebt hat, wie eine sagenumwobene alte Schwabingerin, dereinst von den Bärten vieler Berufsrevolutionäre umrauscht, zuerst mit ungeheurem Pathos aufrührerische und klassenkämpferische Gedichte vortrug und dann zackig wie ein Grenadier vom Stühlchen aufsprang, als die Obrigkeit, der Herr Oberbürgermeister, die Künstlerklause betrat, begann er wieder einmal heftig an Schwabing zu zweifeln.
Als ihn die Dame aber gar noch aufforderte, sich doch gefälligst ebenfalls zu erheben, um dem Manne in Amt und Würden die Reverenz zu erweisen, wurde er langsam sauer, und er sagte zu ihr: »Aber Tante, wo samma denn? Bei de Radlfahrer oder bei de Revoluzzer?«
Herrschaftsseiten, mit Schwabing hat der Schwager noch nie besonders

gute Erfahrungen gemacht. Anfang der sechziger Jahre war es, daß er in der Leopoldstraße bei den »Kleinen Fischen« seinen Stuhl nur ein klein bißchen zurückschob und darauf mit furchtbarem Gepolter im Untergrund verschwand. Weil nämlich gleich hinter ihm die Kellertreppe begann.
Im Lokal und auf der Bühne entsetztes Schweigen. Endlich erschien der Schwager mit zerrissenem Sakko und schwer hinkend wieder an der Oberfläche. Dennoch konnte er noch von Glück sagen: Nicht auszudenken, hätte Ingrid van Bergen, damals mit drei anderen noch ein kleiner Fisch, ihr gefährliches Auge auf ihn, den wie Phönix aus dem Keller Auferstandenen, geworfen und ihn seiner schreckensbleichen, aber gutmütigen Begleiterin abgeworben.
Der Schwager machte daraufhin seiner Enttäuschung Luft mit einem Schwabing-Gedicht, in dem er u. a. reimte: »Gehts her, i sag eich was ins Ohr, / doch sagts mas ja net weida: / In Schwabing hinterm Siegestor, / da wohna Beitlschneida.«
Trotzdem wurde er kurz darauf vom Tukankreis ins »Café Freilinger« zum Lesen eingeladen. Obwohl er sein Herzblut verströmte, saßen die Leute unter ihm, als hätten sie's auf der Galle. Andertags mußte er in der Zeitung lesen, daß ein junger Mann mit einem Knöchel im Hals versifizierte Lokalspitzen zum besten gegeben hätte.
Ein andermal schrieb er eine endslange gereimte Sündenlitanei der Stadt München, die Gunther Sachs, als Nikolaus verkleidet, zu seinem höheren Ruhme in der »Seerose« vortrug. Nicht einmal ein Kugellager bekam der Schwager für seine Mühen, geschweige denn, daß ihm der Herr Playboy Brigitte Bardot für eine Kahnfahrt auf dem Kleinhesseloher See zur Verfügung gestellt hätte.
Von den bereits legendären Schwabinger Krawallen will der Schwager gar nicht erst reden. Obwohl er bloß aus reiner Neugier unterwegs war, mußte er rennen wie ein Henker, um seinen Freunden und Helfern, den Stockerlschwingern, zu entkommen.
Nicht erwähnen will er auch die zahllosen Gulaschsuppen, die ihm den Schlund bis hinunter zum Lieferantenausgang aufrissen, nicht die vielen Zehner und Zwanziger, die er in seiner Jugendnachkriegsdummheit auf Schwabings Pflaster opferte, nicht die unzähligen Glimmstengel, die er, um Schwabing als Zustand zu erleben, in die kerzenflackernde Dunkelheit der Lokale blies.
Vergessen bleibe auch Angelika Rosenmund, Studentin der Philosophie, der er hundert Mark lieh, worauf sie hinter dem Monopteros aus- und anschließend für immer aus seinem Leben trat.
Vielleicht war all diese Unbill die Strafe dafür, daß der Schwager sei-

nem angestammten Viertel, der Schwanthalerhöh, untreu geworden war, vielleicht verziehen ihm die Geister der Tulbeck, Ganghofer, Astaller, Riedler, Heimeran, Angler und Barth nicht den Seitensprung übers Siegestor hinaus.

Und so enthält sich der Schwager in dem soeben ausgebrochenen Streit, ob die Sperrstunde in Schwabing verlängert werden soll oder nicht, aus gutem Grund der Stimme. Weder will er in den Büchsenöffner eines Wirts hineinlaufen noch in das volle Nachthaferl eines Anliegers. Immerhin aber möchte er nicht versäumen, den zuständigen Bürgermeistern und Stadträten zuzurufen: »Entscheidet frei, entscheidet froh, Proteste hagelt's sowieso!«

Herbert Schneider

Münchner Freiheit
um hoibe drei in da Fria

Do druntn liegt da große Ploz
aus Pflasta und Beton.
Die Lampn strein a Liacht a fads,
wia miade Lampion.

A Langhoorada macht mit seim Schoz
a Busslmarathon.
An weissn Fetzn blahts und wahts
wiar a Gspenst, des tanzn konn.

Da Wachmo von da »Wach & Schließ«
schleicht an da Heisawand
und roit sei Radl an da Hand,
und nagglt beim Konditor Süß.

Die oide Bichlerin mit ihrm Hund,
ihrm großn, hatscht daher,
an ganzn Ploz daquer,
aus aram unbekanntn Grund.

Die Auto fahrn entfernt vorbei.
D' Funkstreifn schreckt di, leida —
Wos is do los um hoibe drei?
Unds Liebespaar schmust weida.

Franz Ringseis

Beim Schwanawirt

»Beim Schwanawirt is Musi, beim Schwanawirt is Tanz, beim Schwanawirt ...« So hieß ein altes Säuferlied in jenen Zeiten, als noch der Gasthof Soller, der Metzgerbräu im Tal und noch ein paar sogenannte Altmünchner Wirtschaften in der Innenstadt einen etwas zweifelhaften Ruf genossen. Alle diese Etablissements für frühe Zecher und solche, die den Kragen halt nie voll genug kriegen konnten, sind heute aus dem Stadtbild verschwunden. Nur draußen, auf dem ansteigenden Rosenheimer Berg, gibt's immer noch den »Schwana«. Und das Wappentier von Lohengrin prangt als Aushängeschild wohl schon ein halbes Jahrhundert über dem Eingang, durch den nach Meinung von vielen Einheimischen schon »-zigtausend« Jahre Knast raus- und reingeschlüpft sind. Tatsächlich war dieses Lokal besonders in den grauen Zeiten der Arbeitslosigkeit und des Kollektivelends immer schon ein Asyl für kleine Ganoven, Eierdiebe, Plattl-Brüder, Klinkenputzer und Penner gewesen. Die Wirtschaft selbst wurde viele Jahre von einem Boß geführt, der gleich neben dem tröpfelnden Bierbanzen einen meterlangen »Radiergummi« — oder die »Lumpensalami«, wie der Gummischlauch auch genannt wurde — hängen hatte.
Der Polizei war dieser Unterschlupf natürlich bestens bekannt, und sie duldete ihn auch stillschweigend. Wußte sie doch gleich immer, wenn irgendein bestimmter Vogel gesucht wurde, daß er in diesem Käfig höchstwahrscheinlich zu finden war. Damals war jedenfalls noch ein Restchen »Dreigroschenoper«-Romantik vorhanden, wo heute lediglich das Triste wohnt.
Schon aus der Türe riecht es wie ein bayerischer Hartschier aus den Schaftstiefeln. Und der Inhalt des Salons kommt einem normalen Gast vor, als handle es sich um den Schuttabladeplatz des gesamten Abendlandes.
Drei, vier Damen sitzen an den Tischen mit Gesichtern, die ausschauen, als hätte man mit ihnen den Boden aufgewischt, der meistens mit Sägespänen reich bedeckt ist. Mehrere ölhaarige Gestalten, die sich in der Sprache des babylonischen Turmbaues unterhalten, breiten vor sich einen Zettel aus, auf dem irgendeine Lageskizze hingekritzelt ist. Höchstwahrscheinlich handelt es sich bei diesem Plan aber nicht um den kürzesten Weg zur nächsten Andacht. In der Ecke rutscht inzwischen völlig lautlos eine Vogelscheuche zu Boden, ohne daß jemand auch nur die geringste Notiz von seinem Niedergang nimmt. Lediglich eine der Ladies stößt mit spitzem Schuh nach seiner Nierengegend

und stellt dann ihren Fuß auf die Bierleiche, wie auf eine erlegte Wildsau. Das nötigt einem Typen, der gleich neben der Küchentür döst, ein Lächeln ab, bei dem er zwei vernickelte Augenzähne entblößt, so daß sein Mund haargenau einem Bürolocher ähnelt, mit dem man die runden Ösen für einen Leitzordner knipst. Gespensterhaft blicken dazu zwei bleiche Gemsenköpfe von der Wand, die sich ihre Augen längst ausgeweint haben — ebenso wie die Fragmente eines lautlos wiehernden Pferdeschädels, der gleich daneben hängt: »O Fallada, der du hangest.« Am Ausgang aber macht sich an den verirrten Gast meistens auch noch ein grinsender Strizzi heran und verkauft ihm für eine Maß Bier eine gefalzte Druckschrift, auf deren Deckblatt zu lesen ist: »Das Lied von der Unterwelt.« Es ist eine lange Ballade, und der Schluß lautet: »Wer zur Großstadt-Unterwelt / sich offen bekennt und furchtlos hält / der findet dort Freunde, zu allem bereit / Brüder der Dunkelheit.«

Siegfried Sommer

Der Stolz von der Au

In der Fruah um zehni pressiert's mir net weni,
schliaf i aus'm Bett und in d' Hos'n,
's Gilet und s' Jackettl, a Sportzigarettl,
ins Knopfloch steck i noch a Ros'n.
Dann geh i ganz schleuni zum Nockherberg nauf
— dees G'spiel hab i g'lernt von mein'm Vater —
und dreimal derfst raten, was i drob'n sauf:
Mei Frühstück, dees is der Salvator!
Refrain: Ja, i bin der Stolz von der Au,
am Mariahilfplatz gebor'n.
Die Biermadln renna, weil's mi alle kenna,
ganz greißli bin i in mein'm Zorn.
Steht vor mir net schleunigst a Maß —
mei Liaber, da wer i fei raß!
Da kenn i koan Prater, denn ohne Salvator
waar i net der Stolz von der Au.

Die Stadtfrack, die feinen, mit gichtigen Beinen,
die gehen im Frühjahr zum Bader.
Doch i sag zur Mari: um den Diridari
da kaaffa mir uns an Salvator.

Dees is halt no allweil die best' Medizin,
die schwoab'n mir glei literweis' nunter.
Und wenn i's ganz Jahr sonst a müader Hund bin,
Beim ersten Schluck werd' i glei munter.

Wenn die Zeit na tuat kemma, wo's aus is mit'm Stemma
und steht vor mir der Boandlkramer
und winkt mit der Sensen, da hilft dann koa Trenzen,
dann pack i mei Gerstl halt z'samma.
I bitt ihn recht freundli: Geh wart no a Stund,
i schwör dir, i mach koa Theater —
doch oa Henkersmahlzeit is mir g'wiß no vergunnt,
i trinkat no gern an Salvator.
August Junker

Der Maler in der Au

Draußen in der Au, bei den Herbergen, hat ein Maler seine Staffelei aufgeschlagen. Heiß ist's unter dem blauen Himmel, und es gehört schon eine große Hingabe an die Kunst dazu, an einem solchen Tag bei der Stange, das heißt beim Pinsel, zu bleiben. Der Maler hält die erloschene Tabakspfeife im Mundwinkel und wischt zwischen einigen Pinselstrichen immer einmal mit dem Oberarm über die feuchte Stirn. Hinter ihm stehen drei Auer Buben, richtige Quellengaßler, leicht und lüftig angezogen. Sie hocken, auf den Fersen kauernd, wie Buschneger, und prüfen genau, ob alles stimmt. Der Maler winkt sich mit krummem Finger den Schorschl her. Er soll ihm im nahen Bräu eine Maß Bier holen. Ein Fünferl schaut dabei heraus. Stolz trollt sich der Beauftragte.
Schneller als sonst ist er wieder mit dem Keferloher zurück. »I hab an der Schenk scho gsagt, guat eischenka, hab i gsagt, für an Kunstmaler ghört's.« Im Schatten eines Mauervorsprungs wird der Krug geborgen. — Durch das geschenkte Vertrauen mutig gemacht, rücken die drei näher und tauschen nun zwanglos ihre Meinungen aus.
»Des Rote da, des werd an Bachhofer eahna Häusl, des kenn i glei. Aber as Plakat hat er vagessn, des wo an der Mauer is. Sie, Herr, des Soafa-Plakat ham S' vergessn beim Bachhofer-Häusl. Und der Brunna steht schepps. Aso paperlgrea san aber Bäum aa net. Blattln kennt ma net dro!« — »Rindviech, der ko do net an des kloane Buid alle Blattln draufmaln.« — »Aha! Jetzt macht er d' Wasch! De hat er guat troffa!

Da schaug, 's Kinderwagl bringt er aa no drauf. Des Wagl kennt ma ja glei!« — »Aber an der Stiagn hat er a Staffi auslassn. Acht Staffeln san's! Und siebn san nur drauf.« — »Siehgst, jetzt taucht er sein Bemsl wieder ins Wasser. I schleck'n allweil ab, wenn ma in der Zeichenstund was ofarbln müassn.« — »Da waar er glei hi, wenn der sein Bemsl abschleckat, de Farbn san giftig! Und des is a koa Wasser net, des is a Öl, wennst was vastehst.«

»Geh, eahm schaug o — du werst as wissn. Zum Kartoffisalat brauchst a Öl, aber zum Maln net ... Sie, Herr, is des wahr, daß des a Öl is? — Werat ma da hi, wenn ma den Bemsl abschleckat ...?«

Der Maler will sich Luft machen und setzt dem nächsten einen kleinen roten Fleck auf die Nase. Großes Hallo! — »Buam, geht's z'ruck. Platz brauch i!« sagt der Künstler und droht mit dem Pinsel.

Ein Ehepaar, das zum Keller strebt, zu einer frischen Maß am Spätnachmittag, verhält den Schritt. Er und sie bleiben ein bißchen mißtrauisch, mitleidig, aber doch nicht ganz ohne Hochachtung stehen. Er sagt: »Aha, a Kunstgemälde! I kunnt des net, mi derfast zahln dafür! Muaß halt alles glernt sei!« Sie meint: »In an schöna Rahma sehat's glei was gleich! Beim Obermaier ham s' an so an schöna Rahma im guatn Zimmer hänga. Auf und auf Gold. Hat'n amal von der Versteigerung hoambracht. A Gebirge is drin!«

»Warum er grad de alte Hüttn da malt? — Da gaab's doch schönere Gebäulichkeiten.« — »Werd scho wissen, warum. De oan mögen's so und de andern so! Is heut aa koa guats Gschäft mehr, des Ölgemälde-Maln. Und bei dera Hitz!« — »No, wenigstens hat er a Maß Bier da steh! Sunst hätt er mi pfeilgrad derbarmt, der Mo ...«

Ein junges, nettes Fräulein bleibt auch ein bißchen stehen. Sie besichtigt nicht nur das werdende Bild, auch der Maler hat ihre Teilnahme. So bei der Kunst sein ...! Neulich hat sie einen so wunderschönen Film gesehen, wo so ein wunderbares Fest in einem Maleratelier war und die Künstler alle so schnackerlfidel und so fesch und interessant und überhaupts ... so ein Fest möcht sie gern einmal mitmachen.

Der Maler packt seine Siebensachen zusammen und setzt sich, die Leinwand vorsichtig abhaltend, aufs Rad. Er schenkt dem hübschen Fräulein einen freundlichen Blick. Das ist aber alles. Das Leben ist doch immer anders.

Julius Kreis

Nostalgischer Abend

Der Giesinger Mond hängt wie ein Rad Emmentaler am Kreuzkirchturm, dessen Uhr gerade die elfte Stunde angibt. Die Krater von Luna eins sehen den Löchern dieser Schweizer Spezialität mit ein wenig Phantasie sehr ähnlich. Der Mann, der an den Schläfen schon silbernen Lurex aufweisen kann, führt seinen Hund für diesen Tag das letztemal Gassi. Die Luft flimmert die Julihitze dieses Sommertages wider, und die frische Teerdecke des Radlweges ist immer noch weich wie der längstvergessene »Warschauer Wecken« vom Bäcker Müller.
Der Mann verhält am Geländer des Kirchhofes, zündet sich eine Zigarette an und läßt seine Pupillen über die mondhellen Dächer seiner Stadt spazieren. Zuweilen bremst er unbewußt seinen Erinnerungsblick, und Längstvergangenes gaukelt ihm Visionen durch die verworrenen Windungen seines Gehirns. Wie war das doch gleich wieder, damals mit der Oberhäuser-Erika?
Wenn ihm seine Erinnerung keinen Streich spielt, dann hatte er ihr doch genau an dieser Stelle zum erstenmal einen Kuß gegeben? Ihre Lippen hatten den Geschmack von Himbeerlimonade, und ihre Augen waren geschlossen, und die Wimpern zitterten ein wenig. Sehr aufgeregt war er damals gewesen, und die Erika hatte gleich gar geglaubt, daß sie nun ein Kind von ihm bekäme. Das hat sie allerdings erst ein paar Jahre später bekommen: nach einem Blinddarmdurchbruch und vom Elektriker Stiermaul, der ihr die Romantik der Liebe schnell abgewöhnte mit seinen Dauerräuschen. Nach der Erika kam dann die Lilian. Ihre Mutter war eine Französin und ihr Vater Straßenbahnschaffner. Der hatte sich seine Frau vom Frankreichfeldzug mitgebracht. Zusammen mit einem Granatsplitter im linken Bein. Davon hatte er allerdings bei der Lilian nichts mehr gemerkt. Sie hatte Beine wie die Marilyn Monroe. Oder zumindest wie die Gina Lollobrigida. So erschienen sie ihm wenigstens damals. Die Lilian hatte ihm als erstes Mädchen die dunklen Stellen einer Frau gezeigt. Und er hatte sie alle eingehend und still studiert. Sie war mit ihm zufrieden gewesen. Was sie allerdings nicht hindern konnte, ihn gegen den Gewerbelehrer Silberschwert einzutauschen, der ihren exotischen Reizen bereits nach dem ersten Anlauf erlag und sie sittsam zum Standesamt führte.
Ja, und dann hatte sich Arthur Schnitzlers »Reigen« für ihn geöffnet. Viele Mädchen kamen und gingen geräuschlos wieder. Nur wenige sind dem Mann im Gedächtnis haftengeblieben. Eine davon war noch die Brigitte Gärlich gewesen. Als er jedoch erkennen mußte, daß das Brigittchen leicht nymphomane Züge aufwies und beim F. C. Giesing

als »Vereinsmatratze« galt, verabschiedete er sie höflich, aber bestimmt nach einer Faschingsredoute.
Sein Bedarf an Weiblichkeit war für einige Zeit gedeckt, und er war sogar fest entschlossen, nie zu heiraten, da er das schwache Geschlecht endgültig zu kennen glaubte. Bis dann die Hella Schafmann in sein unfertiges Leben trat. Sie war eine Intellektuelle, die ständig Gottfried Benn zitierte. Ansonsten war sie niedlich und charakterlich sauber. Frustriert und um eine Erfahrung reicher, gab er der leicht frigiden Hella an einem Samstagabend die Hand, zusammen mit einem Kinobillett für den Film »Sie tanzte nur einen Sommer«. Gerührt nahm er die Träne in ihrem linken Auge wahr, als er schnellen Schrittes entfleuchte. Seine eigene Kinokarte zerriß er an der Trambahnhaltestelle und ließen die Fetzchen vom Winde verwehen.
Der Mann am Geländer des Kirchhofes seufzt etwas auf, als er von seinem Vergangenheitsspaziergang wieder in die Straße der Gegenwart einbiegt, und pfeift seinem Hund, der bereits alle Sträucher mit seiner Duftmarke versehen hat. Er bückt sich, tätschelt seinem treuen Vierbeiner den Hals und sagt zu ihm: »Geh weita, Buale, geh ma zum Fraule hoam und eß ma no des koite Supp'nfleisch von heit mittag.«
Seine Frau hieß schon seit zwanzig Jahren Elfriede.

Werner Schlierf

Parkstadt

A Supamarkt
A Friseasalon
A Bushaltestöi
A Spuiblooz
Und die Leit
Die do leem

Sunst nix bsondas

A Amsl rumpet an a Glosscheim
A Springbrunna steigt aus ara Betonplattn
A Baam wachst duach a Eisngitta
A Metallplastik starrt eckad in Himme nei
Und vom Dooch
Springt oana

Sunst nix bsondas

Fritz Fenzl

Karneval in München. »*Mein lieber Münchner, jetzt mußt du aber lustig sein; also raus mit dem Humor! Immer fidel!*« — »*Mein' Ruah möcht i habn! Narrisch' Luader, narrisch'! Siehg'st nöt, daß i beim Fastnachtsvergnügungskomitee bin!*«

Der neue Münchner Karneval

Man wünscht an hoher Stelle nicht mehr, Nanni,
Daß Sie den Hintern augenfällig drehn,
Man will auch Ihren Busen, Fräulein Fanny,
Von fremder Hand nicht mehr geschmeichelt sehn.

Die Ausgelassenheit beim Gepolke,
Sie werden oben unliebsam bemerkt;
Man wünscht energisch, daß im niedern Volke
Die strenge Zucht sich wieder mehr bestärkt.

Man möchte diesbezüglich Gutes stiften;
Der eingeriss'ne Mißbrauch ist zu roh,
Und man veranlaßt Polizeivorschriften
Betreffs Bewegungen für den Popo.

Und wieder durch geeignete Organe
Wird die Beachtung dieser überwacht,
Damit der tanzbefliss'ne Untertane
Legal die ihm erlaubte Drehung macht.

Das Auge des Gesetzes, liebe Fanny,
Wenn es auf Ihrem Hintern strenger ruht,
Es handelt nur zu Ihrem Wohle, Nanni!
Man meint es Ihnen und dem Volke gut.

                                                 Ludwig Thoma

O du lieber Faschingszug

Josef Wutzelhofer hatte sich in das harrende Menschenspalier eingereiht, das dem Münchner Faschingszug seligen Angedenkens entgegenfror. Er hatte mit wechselndem Unbehagen jene verflixte Tuchfühlung hergestellt, die ihm von der Trambahn her schon zuwider war. Er kam sich wie in einem riesigen Wartezimmer vor, und nur eine grollende Neugierde ließ ihn am Randstein ausharren.

»He, Wutzelhofer!« traf ihn plötzlich ein Anruf von hinten; er traf ihn wie ein Vorwurf, so daß er sich den Anschein eines Schwerhörigen gab. Aber die Stimme fuhr hartnäckig fort: »Sie, Frau — ja, Eahna moan i, mit der Gockelfeder am Huat! Gehn S', stupfas amal den Herrn neber Eahna — ja, ja, den mit sein Bauch!«

Wutzelhofer, ein Mann mit Grundsätzen, fühlte sich aus seinem Inkognito gerissen: »Was is'n? — Ah, der Sagstetter! Wuist dir aa an Faschingszug oschaugn?«

»Wui?!« parierte der Neuankömmling Sagstetter. »Müassen muaß i — ma kummt ja nirgads mehr durch mit dera damischen Absperrerei.« Damit hatte er sich, ungeachtet des Protestes der Betroffenen ringsherum, an die Seite Wutzelhofers gedrängt: »Direkt zwunga werd ma, daß ma si den Zimt oschaugt.«

Nachdem beide also ihre Meinung abgetastet hatten, gab Sagstetter die Versicherung ab: »Also mi — mi bringa koane zehn Roß net zum Schmunzeln, geschweige denn zum Lacha.« — »Bravo, ein Manneswort! Des gilt!« vollzog Wutzelhofer den geistigen Handschlag, um gleich durch einen Faschingszug-Programmverkäufer noch mehr in Wallung zu geraten: »Eahm dort schaug o! Druckerzeugnisser meechert er aa no verkaafa, der Salzneger dort! Als ob mir de dreiß'g Pfenning grad so zum Nausschmeißen hätten.«

Der Sagstetter nickte bitter und beifällig und holte dann einen Entschluß aus seinem seelischen Abgrund: »Überhaupts frag i mi, warum steh ma uns da d' Füaß in' Bauch nei! Druck ma unser Verachtung im voraus aus — geh ma!«

»Geh ma!« echote der Gesinnungsgenosse, wurde aber durch vermehrte Unruhe und Marschmusik abgelenkt: »Halt! Jetz kemmas! Bleib'n ma?!« — »Aber nur so lang, daß ma drüber schimpfa könna.«

»Siehgst ja so nix wia lauter Gipsköpf vor deiner!« reckte der Sagstetter seinen etwas kropferten Hals aus dem Mantelkragen und meinte, daß man einen höheren Standpunkt haben müßte. »Ganz meine Meinung«, stimmte der Wutzelhofer zu und versuchte, seinen Horizont durch Zehenspitzenstellung zu erweitern.

»Auf'n Standpunkt kummts o, wenn ma scho koan Sitzplatz hat«, ging Sagstetter seinen halb symbolischen, halb gegenständlichen Gedanken nach. »Bluatsau!« entfuhr eine blitzartige Erkenntnis seinen Lippen, und er strebte, seinen Spezl mitzerrend, einer eben hinten entdeckten Spalier-Staffelei zu. »Sie, Herr Leiterbesitzer!« ließ er die Frage zum Eigentümer hochsteigen: »Derfat ma uns a wengerl vorübergehend auf Eahnam Aussichtsturm als Untermieter niederlassen? Was sagn S'? Also, mit der damischen Musi versteht ma kein Wort! — Ah so, wenn ma uns net so schwaar macha, wia ma san ...«
»Aber d' Sprossen kost a Markl!« gab der Gipfelbesitzer seine Taxe bekannt.
»Ja, Schneckerl in der Buttersoß!« — »Mia zahln nix — mia san von der Presse!« lehnten die beiden Münchner das Ansinnen ab. »Na, na, mia wackeln scho net, net daß d' Freitreppen z'sammbricht! — D' Zähn z'sammbeißn, Wutzelhofer, jetz kimmt er, der Surrisarri!« — »Feit si nix, Sagstetter!«
Über die Hälfte des Zuges hatten sie schon über sich ergehen lassen, schweigend, heroisch beherrscht und ohne noch mal vom Aufbruch zu sprechen.
»Werd'n ma den Rest aa no durchhalten! — Da schaug hi — was kommt denn jetza für a Zinnober, Wutzelhofer?«
»Die Prinzengarde!«
»Ah, de. Pfui Deifi! A so a nackade Uniform!«
»Woaßt, Wutzelhofer! Eigentli kunnt ma si da scho a ganz a kloans bisserl a Tuchfühlung mit dene Gschmacherln von der Prinzengarde gefallen lassen!«
»Durchhalten, Sagstetter! Net woach werd'n!«
»Ma redt ja bloß. — Net unschlecht, der Prinzenwagn!«
»Sagstetter, i warn di! Fall mir net um!«
»I steh guat!«
»Geistig sollst net umfallen, des san ma der Stadt München schuldig.«
»Wutzelhofer — also nix für unguat —, bal i was Prinzliches aber bloß siehg, net wahr, da werds mir allweil so bacherlwarm ums Herz.«
»Ja, du werst do net ...«
»Jawoi, des wer' i! Des san veränderte Umständ! Direkt heragwinkt hat s' zu mir, die Lieblichkeit — mit Kußhand aa no!«
»Sagstetter, dein Manneswort! Du brichst ...«
»An Dreck brich i! — Bravo, Prinzessin! Heil! — ah, Hoch! Prost! Hurra!« klatschte Sagstetter hell begeistert in die Hände und verlor dabei das Leitergleichgewicht. Die Sprosse brach krachend, und unsanft landete er auf dem Pflaster.

Wutzelhofer sah wie die leibhaftige Göttin der Gerechtigkeit den Höllensturz seines Freundes: »Des hoaßt ma Vergeltung. Dei Gox is eidruckt, dei Schirm is brocha, in der Hosen hast an Triangel und ...«
»... und drum bin i jetz faschingszugreif und geh selber mit. Grad zünfti muaß wern! Servus, Wutzelhofer, alte Z'widerwurzen!«
Verächtlich, mit seiner ganzen unnahbaren Würde, brummte Wutzelhofer: »Überläufer, g'lumperter!«, während der lustig-lärmende Faschingszug den verlorenen Spezl entführte.

Hanns Vogel

Geselligkeit

Die Meiers warn letzt's Jahr in Grado;
a Ehepaar aus Mainz war aa do.
Dort ham's mitnander manche Nacht
vui Rotwein gsuffa, graatscht und glacht.
Grad zünfti war's, drum moant da Meier:
»Ob's jetz next's Jahr is oder heier —
kummt's Ihr nach München, schaugt's vorbei,
mir wohna Westendstraß, auf drei.«
Die Tag jetz grad, da war's soweit,
und in da Westendstraß hat's gleit.
Da Meier is an d' Tür higrennt,
macht auf und schreit glei, wiara s' kennt:
»Da seid's ja endlich, ihr Schlawiner —
oisdann, heit abnd im Augustiner!«
Moral:
Der Münchner liebt Geselligkeit
zwar außer Haus zu jeder Zeit,
jedoch dahoam — da is a stua —
dahoam, da hat a gern sei Ruah.

Franz Freisleder

Ein Spaziergang durchs Oktoberfest

Wo sich auf der Festwiese das Panoptikum an die Wunderschau, das Zaubertheater an den Palast der Sensationen anlehnt, da vertreibt mich so leicht kein Wolkenbruch.
Ein Wunder tritt hier dem andern auf die Füße, und die Superlative schlagen sich gegenseitig tot.
Hier ist der Treffpunkt aller Launen der Natur. War die Allmutter übermütig, so schuf sie ein Kalb mit zwei Köpfen und die dickste Frau der Welt. In Stunden der Verzagtheit zeugte sie lediglich den kleinsten Mann der Erde und die Dame ohne Unterleib.
In diesen Superlativen erlebt man das befreiende Gefühl, daß es sowohl nach oben wie nach unten »nicht mehr höher geht ...«. Hier macht die Natur jeweils einen Punkt — es geht ihr sozusagen der Atem aus...
                                                            Ernst Hoferichter

Verschneites Oktoberfest

Vom Oktober trägt das altberühmte Münchner Volksfest den Namen, das aber in seiner größeren Dauer schon im September gefeiert wird. Man hat es so eilig mit ihm, um dem Schnee zu entkommen, der in Oberbayern oft schon sehr früh sich zeigt, und manchmal ist der Schnee auch schneller als das Fest, das vor ihm auf der Flucht ist, und fällt in die noch voll belaubten Bäume und überfällt weiß strudelnd die bunten Zeltbauten.
So konnte man vor Jahren — wer es erlebt hat, vergißt es nicht —, während der Kalender unbestechlich den grünen Herbst anzeigte, mitten im weißen Winter auf die Freudenwiese gehen. Der Schnee, großflockig zwar und wäßrig grau, zerging, sobald er den Boden erreichte, aber auf den Zeltplanen, die schräg zum Regenschild herabgerollt die Buden schützten, blieb er doch liegen und zerschmolz auch da nicht gleich, wo Schokoladenherzen, in brandrotes Papier gehüllt, mit Liebesschwüren bemalt, an feuerfarbenen Bändern baumelten. Kaum ein Mensch war zu sehen in den breiten Straßen, die sich zwischen den prunkenden Bierhallen hinziehen, wo die Fahnenstangen ihre mächtigen, weiß-blau gestreiften Tücher schwenken, in den oft auch lustig weiß und blau gestreiften bayerischen Schönwetterhimmel hinein, strahlend wie nur er sein kann an gnädigen Tagen — in der Trübe jetzt hingen sie naß und zerknüllt herab.
Ein großes Zelt beherbergte Männer aus dem indischen Archipel, die

sich, Speere werfend und Pfeile schnellend und auch sonst kriegerische Künste treibend, dem Zuschauer zu zeigen wünschten. In den frühen Nachmittagsstunden dieses Septembertages aber, der Schneewirbel war gerade ein wenig sanfter geworden, fuhren sie, die sich sonst nur gegen Entgelt sehen ließen, auf der anderen Seite der Budenstraße auf großäugig-starrblickenden Pferden und langhalsigen weißen Schwänen eines Karussells unentwegt im Kreise herum.

Sie trugen unter den bunten Burnussen dicke graue und grüne Wollstrümpfe und Knickerbocker aus verwegen gewürfelten Stoffen. Einer, groß, pockennarbig, langhalsig, mit einem mächtigen schmutzigweißen Turban um den Kopf, hatte eine weißblonde, rundliche Frau, die Besitzerin des Karussells, vor sich auf den spiegelig glänzenden Rappen mit der schönverschnörkelten Mähne genommen. Der Inder ritt jauchzend das kleine dickbauchige Tier, das, mit den schlagenden Vorderläufen in der Luft, in immer gleichem Abstand hinter den Gefährten einherjagte, in seiner gedrechselten Starrheit zauberisch lebendig. Der Leierkasten des Karussells schnarrte und grölte und zitterte leicht unter der Wucht des eigenen Atems und war der einzige weitum, der tönte. Die farbigen Männer lächelten im Vorüberreiten zu ihrer Bude hinüber und nickten spöttisch ihrem Ausrufer zu.

Dem Ausrufer fiel der kalte Flaum in den großen Mund, den er aber tapfer immer wieder öffnete, um die kleine Zuhörerschar, die sich vor ihm zusammengefunden hatte, zum Eintreten zu verführen. Es waren einige halbwüchsige Burschen und Mädchen, auch zwei oder drei im Winde fröstelnde Erwachsene darunter und eine bäuerisch gekleidete junge Frau mit einem vielleicht sechsjährigen Knaben an der Hand, die es merken mußte, daß der Mann da droben vor allem zu ihr sprach, gerade ihr mit weithin schallender Stimme (und dabei stand sie ihm doch ziemlich nah, am weitesten vorn im Trupp), gerade ihr die wilden Künste der Archipelmänner anpries!

Die Frau errötete und fand es unbehaglich, so unerwartet sich ausgezeichnet zu sehen, und blickte sich verlegen nach einer Lücke im Zuhörerkreis um, durch sie zu entwischen. Da verdrossen der Frau ängstliches Gesicht und die schadenfrohen Mienen der reitenden Inder den schreienden Mann, und er brach mit einer schmerzlichen, verzichtenden Handbewegung seine Rede ab, und mit übellaunigem Gesicht verschwand er schnell in der Bude.

Der kleine Trupp der Wiesenbesucher setzte sich wieder in Bewegung. Er fiel nicht auseinander, es ging nicht jeder der Leute seines Weges, die doch gar nicht zusammengehörten, als trügen sie Furcht, allein das Abenteuer des verschneiten Festes zu wagen, und auch die bäuerliche

Bierologie. »*Sagen Sie mal, was ist für ein Unterschied zwischen Bock und Salvator?*« — »*Daß S' mit 'n Bock bis Mittag an Rausch hob'n und mit 'n Salvator erst auf d' Nacht!*« — »*Also ist Bock so bedeutend stärker?*« — »*Na! Aber der wird in der Fruah anzapft und der Salvator Mittag!*«

Frau im Kopftuch blieb strengen Gesichtes bei den Genossen der Stunde, an der Hand das folgsame Kind.
An der Rückwand seines kleinen Verkaufsstandes lehnte ein schwarzlockiger Mann, der Kokosnußschnitten feilhielt, neben einem zarten, jungen Wesen in roter Bluse, das er für die vierzehn Wiesentage als Verkäuferin verpflichtet hatte, weil er der Meinung wohl war, so ein hübsches Ding brauche kein »Nein!« zu fürchten, wenn es zum Kauf einlud. Er hatte feurige, gutmütig-dumme Kugelaugen, die zu seinem gelockten Schwarzhaar paßten, und er schien nicht ärgerlich zu sein, gar nicht, daß die Männer in der Stadt geblieben waren, an denen das Mädchen seine Künste hätte erproben sollen.
Er stand ganz dicht bei der Rotblusigen, es war wärmer so, und die Wärme tat gut bei diesem Wetter, und die Bretterwand erlaubte es dem Schneewind nicht, kalt in des Mädchens Nacken zu blasen. Wenn

er sich drehte, der Wind, und das Tuch des Regendaches knatterte und die an Schnüren hängenden Kokosnüsse stießen mit dumpfem Ton aneinander, stellte sich der Kugeläugige ritterlich vor das Mädchen, es zu schützen. Braun glänzten, aber seidenfein, des Mädchens Haare, von der Farbe der struppigen Haarzotteln auf den Schalen der Früchte, und milchig und weiß wie das Fleisch der Nüsse schimmerte die atmende Mädchenhaut.

Etwas später am Nachmittag hörte es für kurze Zeit ganz auf zu schneien. Es war die Wolkendecke geborsten, schnell und unerwartet, wie sie es sonst nur im April tut, und die Straßen der Budenstadt waren blau getüpfelt, weil die Bläue des Himmels sich spiegelte im Wasser eines jeden Fußstapfentümpels. Der schweifende Trupp, der immer noch zusammenhielt, bekam jetzt Verstärkung. Er schwoll an und schob sich langsam und mit Bedacht und in einer strengen Ordnung, die keine Sehenswürdigkeit ungesehen lassen wollte, über den Festplatz. Das schwarzseidene Kopftuch der Bäuerin flimmerte in der Sonne, und an ihrer Hand das Kind, dem sie eine kleine Trompete gekauft hatte, blies immer die paar gleichen grellen Krächztöne darauf und sah dann ernsthaft der Trompete in den runden Mund, als wundere es sich, daß daher der Klang kam.

Vorn an die Rampe der Liliputaner-Bude getreten war ein kleiner Mann im Frack, einen Zylinder auf dem Kopf, mit einem gelben Gesicht, wie es Leberkranke haben, aufgedunsen und faltig, greisenhaft und jugendlich geheimnisvoll zugleich. Nun hob der Zwerg mit der gelben Kinderhand den hohen Hut und winkte, näherzutreten, und tat das, indem er hochmütig über die einzeln vorbeistreifenden Zuschauer hinwegsah.

Mit einem plötzlichen, entschlossenen Ruck dann setzte der Kindmann den Hut wieder fest auf den Kopf und begann, die Hände auf dem Rücken, die ganze Länge der Rampe feierlich und verdrießlich im Hin und Her abzuschreiten. Eine Frau, eine gewöhnliche Menschenfrau, keine Zwergin, die dick vermummt an der Kasse saß, lud mit kurzen Rufen ein, sich die berühmten Liliputaner zu besehen, aber es klang wenig zuversichtlich, als glaube sie selber nicht, daß jemand ihrer Lockung werde Folge leisten.

Es war nun gerade der Trupp der Beharrlichen vor der Zwergenbude angekommen. Der Däumling im Frack hielt inne im ruhelosen Wandern und sah scheelen Blicks zum Himmel auf, der sich schon wieder verdüstert hatte. Da schrie die Frau an der Kasse wild: »Hereinspaziert! Hereinspaziert!« und klatschte in die Hände und schrie: »Prinzessin Esmeralda!«, und aus dem Vorhang trat eine winzige Frau in einem tief ausgeschnittenen Ballkleid aus rotem Samt, die platinweiß gefärbten Haare gewellt und emporgetürmt, und auf der Haarwoge wackelnd eine goldene Krone. Der Zwerg verbeugte sich tief vor der Prinzessin, zog in gewaltigem und putzigem Bogen den Zylinder vor ihr und küßte ihr die Hand, die sie ihm mit einem gefrorenen Lächeln reichte.

»Herein! Herein!« keuchte die Frau an der Kasse, während schon wieder die ersten Flocken fielen, dann dicht und dichter kamen, wirbelnd mit einem Male, und der Wind trieb die Flocken gegen das kleine Paar, daß sich die Prinzessin das Gesicht wischen mußte.

Niemand folgte dem stürmischen »Herein«, und als der Schnee jetzt zu Regen wurde und ein Wolkenbruch niederzuprasseln begann, schob sich der Zuschauertrupp flüchtend in eine Wurstbraterei, die der Zwergenbude gegenüberlag. Nur die sparsame Bäuerin ging in den Regen hinein weiter mit dem Kind, das die Trompete fest in der Faust hielt.

Leer war es vor dem Liliputanerzelt, der Regen strömte dicht und heftig herab, die Prinzessin war wieder hinter dem Vorhang verschwunden, auch die Menschenfrau hatte den Platz hinter der Kasse verlassen, nur der gelbhäutige, winzige Mann im Frack stand noch auf den regengepeitschten Brettern, und plötzlich stampfte er mit dem Fuß auf, hob seine kleine Faust gegen den Himmel, sie schüttelnd, zornig und traurig und lächerlich.

Georg Britting

Münchner Odyssee

Und da Odysseus
is durch d' Stadt zogn,
de wo er nimmer
kennt hot.

Und er hot kämpft
gegn Raaffer,
Messerstecher,
Hascher
und Krawuggln.

Dann is er quer
durchn Vakehr
gsegelt,

und giftige rote
Ampeln habn eahm
z'ruckghaltn.
Nadierli hot er
falsch parkt,
und die Polizistin
Nausikaa
hot eahm in d'
Ettstraß
triebn.

Als a echta
Verkehrssünda
hot er si an
»göttlichn Sauhirtn«
Eunaios herg'wunschn.

Sei Oide, d' Penelope
is daweil mit am Bleiboy
bis viere früah
in Schwabing
im »Why not«
ghockt.

Koa boarischs Wort,
koaner hot eahm
vastandn,
und bloß oaner
hot eahm kennt:
sei Dackl Waldi.
      Renate Mayer

Fürsten
Künstler
Originale

Josef Benedikt Engl

Nymphenburg

Auf die Weg is a kutschiert,
am Kanoi is a flaniert,
im Schloß hod a regiert,
in da Amalienburg diniert,
in da Pagodenburg soupiert,
in da Badenburg poussiert,
in da Klausn hod a büaßt —
der arme Herr Kurfürscht.
     Stephan Metzger

Eduard Stemplinger erzählt ...

König Ludwig I. war ungemein knickerig und suchte überall einzusparen, um für seine Bauten Geld zu erübrigen. Nun bemerkte er einmal, daß bei der Hoftafel viele angebrochene Semmeln ungebraucht übrigblieben; deshalb rief er dem Hofmarschall zu: »Saporta! Semmeln sammeln! Knödel machen!« Saporta verneigte sich stumm. Anderntags war ein exotischer Fürst zu Gast, der nach jedem Gang sich die Zähne stocherte und den Zahnstocher immer in eine angebrochene Semmel stieß. Plötzlich bemerkte dies der König, sah einige Sekunden entsetzt zu und rief dem Hofmarschall zu: »Saporta! Keine Knödel machen!«

Eben wollte sich Wilhelm Kaulbach in die Blumenausstellung begeben, da eilte der König auf ihn zu und rief: »Lieber Kaulbach, leihen Sie mir doch einen Sechser! Ich soll da einen Zwölfer Eintritt zahlen und hab' nur einen Sechser in den Taschen!« Getreidebauern, die in der Nähe standen, staunten nicht wenig, und einer meinte: »Is dös g'spaßi! A Kini, und hat nöt amol an Zwölfer im Sack!«

Ludwig ließ 1829 die siebzehnjährige Tochter des Hofagenten Raphael Kalau für die Schönheitsgalerie malen. Jahre vergingen und die Schönheit der einst Gefeierten auch. Auf einem Hofball wollte diese als Gattin des Bankiers Salomon Joseph Heine die Aufmerksamkeit des Königs auf sich lenken und sagte bei der Vorstellung: »Majestät hatten vor etwa 30 Jahren die Gnade, mich malen zu lassen.« Ludwig sah die Dame einige Zeit erstaunt an und polterte dann heraus: »Tät's jetzt nimmer! Tät's nimmer.«

Sooft er nach Italien reiste, brachte ihm die Bäckerkathl vom Sporer im Tal einen eigenhändig zubereiteten, frischgebackenen Laib Hausbrot an den Wagen. Und ebenso getreulich ließ er die Kathl wissen, wie lang dieser Wecken reichte und wo der König das letzte Stück verzehrt habe.

Am 20. März 1848 legte König Ludwig I. freiwillig die Krone nieder und blieb in München nach wie vor. Damals sagte er zu seinem Sohne Otto: »In der Hauptstadt zu bleiben, wo man gegen 23 Jahre alles zu sagen hatte, nichts mehr zu sagen zu haben, das zu tragen, heiter dabei zu sein, dazu gehört viel. Allein in München bin ich jetzo wohl der fröhlichste Mensch, obgleich zu regieren mir Freude, Genuß Besorgung meiner Berufsgeschäfte war.«

König Max II. redete, wenn er in Tegernsee weilte, gerne auf seinen Wanderungen mit Holzknechten und Bauersleuten. Da klagte ihm einmal ein Bauer, wie schwer es sei, ein großes Bauerngut recht zu regieren. Da meinte der König: »Was soll denn nachher ich sagen, da ich das ganze Land regieren muß.« — »Wissen S', was«, erwiderte der Bauer. »Sie können's Eahna ja leisten; i taat's amal a Zeitlang verpachten.«

Kabinettssekretäre hatten es bei König Ludwig II. nicht leicht, zumal wenn er in »ungnädiger« Stimmung war: gar keine Seltenheit. »O mei, Herr von Ziegler«, sagte bei einer solchen Gelegenheit ein alter Furier zum Kabinettschef, »o mei, bal's alle Potentaten von Europa auf oan Haufen schmeißen und ziagn nacha an Ixbeliebigen raus — es is oaner wia der ander.«

Herzog Max von Baiern machte 1838 eine Orientreise. Als er in Kairo eintraf, wurde er von zerlumpten einheimischen Musikern mit der Weise »O du lieber Augustin« empfangen. Später erfuhr der Überraschte: Der Witzvogel Frh. von Hallberg-Broich hatte den Leuten die Weise einstudiert und ihnen gesagt, mit dieser bairischen »Nationalhymne« würden sie dem Herzog die größte Freude bereiten.

Papa Lang liebte es, in lustiger Gesellschaft das Gehaben und die Sprechweise des Königs Ludwig I. täuschend nachzumachen. Davon erfuhr Ludwig zufällig. Und so fand er sich wieder einmal im »Grünen Baum« an der Isarlände ein, wo Künstler und Schauspieler gern verkehrten. Bald forderte er Lang auf, seine Nachahmungskunst zu zeigen. Nach anfänglichem Sträuben legte der Komiker die linke Hand auf den Rücken und befahl, die Stimme des Königs täuschend nachbildend: »Sekretär, schreiben! Die hervorragenden Leistungen des Schauspielers Lang anerkannt habend sind tausend Gulden aus meiner Privatkasse demselben auszuhändigen.« Sauer lächelnd gab der König zu diesem Erlaß seine Zustimmung, bemerkte aber: »Sehr gut gemacht habend, Lang; aber wenn noch mal über meine Kasse verfügen, Verabschiedung sicher seiend.«

Der Wagnersänger Vogl freute sich hundertmal mehr, wenn seine Mastochsen oder Leghühner seines Bauerngutes in Deixlfurt auf landwirtschaftlichen Ausstellungen Preise erhielten, als wenn ihn Kritiker über den Schellenkönig lobten. Eines Tages sagte der Intendant Graf Perfall zu dessen Gattin, es schicke sich eigentlich für einen kgl.-bairischen Kammersänger nicht, mit Viehzüchtern in Wettbewerb zu treten. Frau Vogl erwiderte schmunzelnd: »Dös müassens, Herr Graf, mei'm Mann scho selm sagn. Aber i taats nöt, Herr Graf.« Und er tat es auch nicht.

Klara Ziegler war eine auffallend große und stattliche Erscheinung. Sie ging abends immer allein nach Hause. Einmal wurde sie nach der Abendvorstellung auf der Straße von einem recht kleinen Herrn angesprochen, ob er sie begleiten dürfe. Die Tragödin sah ihn stolz sehr von oben herab an und fragte: »Warum? Fürchten Sie sich allein?«

Der Prinzregent

Bald nach dem Antritt der Regentschaft entstand in der Münchner Tagespresse ein Streit, welche Zeitung Prinzregent Luitpold täglich lese. Um genaue Auskunft zu erhalten, ging der Reporter einer Münchner Zeitung in die Geheimkanzlei des Regenten und erhielt tatsächlich die Mitteilung, daß der Regent sein Blatt lese. Die Zeitung schrieb nun in der nächsten Nummer: »Wir können auf das Bestimmteste versichern, daß Seine Königliche Hoheit der Prinzregent besonders unser Blatt liest. Jeden Tag nach der Hoftafel pflegt er Siesta zu halten, nimmt unser Blatt zur Hand, liest darin, um dann einzuschlafen.« Ohne Konkurrenzneid wurde dieses Geständnis von vielen anderen Blättern nachgedruckt.
Im Jahre 1888 wurde in München der hundertste Geburtstag König Ludwigs I. festlich gefeiert. Der Höhepunkt der Zentenarfeier war ein

Festzug, wie ihn München noch nicht erlebt hatte. Leider entstand durch das Scheuen der im Zuge mitgeführten acht Elefanten eine schlimme Panik unter den Münchnern. Elf Verletzte mußten in die Krankenhäuser eingeliefert werden. Der Regent ließ sich ausführlich berichten und interessierte sich besonders für die Kopflosigkeit der Zuschauer, die sich völlig unvernünftig benahmen und an der Katastrophe schuld waren. »Am vernünftigsten von allen haben sich eigentlich die Elefanten benommen«, war das Urteil des Regenten.

Bei der Grundsteinlegung des Deutschen Museums im Jahre 1906 war auch der Geheimrat Alexander Herzberg, ein großzügiger Stifter für Oskar von Millers Lebenswerk, eingeladen. Als der offizielle Teil der Feier beendet war, wollte Herzberg gehen. Er wandte sich an einen Herrn in großer Uniform mit der Frage: »Kann man sich eigentlich hier, ohne sich zu verabschieden, drücken?« — »Auf meine Verantwortung hin können Sie das ohne weitere Umstände tun«, war die Antwort des Regenten, den der Berliner Geheimrat erst zu spät erkannt hatte.

In der Residenz sah der Regent einmal aus einem Fenster auf den Betrieb der Straße. Ein eifriger Hoflakai wollte das halbgeöffnete Fensterrouleau ganz hochziehen; versehentlich ließ er es aber dem Regenten mit voller Wucht auf den Kopf fallen. Dieser hatte jedoch Verständnis für seinen völlig verstörten Diener und sagte nur: »Sei froh, daß es mich nicht erschlagen hat!«

Bei seinen Spaziergängen durch die Straßen Münchens war der Regent immer einfach und unauffällig gekleidet. Ein Bettler, der ihn nicht erkannt hatte, bat ihn einmal um ein Almosen. Der Regent gab ihm ein großzügiges Geldgeschenk und dann noch den wohlmeinenden Rat: »Nun aber lauf, daß dich kein Gendarm erblickt!«

Der Regent war, wie auch sein Vater, ein begeisterter Freund der Kunst und der Künstler. Wenn ihm ein Bild gefiel, so pflegte er meistens am frühen Morgen den Künstler zu besuchen und ihm als besondere Auszeichnung eine Zigarre, eine Brasil um 30 Pfennige, zu überreichen. — Manchmal überraschte er dabei auch einen jungen Künstler mit seinem Modell, das vor dem hohen Besucher flüchtete. Begütigend sagte aber der Regent nur: »Ei, ei, schon so früh bei der Arbeit?« — An einem Neujahrsmorgen kam er zu Prof. Heinrich Waderé, der an einer Büste des Regenten arbeitete. Noch von der Silvesternacht erschöpft, schlief der alte Herr ein. Der ebenso ermüdete Künstler fand dies sehr angenehm und machte gleichfalls ein Nickerchen in seinem Stuhl. Nach zwei Stunden störte ein Kammerdiener, der seinen Herrn abholen wollte, das friedliche Idyll der beiden Schlafenden. — Zu dem jungen Leo Samberger, der für seine porträtgetreuen Bilder berühmt war, sagte er einmal: »Na, wissen S', ganz so ähnlich hätten S' mi wieder net zu malen brauchen!«

Der Regent war ein leidenschaftlicher und verwegener Rodler; in tollkühner Fahrt sauste er auf seinen Jagdpartien über die Hänge. Als er einmal dem Forstwart Hias das Steuer übergeben hatte, fuhr dieser langsam und vorsichtig über die kurvenreiche Bahn. Dem Regenten war die Fahrt aber viel zu langweilig, und er trieb zu schnellerem Tempo an. Der Hias ließ sich nicht aus der Ruhe bringen und entgegnete: »Hoheit, wenn mit Eahna was passiert, dann hoaßt's: ›Der Hias hätt halt der G'scheitere sein solln.‹«

Ludwig Hollweck

Eugen Roth erzählt ...

Der alte Doktor Hirth, ein großer Münchner Verleger vor fünfzig, sechzig Jahren, war ein reicher Mann; er war, unterm schlohweißen Haar, auch ein Feuerkopf und, zur rechten Gelegenheit, ein rechtes Schreckenskind — er konnte sich's leisten.

Damals, vor dem ersten Krieg, gab es ungeheure Festessen; erlesene Weine wurden gereicht, und auf riesigen Platten lockten getrüffelte Pasteten, köstliche Salate und Sulzen, kunstvolle Speisentürme, deren Zinnen von prachtvollen, leuchtend roten Hummern bekränzt waren. Die Gäste machten sich tapfer über alles her, untergruben die Bollwerke aus Fisch und Geflügel, räumten die Vorfelder der Austern und Kiebitzeier; aber den Mut, den schweren Panzertieren auf den Leib zu rücken, hatten sie doch nicht. Wie sollten sie, zwischen Porzellan und Gläser gezwängt, von hübschen und empfindsamen Nachbarinnen flankiert, waffenlos den Kampf mit den Ungeheuern wagen?

Die Kellner, so untadelig sie in ihren schwarzen Fräcken hin und her schwirrten, so unterwürfig sie jedem Wink der Gäste gehorchten: in diesem Punkt stellten sie sich blind und taub; sie übersahen den Mangel an Brechwerkzeugen, sie überhörten jeden Wunsch danach. Denn sie hatten längst ausgemacht, die unversehrten Krustentiere anderntags wieder zu verkaufen. Sie hatten aber ihre Rechnung ohne den Hirth gemacht. Denn beim Abschied brach sich der fröhliche Greis mit dem gewinnendsten Lächeln von den ihm erreichbaren Hummern die Scheren ab und verteilte sie mit der Versicherung, sie schmeckten auch zum Frühstück ausgezeichnet, an seine Tischnachbarinnen.

Bei einem dieser Festessen hatte Doktor Georg Hirth eine Tischdame, die ihm in ermüdender Ausführlichkeit erzählte, wie ihr Vater schon

Die Prozeßbauern. »Schö habens dir d' Kosten auffig'haut bei insern Prozeß! Es gibt halt do no a Gerechtigkeit.« — »Ja, aber heut Nacht is mei Tochter niederkemma und dei Bua is der Vater und du muaßt dö Alimenten zahl'n. Dös is dö höher' Gerechtigkeit.«

vor Jahren elendiglich zugrunde gegangen und wie ihre Mutter erst jüngst auf traurige Weise gestorben sei. Hirth hörte ihr scheinbar geduldig zu, nicht abweisend, aber, wie sich zeigen sollte, völlig abwesend; denn als man endlich aufstand, verabschiedete er sich mit der herzlichen Frage: »Ihren werten Eltern geht's aber gut?«

Einmal im Fasching stand meine Mutter mit Ludwig Thoma plaudernd auf der Galerie des Saales, als drunten sich der Vorhang zum Festspiel des Abends hob. Eine Weile hörten sie zu; als aber der Lärm immer größer und der Text immer unverständlicher wurde, sagte meine Mutter lachend zu Thoma: »Geh zu, den Schmarren brauch'n ma doch net anhör'n!« — »Hast recht!« antwortete Thoma und wandte sich zum Gehen, ohne auch nur mit einem Wort anzudeuten, daß das Spiel von ihm verfaßt war.

Thoma bot seinen Bauernroman »Andreas Vöst« den Münchner Neuesten Nachrichten zum Erstdruck an und verlangte zwölftausend Mark — im Urfrieden eine Summe, wie sie der Verlag noch nicht bezahlt hatte. Direktor Helfreich tat denn auch, als er dem Dichter das Honorar aushändigte, einen tiefen Seufzer und sagte: »Herr Doktor, das ist viel Geld!« — »War auch viel Arbeit«, knurrte Thoma und steckte ungerührt die Scheine ein.

Professor Kraepelin hatte seinen Studenten einen Achtzigjährigen vorgestellt: »kerngesund, nie einen Tropfen Alkohol getrunken!«. Einen Bruder hätte er noch, sagte der Mann, der sei schon siebenundachtzig. Der begeisterte Geheimrat wollte ihn so bald wie möglich sehen; aber der Mann winkte ab: mit dem sei nichts zu machen, der sei den ganzen Tag besoffen.

Oskar von Miller hatte den Geheimrat einmal zu Gast geladen; er wußte wohl, wie abgeneigt der dem Alkohol war, aber er holte die beste Flasche aus seinem Keller, füllte die Gläser und sprach: »Verehrter Freund, Ihre Einstellung ist mir bekannt, und ich ehre sie; aber Sie werden's mir nicht verweigern, wenn ich Sie bitte, mit diesem edlen Tropfen auf unser beider Wohl mit mir anzustoßen!« Ungerührt ergriff Kraepelin das Glas: »Meinen Todfeind vernichte ich, wo ich ihn treffe!« — und schüttete das kostbare Naß in die nächstbeste Blumenschale.

Der Herr Geheimrat wollte eine neue Köchin in Dienst stellen und besprach mit ihr alle Einzelheiten. »Und das sage ich Ihnen«, rief er drohend, »kein Tropfen Alkohol kommt mir ins Haus!« — »Da können Sie beruhigt sein«, lächelt die Frau verständnisinnig, »ich war schon einmal drei Jahre bei einer Herrschaft, die eine Entziehungskur gemacht hat!«

Der Engl vom »Simpl«

Am 2. Juli 1867 wurde der Zeichner Josef Benedikt Engl in Schallmoos bei Salzburg geboren. Seine Mutter stammte aus dem Innviertel, der Vater war Altbayer, Lokomotivheizer bei der kgl.-bayer. Staatseisenbahn. Aufgewachsen ist Engl aber in München, auf der Schwanthalerhöh verlebte er seine Bubenjahre.

»In der Schule stellte sich bald heraus, daß der kleine Josef Benedikt Engl beim Zeichnen eine geschickte Hand hatte, und der Herr Lehrer meinte, es wäre schade um das schöne Talent. Der Vater schwankte eine Weile zwischen der Eisenbahn und dem Malerhandwerk, bis er schließlich den Buben zu einem Lithographen in die Lehre tat. Josef Benedikt

versuchte es zwei volle Jahre mit der Lithographie-Anstalt, dann machte er 1885 die Aufnahmeprüfung für die Kunstgewerbeschule — die bedeutendste Münchner Kunstschule nach der Akademie ... Er konnte die üblichen sechs Semester mit seinen Sparpfennigen nicht im entferntesten durchhalten und mußte sehen, wie er sich, mühsam genug, wenigstens den Lebensunterhalt verdiente. Er versuchte es mit Münchner Stadtansichten, Reklamezeichnungen und Kaffeebildern, bis er schließlich den Herrn Schacherl von der Goethestraße kennenlernte, der einen Modelleur für gipsene Reiseandenken brauchte. Also modellierte er, was die ›Kunstanstalt Schacherl‹ verlangte: Münchner Typen mit Schnauzbart und Knödelnase, die Frauentürme mit Maßkrugdeckeln statt der welschen Hauben, Bierkrügerl zum Anhängen für die Oktoberfestbesucher. Es war ein Nebenverdienst, der ihm blieb, auch als er 1888 Mitarbeiter des Witzblattes ›Radfahr-Humor‹ wurde ... Wer beim ›Radfahr-Humor‹ arriviert war, fand dann leicht den Weg zu den ›Fliegenden Blättern‹ hinüber, die immer noch als ›das anerkannt beste, beliebteste und gelesenste Witzblatt Deutschlands‹ galten ... Es war eine Ehre, wenn man da mittun durfte. Engl lieferte 1894, klopfenden Herzens, seine erste Zeichnung für die Fliegenden ab.« Benno Hubensteiner, der bayerische Historiker, hat in mühevoller Arbeit den Lebensweg Engls verfolgt und 1958 in dem Buch »Der Zeichner Josef Benedikt Engl« aufgezeichnet. »Engls Lebensgeschichte zu schreiben ist schwieriger, als einen Mönch des 17. Jahrhunderts auszugraben«, mußte Hubensteiner dabei feststellen.
Als der Verleger Albert Langen 1896 für seine neugegründete Zeitschrift »Simplicissimus« Mitarbeiter suchte, hat er auch den »Fliegenden Blättern« einige Zeichner abgeworben: Hermann Schlittgen, Thomas Theodor Heine, Ferdinand von Reznicek und Josef Benedikt Engl. »Engl war einer der treuesten Mitarbeiter des Simplicissimus von dessen erster Nummer an und ist vor allem durch seine derbe, aber ungemein treffsichere und scharf charakterisierende Darstellung ländlicher und großstädtischer Volkstypen bekanntgeworden. Der Münchner Hofbräuhäusler, der bäuerliche Protz, der Landpfarrer in seinen verschiedenen Variationen, Romeo und Julia auf dem Lande, vor allem aber die ›Crême‹ der Münchner Vorstadt waren seine Spezialität, er bot darin durchwegs Originelles von selbständiger Auffassung und Darstellungsart.« In ihrem Nachruf vom 27. August 1907 gaben die »Münchener Neuesten Nachrichten« dieses Bild vom Schaffen des Künstlers.
Engls Stärke waren nicht die großformatigen Zeichnungen, er fand seinen Stil erst, als er in den Anzeigenteil und in die »Beiblätter« des

»Simpl« verbannt wurde. In der Ecke links oben fand er seinen Stammplatz.

»Bei Engl waren Zeichnung und Witz stets eine pralle, lebensvolle Einheit, konnte auch die prächtigste Zeichnung erst entstehen, wenn ihm vorher der Witz dazu eingefallen war. Freilich, es war immer der typisch altbayerische Witz, etwas schwerfällig im Anlauf, grob geschrotet, stark gebeizt, aber dafür voll breitem Lachen und souverän in der Kraft und Farbe des Dialekts«, schrieb Benno Hubensteiner. Engls Bauern, die alle aus der Dachauer Gegend zu stammen scheinen, sind massive Mannsbilder. »Beruhigung« betitelt Engl eine Zeichnung in der Nummer 15/1902. Ein schmächtiger Schreiber schreit einen Bauern an: »Wie können Sie sich erfrechen, den Stock mit in die Kanzlei zu nehmen? Wollen Sie vielleicht raufen?« – »Raaffa? Mit mein Stekkerl? Waar ma scho z' dumm. Wenn's wos gibt, na stich i!« – Die »Sittlichkeit auf dem Lande« illustrierte er in der Nr. 13/1907. Eine Bauerntochter berichtet ihrem Liebhaber: »Woaßt, Toni, was mei Muatta heit zu mir g'sagt hat? Bal i no amal a Kind kriag'n tat von dir, hat s' g'sagt, na müaßt i doch den damischen Wasinger-Sepp heirat'n, hat s' g'sagt!« – Den Münchner schilderte Engl gern als gemütlichen Dreiquartelprivatier und verständnisvollen Biertrinker. In der Nr. 4/1905 gibt er eine Einführung in die »Bierologie«. Zwei Fremde erkundigen sich: »Sagen Sie einmal, was ist für ein Unterschied zwischen Bock und Salvator?« – »Daß S' mit'n Bock bis Mittag an Rausch hobn und mit'n Salvator erst auf d' Nacht!« – »Also ist der Bock so bedeutend stärker?« – »Naa! Aber der wird in der Fruah anzapft und der Salvator am Mittag!« – Für die Schwächen der Pfarrer und der Pfarrkinder hatte Engl offene Augen. »Bedenken« haben zwei hochwürdige Herren (Nr. 24/1904); einer meint: »Eine Blamage wär's schon, Hochwürden, wenn man solch einen reichen Stifter, dem man den Himmel versprochen, einst in der Hölle begegnete.« – Bei der »Generalbeichte« (Nr. 13/1902) gesteht eine Lebedame dem Beichtvater: »I hob scho Angst g'habt, daß S' mi nöt absolvieren könna weg'n mein Vorleb'n.« – »Wer seine Sünden bereut und gute Werke tut, dem wird vergeben. Ist doch auch Magdalena verziehen worden, und das war eine große Sünderin!« – »So, wia vüll hot denn nachher dö g'stift?« – Engls Bildgeschichten aus dem Soldatenleben beweisen, daß der Zeichner aus eigener Erfahrung berichten konnte. »Entrüstung« hat zwei Kocherl erfaßt (Nr. 17/1907): »Von Jahrgang zu Jahrgang werd des Militär gefräßiger! Vor zehn Jahr, da war mei Schatz froh um a Wurst auf d' Nacht. Jetzt derfst so an Kerl glei a Diner vorsetzen!« – Der »Wohltäter« (Nr. 29/1907) ist reichlich unverschämt: »No, wia geht's, Marie?« – »Ja, recht guat! I hab an guat'n Lohn und Ess' und Trink'n grad gnua. Woaßt, der Amm lass'n dö Herrschaften nix abgeh!« – »Siehgst, dös hast mir z' verdank'n! Da derfst fei scho a paar Maß zahl'n!« – Für Handwerksburschen, Vorstadttypen und Gestalten am Rande der menschlichen Gesellschaft hatte Engl echtes Mitgefühl. Eine »Mahnung« wird einem Landstreicher in der Nr. 21/1902 von einem besseren Herrn erteilt: »Schämen Sie sich zu betteln! Warum gebrauchen Sie Ihre starken Arme nicht?« – »Dös hob i scho toa, aber da bin i glei ins Zuchthaus kemma!« – »Mahnung zur Temperenz« wird in einer Vorstadtkneipe gefordert (Nr. 8/1905): »Du, der Kare is zum Tod verurteilt worden für sein Raubmord, den er im Rausch ausg'ratscht hat!« – »Sehts ös, da habt's ös, mit enkera Sauferei! Wia oft hab i's dem g'sagt, wenn er 's Saufen nöt aufhört, lebt er nimmer lang!« Ähnlich wie sein Kollege Th. Th. Heine hat Engl auch gern Bilder aus dem Familienleben gezeichnet. Der »Wandel der Zeit« wird in der Nr. 32/1907 geschildert. Ein Familienvater erinnert sich: »Wie ich noch ledig war, da hab ich mich weggeleugnet, und wenn ich's ganz g'wiß g'wußt hab, daß ich der Vater bin. Jetzt muß ich der Vater sein, auch wenn ich's nicht g'wiß weiß!« – »Erinnerungen« werden in der Nr. 10/1907 von zwei Frauen aufgefrischt: »Nachdem S' von Eahnern Seligen scho allwei Prügel kriagt hab'n, hätten S' bei der zwoaten Heirat scho a bißl vorsichtiger sein könna!« – »Dös is ja eben! Seh'n S', mei Seliger war a Linkshänder, und der is aa oaner, und dös hat mi anfangs gar aso ang'heimelt!«

Während seiner Militärzeit wurde Engl von einem Pferdehuf so unglücklich am Oberschenkel getroffen, daß er nicht nur vorzeitig entlassen werden mußte, die Beschwerden hielten an, der Fuß sollte amputiert werden; Engl weigerte sich. Am 25. August 1907 ist der Künstler, erst vierzig Jahre alt, in München gestorben. Der »Simplicissimus« vom 9. September 1907 widmete seinem fleißigen Mitarbeiter einen ehrenden Nachruf. Ludwig Thoma schrieb: »Vieles dürfen wir ihm nachrühmen: Behaglichen Humor, tiefgründige Kenntnis der Heimat, ein scharfes Auge für alle großen und kleinen Schwächen unserer altbayrischen Landsleute, dazu echte Persönlichkeit ... Im Umgang war er wie in seiner Kunst: von breitem Humor und schlichter Art. Er machte nichts aus sich und war allen Phrasen abgeneigt. Ein kluger, liebenswerter Mensch, unermüdlich in der Arbeit, immer bereit einzuspringen und immer fertig mit einer richtigen Meinung über das letzte Stück auf dem Theatrum mundi.«

Ludwig Hollweck

Der Raufbold. »*An hochn Lohn verlangst halt. Fürn Summer wollt ihn scho zahl'n, aber im Winter bal koa Arbat is* —« — »*Hab koa Angst, Bauer, im Winter laß i mi allweil einsperr'n!*«

Valentiniaden

Einmal sollte Valentin bei einem Film in Geiselgasteig mitwirken. Anfangs sträubte er sich dagegen, er wollte nur in selbstausgedachten Filmen und Theaterszenen auftreten. Aber dann ließ er sich doch umstimmen. Mein Mann durfte ihn zum Filmgelände begleiten. Die vorangehende Probe verlief gut, der Regisseur war zufrieden. Die Anwesenheit Valentins auf dem Areal hatte sich herumgesprochen, von den Unbeschäftigten schlich sich einer nach dem andern herbei, um ihn filmen zu sehen. Selbstredend hatte er eine an sich schon komische Rolle, aber der Spielteufel in ihm witterte Publikum und legte es eigens darauf an, dasselbe zum Lachen zu reizen. Die Gesetze der Leinwand sind jedoch andere als die der Bühne; der Tonstreifen nahm unerwünschte Lachgeräusche auf, die Dreharbeit mußte abgebrochen werden. Die Zaungäste wurden fortgeschickt, die Szene wurde neu begonnen.

Valentin war indessen nicht mehr zu bremsen. Den nächsten Streifen verdarb mein Mann durch sein unbeherrschtes Lachen. Ein wütender Blick des Aufnahmeleiters verwies ihn vom Platz.

Nun war Valentin vollends zum Werkzeug seines eigenen Dämons geworden. Er extemporierte bei der dritten Aufnahme, daß jedes

Stichwort seine Gültigkeit verlor. Einer Partnerin erstickte die Gegenrede im Lachkrampf. Selbst der Regisseur platzte allen vernehmlich heraus. Das vertrug sich schlecht mit seiner Autorität, er erboste sich über Valentin und warf ihm die »versauten Filmstreifen«, die »vertane Zeit« und das »hinausgeschmissene Geld« vor.
Valentin stand still und fassungslos vor dem Filmgewaltigen und fragte zutiefst gekränkt:
»Jetzt soll *i* schuld sein, daß die Streifen nix worn sind? Wer hat denn vorhin glacht, *Sie* oder *i*?«

»Mei Töchterl wünscht sich a Haustier zum Geburtstag«, sagte Valentin, »da hab i jetzt lang drüber nachdenkt, i bin beim Schenken so komisch, es muß was Eigens sein, was Seltens. An Hund, a Katz, an Vogel und an Goldfisch, des kennt's alles schon zu genau. A Roß is zu groß für a Kinderzimmer. Schließlich hab i an ein Bienenhaus voller Bienen denkt, da hätt's auch glei an Honig. Aber streicheln dürft's halt die Bienen nicht, und Kinder folgen ja net. — Was meinen S' jetzt zu dem Gschenkerl?« Er zog vorsichtig ein winziges Päckchen aus der Tasche und entfaltete rosenrotes Seidenpapier. Darin lag auf grünem Moos eine Weinbergschnecke.
»Sie sagten doch, die Bertl wünsche sich ein Haustier«, sagte ich etwas verblüfft.
»Ja sehgn denn Sie net das Haus von dera Schnecken?« wunderte er sich.

Als das »Tausendjährige Reich« ausgebrochen war, fragte jemand Valentin: »Nun, was sagen Sie zu den neuen Machthabern?«
Valentin erwiderte resigniert: »Was soll i sagn? Jetzt san eben die andern die andern.«
»Was soll i sagn? Jetzt san eben die andern die andern.«
Zur gleichen Zeit suchten wir ihn einmal in seinem »Höllencafé« auf. Valentin begrüßte uns gemütlich mit einem Händedruck. Plötzlich aber riß er sich zusammen, erhob den rechten Arm, stand stramm, bohrte seinen Blick in die Umstehenden und rief: »Heil ...« Dann runzelte er nachdenklich die Stirn, ließ den Arm wieder sinken, schüttelte den Kopf und fragte kläglich: »Wie hoaßt er jetzt glei?«

Gusti Grunauer-Brug

Vom Valentin z'leiha

A Antn bin i gwesn.
An Wurm woit i fressn.
Do hot mi wer gsteßn.

Nimma weitatraamt.
An Wurm vasaamt.
Ois Mensch aufgwacht.
A Lätschn gmacht.

Wissn mechat i, ob Antn,
wenns traama kanntn
und sie ois Mensch vorkaamatn
und si an Schweinsbroon vornahmatn,

an krustign, krachatn,
und auf oamoi aufwachatn —
obs dann aa a Lätschn machatn.
      Franz Ringseis

Der Wurmfranzel

Als Erbstück tickt auf meinem Schreibtisch die große Taschenuhr von Karl Valentin. Diese Uhr begleitete ihn durch die Vielfalt und Einfalt seines buntscheckigen Lebens. Er hing an ihr wie ein Hund an der Leine. Sie war bei ihm in der Qual des Föhns und auf den Podien der Vorstadtkabaretts bis zu den Bühnen der großen Welt.
Sie zeigte ihm auch die Zeit an, wenn »es Zeit war«, zum Stammtisch zu gehen — und wenn die Stunde geschlagen hatte, um von ihm Abschied zu nehmen. Valentins Stammtische waren angefüllt bis zum Rande der Mitternacht — mit der Originalität des kleinen Lebens. Und wenn einmal die »Weltgeschichte der Stammtische« geschrieben werden sollte, dann müßte diesen Runden ein besonders groteskes Kapitel gewidmet werden.
Diese abendlichen Zusammenkünfte waren nicht an ein bestimmtes Lokal gebunden. Immer aber nistete der Kreis in kleinen Vorstadtkneipen und Tafernwirtschaften. Und wo jeweils Karl Valentin wohnte, da tat sich in der Nähe auch ein Stammtisch auf. Er war der Stamm, und die Tische wanderten mit. Von der Angerwirtschaft »Stubenvoll«

zog sich der Wechsel bis zum Flößergasthof »Ketterl« hin, wo sie mit Valentin ihr Ende fanden. Sie standen nahe des Ofens und der Schenke. Und es waren weder Literaten noch Künstler oder Professoren, die zu den Gästen zählten: Kleine Handwerker aus der Nachbarschaft und einige Außenseiter vom billigen Jahrmarkt des Lebens erschienen auf eine »Halbe« oder eine »Maß« in der zwanglosen Runde. —
Jeden Abend gegen zehn Uhr tauchte der »Wurmfranzel« auf. Er kam pfeilgerade von seiner nächtlichen Arbeit. Wenn es draußen geregnet hatte, leuchtete schon an der Türe sein Gesicht auf. Denn Beruf und Neigung bestanden bei ihm darin, daß er für die Isarfischer die Würmer zum Angeln fing.
Unter seinem Lodenmantel zog der Franzel eine Bierflasche heraus und stellte sie in die Mitte des Tisches. Er trug aber nicht Eulen nach Athen oder Bier in eine Gastwirtschaft — sondern zeigte uns die reiche Ernte eines Abends.
In der Flasche ringelte sich Wurm an Wurm. »Der Reg'n hat s' heut raustrieben ...!« sprach der Franzel und zeigte mit einem Zahnstocher auf besonders fette und lebfrische Exemplare.
Jetzt zog er auch eine Karbidlampe aus den Falten seines Mantels, mit der er die Rasenfläche der Isaranlagen ableuchtete. »Plätz' hab ich heut g'funden! Solchene Plätz' ...!« tuschelte der Wurmfranzel über den Tisch hin, damit es nur die wenigen Eingeweihten erfahren konnten. Es war, als hätte er die Fundstätte von Kronjuwelen oder die letzte Weisheit des Lebens entdeckt.
Alle, die solche Botschaften hörten, schwiegen und freuten sich innerlichst mit. Niemand fragte ihn nach Ort und Lage jener Plätze, wo die Würmer ohne Zahl zu finden wären.
Dann füllte der Franzel seine Lampe auf. Eine Wolke von Karbidgeruch verschlang den Stammtisch, seine Gäste und die Würmer. Der Franz wurde Anregung zu Gesprächen, die sich bis Mitternacht hinzogen und nur von Würmern handelten, um beim Drachen zu enden.
Karl Valentin brachte das Gespräch noch auf die »Lindwurmstraße«, die es irgendwo auch mit Würmern zu tun hatte.
Die Flasche, die durch die ganze Runde kreiste, hatte auch die Neugierde der anderen Gäste des Lokals geweckt. Sie versuchten, den Inhalt zu erspähen, und rückten immer näher dem Stammtisch zu.
Diese Zudringlichkeit verärgerte den leicht erregbaren Valentin:
»Da gibt's nichts Besonderes zu sehen ...! In der Flaschen sind nur die Fisch drinnen, die der Franzel braucht, um seine Würmer zu fangen —«
Ernst Hoferichter

Zur Abschreckung. »Daß du dö Malerin alleweil so in dei Kleefeld nei laßt?«
— »Weil sich nachher 's Vieh nimmer einitraut!«

Moritat vom Steyrer-Hans

Leute, höret die Geschichte
Von dem Mann, der weltbekannt:
Er hat gstemmt die schwersten Gwichte —
Steyrer-Hans ward er genannt.

Draußt in Allach einst geboren,
Lernte er die Metzgerei,
Wo als Hanteln hat erkoren
Er die Ochsen und die Säu.

Öffentlich trat auf er später
In der Westendhalle und
Einen Stein hob als Athlet er
Von fünfhundertdreißig Pfund.

Beim Jonglieren mit Kanonen
Hat er zerst sein Schnurrbart zupft,
Der war von Dimensionen,
Als hätt Oachkatzeln er gschnupft.

Mit oam Finga und sein'm Dama
Hat er glupft ein volles Faß.
Wenn sie ghört ham bloß sein Nama,
Seine Gegner wurden blaß.

Wiar am Schutzmann an der Seine
Oane gschmiert hat, sagte er:
»Klaube zamma deine Beine;
Musjöh, wule wu noch mehr?«

Mancher fiel schon in Narkose,
Bot er ihm a Brise an,
Weil a fuchzig Pfund schwere Dose
Net a jeds daheben kann.

Als der König aller Stemmer
Thronte er auf Giesings Höhn,
Und von weit und breit sans kemma,
Um den starken Mann zu sehn.

Doch der Tod, der geht aufs Ganze,
Der macht halt vor koaner Größ,
Net amal vorm Steyrer-Hanse,
Unserm boarischen Herkules.

Mit am oanzgen knöchern Finga
Hat er ihn auf d' Schultern glegt,
Vor koam Stemmer und koam Ringa
Hat der Bazi an Respekt.

Doch die ihn zu Grab getragen,
Die warn gschnitzt vom gleichen Holz.
Mag der Zahn der Zeit auch nagen,
Der Steyrer-Hans bleibt Bayerns Stolz.
     Emil Vierlinger

Alles für den König. »Reizend, reizend, mein lieber Bürgermeister! Sogar Ehrenjungfrauen haben Sie zu meinem Empfang aufgestellt!« — »Nur ungeniert, Hoheit, bal Eahna oane g'fallt.«

Der Hausierer mit dem starken Bizeps

Um die Jahrhundertwende war im Niederbayerischen und in den angrenzenden Gebieten der Oberpfalz der Hausierer Josef Steinsdorfer eine landbekannte Persönlichkeit. Er verstand sich auf sein Geschäft mit Kurzwaren aller Art und konnte seine Sachen auf so unterhaltsame Art an den Mann bringen, daß seine vielköpfige Familie keine Not zu leiden hatte. Auf allen Jahrmärkten war er zu finden, und fast in jedem Bauernhaus war er ein gerngesehener Besucher.
Der »Stein«, wie man ihn überall mit einem familiären Unterton nannte, hatte nicht nur ein geschäftstüchtiges Mundwerk, sondern auch ein hilfsbereites Wesen und einen eisenharten Bizeps. Während der Erntezeit ließ er seine Hausiererware einfach beim nächstbesten Bauern liegen und verdingte sich als Taglöhner. Man riß sich geradezu um ihn, denn mit seiner Muskelkraft ersetzte der fleißige Bauchladenbesitzer gleich mehrere Erntehelfer.
Auch als Retter in der Not machte Steinsdorfer immer wieder von sich reden. So kam er eines Tages bei Offenstetten hinzu, als ein Bauer sich vergeblich bemühte, mit seinem Ochsengespann einen im morastigen Feld halb versunkenen, bis obenauf mit Kartoffeln beladenen Wagen wieder herauszuziehen. Der »Stein« ließ sich nicht lange bitten, faßte

an, und innerhalb kürzester Zeit hatte er mit des Bauern und der Ochsen Hilfe den festgefahrenen Wagen auf den nahen Feldweg geschoben.

Noch mehr Aufsehen erregte damals eine Wette, die Steinsdorfer in Inkofen bei Rottenburg an der Laaber abschloß. Niemand wollte ihm dort glauben, daß er allein einen mit frischgeschlagenem Holz beladenen Bauernwagen, der ein Gewicht von mindestens 150 Zentnern hatte, von der Stelle bewegen könne. Der »Stein« tat es und begnügte sich nicht mit einigen wenigen Metern »Schubleistung«, sondern bugsierte den Wagen die halbe Dorfstraße entlang.

Dem um das Jahr 1855 in Schneeberg bei Oberviechtach geborenen Sohn eines oberpfälzischen Zimmerers wurde von Jugend auf nichts geschenkt. Sein Vater hatte eine zahlreiche Familie zu ernähren, weshalb der kleine Seppl schon mit zehn Jahren die Schule verlassen und sich in Neunburg vorm Wald bei einem Tuchmacher als Lehrling in 60-Stunden-Wochen abrackern mußte. Trotz dieser frühen Arbeitsbelastung wuchs der Sepp zu einem stattlichen Mannsbild heran, dem an Kraft schon bald keiner mehr über war. Nicht zuletzt deshalb gefiel es ihm beim Militär nach seinem eigenen Zeugnis recht gut, was sonst wohl nur wenige Zwangsrekrutierte der ehemals königlich-bayerischen Armee von sich behauptet haben. Beim 4. Feldartillerieregiment in Augsburg, wo er fünf Jahre lang diente, hatte er bessere Möglichkeiten, sich körperlich auszuarbeiten als in der dumpfen Tuchmacherwerkstatt. Endlich war er auch jemand, denn seine Kameraden hatten vor seinen Fähigkeiten als Ringer, Stemmer und als Fingerhakler gehörigen Respekt.

Nach der Militärdienstzeit wollte der Steinsdorfer-Sepp nicht mehr in sein altes Gewerbe zurück. Er sehnte sich nach frischer Luft und viel Bewegung, weshalb er einen Hausierhandel anfing. Weil er sein Geschäft verstand, verdiente er stets genug, um sich und seine immer größer werdende Familie zu ernähren. Leicht hatte er es auch da nicht, denn im Laufe einer 48jährigen Ehe wurden ihm 21 Kinder geboren. Er hatte sie schon aus dem Gröbsten heraus, als der Erste Weltkrieg ausbrach und ihn immer mehr seines Hausiergeschäfts beraubte. Die Waren wurden knapper, der Verdienst dementsprechend schmaler.

Schließlich machte sich Steinsdorfer im Jahre 1917 als Korbmacher in Offenstetten bei Abensberg seßhaft. Auf die frische Luft brauchte er trotzdem nicht zu verzichten: Zuerst suchte er sich das Material für seine Körbe selbst in der Umgebung zusammen, dann arbeitete er vor dem Haus statt in der Stube, solange es Witterung und Jahreszeit erlaubten, und schließlich brachte er seine Körbe auch selbst zu den Kun-

Einträglich. »Was, fünfhundert Mark Schadenersatz für die alte Mähr! Da muaß i dann glei an Bräundl a rausführ'n!«

den. Das hatte den Vorteil, daß er trotz der überall herrschenden Lebensmittelknappheit während der letzten Kriegs- und der ersten Nachkriegsjahre immer genügend zu essen für sich und seine große Familie bekam. An guten Beziehungen zu den Bauern im ganzen »Gäu« fehlte es ihm ja nicht.

Noch mit 70 Jahren radelte Steinsdorfer viele Kilometer weit munter durchs Land, auf dem Rücken stets einen Schwung selbstgefertigter Körbe, die oft bis zu einem Zentner wogen. In der Hosentasche trug der »Stein« immer eine kleine Lederschlinge bei sich, wie man sie zum Fingerhakeln braucht. Blieb er irgendwo in einem Wirtshaus zur kurzer Rast und kam mit den Einheimischen ins Gespräch, dann dauerte es meistens nicht lange, bis der rüstige Greis voll Stolz auf seine noch ungeschwächte Kraft die Muskeln spielen ließ und die übrigen Wirtshausgäste zum Fingerhakeln aufforderte. Nicht selten soll es noch in den zwanziger Jahren vorgekommen sein, daß er selbst junge, kräftige Leute mit seinem Mittelfinger über den Tisch zog.

Bis ans Lebensende bewahrte der »Stein« eine gußeiserne Gesundheit. Ein Schlaganfall nahm ihn eines Tages schnell und schmerzlos aus der Welt.

Alois J. Weichslgartner

Von Lausbuben
und Lausdirndln

Spekulation. »*Beiß nur recht wüast nei, Maxl! Do schaut was raus. Der hot mir gestern a Markl g'schenkt, daß i mi druckt hob. Dös is a Millionär, der wo Diät halt'n muaß!*«

Ein erster Schultag

Unser Richard ist in die Schul gekommen. Der Heinemann-Karli vom drentern Haus auch. Ich hab als die Ältere die zwei Buben in die St.-Anna-Schule im Lehel zu München weisen müssen. Zweng der Maximilianstraße, über die wir hinübermüssen haben. Weil da die Trambahn als Gefahr erkannt gewesen ist.

»I geh aba bloß mi'n Karli!« hab ich der Mutter hingebelzt.

»Warum?« hat die Mutter bedrohlich geknurrt.

»Weil da Ritschi bloß sei o'gwetzte Kurzlederne und a gscheckat's Hemad o'hat!« hab ich verkündigt. Und angeflickt: »Ja ... und da Karli hat a schneeweiß's Leinenhöserl, genauso wia bei da Schuleinschreibung!«

»Alle zwoa nimmst mit, voschtandn?« hat die Mutter befohlen und uns auf den verhaßten Schulweg geschickt. Mir hat sie eine halbe Schelln mitgegeben.

Drunten hat schon der blütenweiße Nachbarsbub gewartet. Liebreich hab ich ihn bei der Hand genommen und geweist. Fürsorglich. Den Ritschi hat seine Einschichtigkeit nicht viel scheniert. Überhaupt nicht. Er hat sich sowieso meist nachdrücklich und zeitraubend für den Inhalt der Straßenpapierkörbe interessiert. Letzten Endes wird er wohl von selber in die Schul gegangen sein. Denn das Schulfräulein von der ersten Klaß hat ihn mir nach Schulende ordnungsgemäß wieder abgeliefert. Wie es ausgemacht war zwischen ihr und der Mutter. Grad, als ich den Richard von der Hand hab lassen wollen, weil er schon wieder zum Straßenbahntaferl an der Maximilianstraße hingezogen hat, wo auch ein Papierkorb hing, hat der Karli geflötet: »Du, Gusti ... i muaß!«

»Groß ... oda kloa?« hab ich grantig und ängstlich gefragt.

»Groß!« hat der Karli bloß noch stöhnen können. Da hat er auch schon müssen. Erst hab ich ihm gleich eine gesteckt. Eine saftige. Der Ritschi, grinsend wie ein Dultaff, hat sich die Nase zugehoben und ist entfleucht. Die Vierer ist grad angerattert gekommen. So hab ich den Lauser nimmer erwischt.

Natürlich ist der bräunlich bekleckerte, heulende Karli in seinem weißen Gewandl von den Wartenden sofort schadenfroh und mitleidig bewundert worden.

»G'hört der Bua da zua dir?« haben sie mich gefragt.

»Jaaaa!« hat der Karli geplärrt.

»Naa ... nia ...! Der wohnt grad in unsra Straßn! Der meinige Bua is scho drent!« hab ich den armen Karli verraten. Hundsgemein ...

»Na nimm'n halt mit hoam, den voschissna Hosnträträ!« hat mich eine alte Brillenschlangenmadam angewiesen. Ich hab parieren müssen. So bös hat die mich angeglotzt. Eine Sauwut hab ich gekriegt auf den nicht hosenreinen Karli und die fremde Brillenschlange. Aber ich hab mir was Schiaches denken dürfen. Sagen nicht.

Drenten ist der Ritschi breitbeinig gestanden und hat gegrinst. »Älalätsch! Waarst mit mir ganga! Bei meine Ledahosn kennat ma's neda, bal's mir in d' Hosn ganga waar! Aba mir geht's nimma in d' Hosn! Scho lang nimma!« Die Zung hat er noch herausgebleckt und ist noch mal stehengeblieben. Eisern.

Mit dem Karli bin ich einen wahrhaften Leidensweg durch die Kanalstraße bis in unsere Herrenstraße gezogen.

Daheim hat die Heinemannin eine lange und breite Litanei über ihres Buben Unzuverlässigkeit heruntergefledert.

Abkürzend hat meine Mutter dazwischengeworfen: »Ja ... übahaupts, wo is nacha unsa Bua, da Ritschi?« Mir hat das zehnjährige Herz geschludert. Nix ist mir eingefallen als Ausred. Gar nix. Weil aber der Ritschi Gott sei Dank grad solo und seelenruhig dahergetrabt ist und in den Dreckpfoten einen Wust von Papierln aller Farben, Sorten und Gerüche zu verstecken suchte, hab ich verlegen stottern können: »Da Ritschi ... da Ritschi ... der hat halt a Papierl g'suacht ... für'n Karli, der wo ...!«

Dem Ritschi seine Erklärungen für sein Hintnachkommen hat die Mutter eindeutig abgezwickt. »Marsch, druck di, Mistbua!«

Mir hat sie nur einen schrägen Blick hingeworfen ...

Der Ritschi hat mir zwar hinter dem Mutterbuckel die Zung aufs neue herausgestreckt und mit der Faust gedroht. »Wart no, i derwisch di scho amal, du Lausdirndl!«

Aber für mich ist diesmal wenigstens die am Himmel meiner Kindersorglosigkeit drohend gehangene mütterliche Maulschelle in Großformat von zweng dem Hosenträträ, der Papierlsucherei und dem Zuspätkommen unseres Buben unverdient und unversehens in einem Nichts verflogen. Und das hat mir etliche Tag lang sehr gut getan. Rundherum.

Gustl Laxganger

Aus einer Münchner Schule. »Kann mir einer ein Beispiel von außergewöhnlichem Mute nennen?« — »Wenn a Preuß in München a Selterwasserbud'n aufmacht!«

Der kaam ma recht!

Da Pfarrer geht zum Eder z' Öd,
d' Familie muaß a bsuacha.
Dös hod sein Grund; weil der kloa Sepp
vom Eder duad fest fluacha.

»Gar niamois hod er dös vo mir«,
sagt da da Edervadda.
»Denn i fluach net, und d' Frau fluacht net,
sie is da no akrater!

Wo a dös herhod, möcht i wissn,
der Hundsbua, der dafäudö,
grad oamoi, daad ön hoid dawischn,
dann kriagat er a Gscheidö!

Da hört sö ois auf mit dem Kund',
Kreizbiambaam, Kruzifix,
der kaam ma recht, der Sakramunt,
dös aa no — und sunst nix?«

Max Huber

Der Rosenklau

Einmal haben wir, an die sechs Buben von fünf bis zehn Jahren, in den Pinakothekanlagen Rosen geklaut. Als wir mit unserer Beute über den Gitterzaun kletterten, erstarrten wir: Da nahte der Gendarm, sein Spitzhelm blitzte im Sonnenschein. Zunächst starrten wir wie gelähmt auf den Hüter des Gesetzes, aber dann wandten wir, die Rosen hinter dem Rücken verborgen, den Blick so angestrengt in die andere Richtung und taten so harmlos, daß es wohl schon wieder auffällig war.
Es half auch nichts. Der Gendarm kam auf uns zu.
»Tuts einmal die Hände vor«, sagte er ganz freundlich.
Wir folgten der Auffordnerung — was blieb uns anders übrig?
»Wo habts denn die Rosen her?«
»Wir haben sie geschenkt gekriegt«, sagte der eine, und der andere: »Na, eigentlich haben wir sie gefunden.«
»So«, meinte der Schutzmann, und zwei sagten gleichzeitig: »Ganz gewiß ist's wahr.«
»Also, eigentlich war das so«, begann ich, aber er ließ mich nicht weiterberichten.
»Will ich gar nicht wissen«, unterbrach er mich und packte mich am Ärmel. »Wie heißt du?«
»Schmid«, sagte ich kleinlaut.
»Wie heißt?« fragte er.
»Schmid, Ludwig«, antwortete ich kräftiger.
»Schmid heißt du?« meinte er. »Net Huber, net Mayr, net Bauer und net Müller?«
»Nein«, sagte ich sehr bestimmt, »Schmid.«
Da wurde der Schutzmann ein Schutzmann. »So, jetzt frag ich dich zum drittenmal, wie du heißt, und wenn du mir jetzt nicht ehrlich antwortest, dann gibt's was, verstanden! Dann nehm ich dich mit auf die Wache, und dann zahlt dein Vater die Strafe, denn ihr habt gestohlen! Und jetzt red: Wie heißt du?«
Ich konnte nicht begreifen, daß er mir nicht glauben wollte, und sah meine Spezis hilfeheischend an, die mich nun im Chor verteidigten:
»Der heißt wirklich Schmid, Herr Schutzmann!«
Ganz überzeugt schien er nicht zu sein, aber er kapitulierte.
»Verschwindets, Lausbuben!«
So kann's einem gehen, wenn man einfach Schmid heißt.

Ludwig Schmid-Wildy

De kloane Wiesn

O mei, jetzt deans es aa verbaun —
de kloane Wiesn vis-à-vis.
I mag kaum ausm Fenster schaun.
Es gibt ma fast an Riß.

Da samma rumgrennt, hama graaft
und umgräubert wia wuid
mit unsrer ganzn Buamakraft,
da hamma Fuaßball gspuit.

Wo 's jetza umanandergrabn,
war oiwei unsa Tor,
wo ma als Lattn higlegt ham
zwoa oide Ziaglstoa.

A paar Mal war a Zirkus da,
oder a kloane Duit.
Da samma kaum mehr hoamganga,
ham uns so wichtig gfuit.

Beim Aufbaun und beim Abbaun dann,
mein Gott, war des a Hetz!
Nur wenn ma hoam zum Essn san,
samma schnell umegwetzt.

... Schau hi, jetzt geht der Bagger dro,
der greift und macht an Biß ...
A Riesn-Loch bleibt zruck grad no
von meiner Wiesn vis-à-vis.
                        Helmut Zöpfl

Der Schüler Stefan

Das Schulzimmer der siebenten Klasse unseres Gymnasiums lag nach Süden und hatte Aussicht auf einen prächtig bewaldeten Hügel. Im Sommer bei scheinender Sonne war es sehr heiß. Vorhänge gab es nicht. Nachmittags zwischen zwei und drei Uhr lasen wir zweimal in der Woche Homer bei einem Lehrer, der äußerst langweilig war. Die einzige Aufhellung der Eintönigkeit seines Unterrichtes war es, wenn wir einen Witz, den er gemacht hatte, bestätigen konnten. Es war Aufmerksamkeit nötig, den Augenblick nicht zu verpassen. Den Witz selbst erkannten wir in den seltensten Fällen. Aber der Lehrer pflegte ihn mit einem kurzen trockenen Lachen zu begleiten, wobei er die Augen schloß und das Buch etwas von sich abhielt. Wenn es soweit war, lachten die Schüler, die es bemerkten, laut grölend — wie man halt lacht, wenn man nicht weiß, warum — in die Stille der Schulstube hinein, und donnernd folgte die ganze Klasse. Das freute den Lehrer. Uns freute das Lachen, das stürmische Brüllen, das wir sonst nie von uns geben durften, ohne getadelt, mit häßlichen Bezeichnungen belegt und eingesperrt zu werden.

Es war so schön, daß Schüler, die sommers in der Homer-Stunde eingeschlafen waren, von den anderen geweckt wurden, um sich am Lachen zu beteiligen. Man möchte meinen, der Lärm dieses Gelächters hätte schlummernde Schüler ohnehin geweckt. Aber Gymnasiasten im gottgesegneten Alter so um siebzehn herum haben in allen Dingen des Lebens ihre eigenen Gesetze. Ihr Schlaf in Schulstunden ist von Geheimnissen umwittert. Ich muß jedenfalls bestätigen, daß ich nie erwacht bin, wenn ich nicht geweckt wurde.

Da ist neben mir in der Bank der Schüler Stefan gesessen, ausgezeichnet durch steifen Haarwuchs und knappe, ruckweise Bewegungen, schweigsam, aber beredten Auges. Der hat einmal, tief über den Homer gebeugt, geschlafen, als er aufgerufen wird, um in der Übersetzung fortzufahren. Ich stoße ihn mit dem Ellenbogen an, er hebt ein wenig den Kopf in die Höhe, öffnet die Augen nicht, wohl aber den Mund weit, stößt ein kräftiges »Haha!« aus und senkt mit sichtbarer Befriedigung, die Pflicht zu lachen nicht versäumt zu haben, den Kopf wieder auf den Arm, um weiterzuschlummern.

Der Lehrer hat nichts begriffen und hat überraschte runde Augen auf den Stefan gemacht. Die Klasse hat sich gleich ausgekannt und hat auf mich geschaut. Meine Aufgabe ist keine einfache gewesen, das haben meine Mitschüler gewußt. Ich habe den Stefan, so gut ich konnte, aufs neue gestoßen und, als er eine unwillige Abwehrbewegung gemacht

Die Noten. »*Wos, an Vierer hast im Kopfrechna! Dö is nix. Dös muaß besser wern, sunst kimmst net durchs Leben, wo heutzutag d' Kellnerinnen oan so anschmier'n!*«

hat, ein wenig getreten. Jetzt hat er gemeint, er hat zuwenig gelacht, hat sich halb aufgerichtet, bei geschlossenen Augen mit voller Kraft einige Male »Haha!« gebrüllt — und den Kopf wieder hineingesteckt. Da ist eine Stille in der Klasse gewesen wie sonst gar nie. Ich habe mich nicht mehr darum gekümmert, ob der Lehrer mich beobachtet, sondern bin dem Stefan nun mit dem Stiefelabsatz an das Schienbein gefahren, daß er als Toter hätte aufwachen müssen, und habe ihm gesagt, er ist aufgerufen und muß aufstehen und übersetzen.
Da hat er sich erhoben und hat mit blutrotem Kopf den Homer zur Hand genommen und seinen Blick darein versenkt. Unterdem hat sich der Lehrer, helles Entsetzen in seinen blauen Augen, beschwörend zur stillen Klasse gewandt und hat mit leiser Stimme gesagt: »Es ist ein Wahnsinniger unter uns.« Zum Stefan aber hat er sich freundlich gewendet: »Setzen Sie sich, es ist gut.«
Das tosende Gelächter, das sich nun erhoben hat, hat er nicht verstanden. Es hat ihn aber angesteckt, und er hat, gutmütig wie er war, schließlich mitgelacht. Der Stefan und ich auch. Der Stefan ist im Kriege gefallen.

Wilhelm Dieß

Die Maiandacht

Gerne geh ich täglich
In die Maiandacht,
Weil dieselbe möglich
Das Pussieren macht.

Nämlich Meiers Guste,
Die mein Ideal,
Kommt in die bewußte
Andacht jedesmal.

Gleich die erste Säule
Unterm Chore links
Ist es, wo ich weile,
Harrend ihres Winks.

Denn dort ist es düster,
Und man hört auch kein
Liebespaargeflüster,
Weil die andern schrei'n.

Drum für sanfte Triebe
Ist sie wie gemacht.
Ach, was wär' die Liebe
Ohne Maiandacht!
                    A. de Nora

Rund ums Kammerfensterl

Die ländliche Unschuld. »No, Zenzi, hast scho an Vater für dein Kind?« — »Ha, dös glab i! Glei zwoa, für 'n Fall, daß 's Zwilling san!«

Das dreistöckige Fensterln

Mondhell is heut, die Sterndln blitzen,
im Kammerl drobn tuat's Everl sitzen,
wart' aufn Sepp, der sagt: bestimmt,
daß er heut nacht zum Fensterln kimmt!
Es rührt si nix, überall is staad,
koan Schnaufer nirgends ghört ma hat.
Do endli nach an Zeitl drauf,
der Seppl kimmt über d' Loater rauf.
»Ja, gibts dös aa!« hats Everl gsagt,
»Wo kommst denn her?« hat sie glei gfragt.
»Du kimmst ma aber reichlich spaat«,
moants und waar gword'n bald faad.
»O Diandel«, sagt der Bua verlegn,
»z'erscht hab i drunt die Resl gsehgn,
da hab i mi soviel scheniert
und hab mit ihr a weng dischkriert;
im ersten Stock is d' Leni ghockt,
der hab i halt a Nagerl brockt.
Woaßt scho, wenn ma mit der nix macht,
na is die sell glei gar verschmacht;
so hab i, um nix einzubüaßn,
mi langsam auffafensterln müassn.«

Die stolze Wally

Als die Wally zehn Jahre alt war, sagten die Leute: »Des wird einmal ein ganz ein sauberes Madl!« Das liebe Stupsnaserl paßte recht gut zu ihrem Gesicht, und die himmelblauen Augen schauten lustig und neugierig in die Welt. Ihre Mutter war im Kindbett gestorben. Da das Dorf mit weiblichen Schönheiten nicht besonders gesegnet war, war die Hoffnung des Radlbauern-Vater, sein Töchterl könnte einmal eine Dorfschönheit werden, nicht übertrieben. Die Wally wuchs wahrhaftig zu einer bildhübschen Jungfrau heran, nach der sich alle Burschen umdrehten und sie begehrlich musterten.
Diese Begehrlichkeit der Mannsbilder war zwar auf der einen Seite eine willkommene Mitgift für das Dirndl, hinwiederum aber mahnte sie den Radlbauern zum argen Aufpassen. Da hieß es, ganz gewaltig

Sittlichkeit auf dem Lande. »Woaßt, Toni, was mei Muatta heut zu mir g'sagt hat: Bal i noch amal a Kind kriag'n tat von dir, hat s' g'sagt, na müaßt i doch den damischen Wasinger Sepp heiratn, hat's g'sagt!«

auf der Hut sein. Nicht, daß sich am End so ein hergelaufener armseliger Schlucker hinhängte: »Wally, laß dich nicht ein mit de Burschen. Wia leicht is a Unglück gschehn, dann sitzt da, und ich derfat an so am armen Zipfel das ganze Anwesen schenken.« Diese Predigt wiederholte er schier jeden Tag, als sich bald zur Nachtzeit einige kuraschierte Burschen vorm Schlafkammerfenster der Wally einstellten und um ihre Gunst bettelten.
»Was soll ich aber machen, wenn s' koa Ruah geb'n?« fragte die Wally.
»Was d' machen sollst? Schrei'n tuast ma. Dann kimm i mit der Goaßl!«
Nur bei einem hätte der Radlbauer eine Ausnahme gemacht, nämlich beim Glaser-Sepp, dem einzigen Sohn eines der reichsten Bauern im Dorf. Dem alten Glaser-Vater gegenüber hatte der Radlbauer schon mehrmals Andeutungen gemacht, daß der Sepp und die Wally gut zusammenpassen täten. »Und da kaam was z'samm! Meine hundertzwanz'g Tagwerk und deine hundertsechz'g — des gaab aus!«
Der Glaser-Vater horchte aufmerksam hin und meinte, die Idee wäre freilich nicht ohne. Aber der Sepp lasse sich nichts einreden. Das müßten die zwei Jungen schon selbst miteinander ausmachen. Die Wally hätte freilich für den Sepp was übrig gehabt — aber ausgerechnet er, der Sepp, tat nichts dergleichen. Nur auf die rothaarige Cilli mit ihrer spitzigen Nase hatte er's abgesehen. Und grad den Sepp hatte sie sich eingebildet, obwohl so viele andere ordentliche Burschen auf die Wally lauerten.
Schon wieder stellten sich in einer Mondnacht ein paar liebesnarrische Kater ein; ein großer Draufgänger, der Stiglitz-Roman, hantelte sich

auf dem Wiesbaum hinauf und klopfte ans Fenster von der Wally. Aber statt daß sie ihm aufmachte, schrie sie: »Vater, jetzt kemma s' scho wieder!«

Mit einem Satz sprang der Vater aus dem Bett, lief im Hemd hinunter, holte sich eine Geißl und stürzte hinaus: »Ihr Dreckbärn, schaugts net glei, daß hoamkemmts!« Er holte mit der Geißl aus und erwischte grad noch den langsamen, dapperten Wastl.

Eines Tages tauchte im Dorf plötzlich ein einschichtiges Mannsbild aus dem Niederbayerischen auf. Er hieß Hans Hartl, war Müllergeselle und wollte sich einmal umschauen, ob man sich hier nicht ansiedeln könne. Auch er fing bald für die Wally Feuer und klopfte schnurstracks beim Radlbauern an: »Wia waars, Radlbauer, konnst koan Schwiegersohn brauchen?« — »Sunst nix mehr? Auf so an herglaufnen Krattler hab i grad no gwart. Du waarst a ganz a Gschleckerter. Kaum reingschmeckt, möcht er glei a Hochzeiterin. So arme Tropfen, wia du bist, ham ma selber a ganze Steign voll. Suach dir a andere!« Und das tat der Hans auch.

Die abgewiesenen Freier wurden immer mehr und gesellten sich jetzt aus Trotz zu jenen, die den alten Radlbauern mit ihrem nächtlichen Stelldichein vor dem Fenster der Wally aus dem Bett jagten. Die Wally kam fast keine Nacht mehr zur Ruh. Der hartnäckigste und schneidigste war der Stiglitz-Roman. Durch die Abweisung reizte sie ihn immer noch mehr. Im Nu war er oben am Fenster. Doch statt daß sie ihm einmal das Fenster geöffnet hätte, schrie sie schon wieder mordalisch: »Vater, jetzt kemma s' scho wieder!«

Diesmal kam ihm der Stiglitz-Roman nicht mehr aus. Stundenlang hatte er darauf gelauert — heute war der Radlbauer flinker, und die meisten Prügel bezog der Stiglitz-Roman. »Des damische Luader, des damische«, schimpfte er auf dem Heimweg über die blöde Wally. Dem Radlbauern aber schwor er blutige Rache, wozu es allerdings nie kam.

Die Jahre gingen dahin; der Freier, den sich der Radlbauer und die Wally gewünscht hatten, blieb aus. Die meisten früheren Bewerber waren inzwischen recht und schlecht verheiratet. Der frische Müllerbursch fand eine reiche Bauerstochter und baute im Dorf eine ansehnliche Mühle. Der Radlbauer war auch schon gestorben. Die Wally war inzwischen weit über die sechzig hinaus geworden.

Heute kümmert sich keine alte Katz mehr um sie. Wenn sie jetzt aus dem Fenster schaut, braucht sie nicht mehr zu schreien: »Vater, jetzt kemma s' scho wieder!« Denn keiner kommt mehr zur übriggebliebenen einstigen Dorfschönheit!

Martin Lankes

Der Hintertupfer-Bene

In der Nacht um halbe zehne
Geht der Hintertupfer-Bene
Kammerfensterln zu der Stasi
Und der Mond scheint bloach und dasi.

Und er schloaft da eine Loater
Wie sie schloafa ko koa zwoater
Und er loahnts an d' Mauer one
Als war's a Makkaroni.

Und wia er da aufikraxelt
Kommt der Xaver angehaxelt
Und er wirft den bösen Buben
In die Odelgruben.

Dieser gab sich alle Mühe
Rauszuschwimmen aus der Brühe
Doch es ist ihm nicht geglückt
Ein Kuhfladen hat ihn erdrückt.

Die Moral von der Geschicht
Geh zum Kammerfensterln nicht
Sonst ergeht's dir wie dem Bene
In der Nacht um halbe zehne.

Liebe und was man so heißt

Der Rudi geht mit der Erni ins Kino. Vor der Kasse stutzt er: »Was is, Erni, nehma ma uns a Loschn, oda schaugn ma uns an Fuim o?«

Die Veronika hat einen neuen Freund. Die Mutter ist mißtrauisch: »Was is er denn eigentli, der Kerl?« — »Dees woaß i no net ganz sicher«, sagt die Veronika. »Entweder a Schäfer oder a Pfarrer.« — »Ja so was, wia gibts denn dees?« argwöhnt die Mutter. »Dees is's ebn«, sagt die Tochter, »wia i eahm's letzte Moi troffa hab, hat er gsagt: ›Heit kimmst no ungschorn davo, aber's nächste Moi muaßt dro glaubn!‹«

Der Vitus ist mit einem Mädchen verlobt, das eine Zwillingsschwester hat. Sein Freund fragt ihn: »Du, dees taat mi interessiern, wia du dee zwoa ausananderkennst!« Sagt der Vitus: »I versuachs gar net!«

Der Blasi geht zum Kammerfensterln zur Stasi. Stockdunkel ist es im Kammerl. Aber das stört Blasis Liebeslust nicht. »Mei, so schön rund und glatt, so gschmach is dees Buserl!« flüstert er zärtlich. »Geh weita!« schimpft die Stasi, »laß mein Kropf steh!«

Die Inge sitzt auf dem Rücksitz beim Willi, denn sie weihen das neue Motorrad ein. Die Inge hält sich am Willi ein. Auf einmal schreit sie ihm ins Ohr: »Du, Willi, seit i bei dir hint aufm Motorradl sitz, hab i di von a ganz andern Seitn kennaglernt!«

Eine junge Dame kommt spät abends in ein Hotel und verlangt ein Zimmer. Leider ist nur noch ein Zweibettzimmer frei, in dem aber schon ein Herr liegt. »Der ist todmüde«, sagt der Portier, »Sie könnten ungeniert dort schlafen.« Die Dame wagt es, zieht sich, ohne Licht zu machen, aus, murmelt gute Nacht und steigt ins Bett. Da fällt ihr ein, daß sie starken Durst hat, und sie sagt zu ihrem Schlafnachbarn: »O bitte, würden Sie mir ein Glas Wasser holen?« Der gibt zurück: »Jetz tean ma, wia wenn ma a Ehepaar waarn, mögn S'?« — »O ja!« haucht sie. »Oiso. Nacha hoist da dei Wasser selber!«

Der Deierl-Hans, Metzgerssohn und Nachfolger des Vaters im Geschäft, soll endlich heiraten, denn ohne Frau kann er das Geschäft nicht übernehmen. Er wüßte auch eine, die Fanni vom Viehhändler Kagerer, und die Fanni möchte auch. Aber der Schorsch hat nur Schneid zum Schlachten, nicht zum Brautwerben. Trotzdem, an einem schönen Sonntag betritt er die Wohnung der künftigen Schwiegereltern. Sie schauen gar nicht ermutigend drein, lassen ihn einfach im Zimmer stehen mit seinem Zentnerstein von Anliegen. Er bringt es einfach nicht heraus. Schließlich stottert er: »Ha-habt's koa Sau zum Vakaffa!«

Franz Ringseis

Hennerstock-Hiasl

Bei uns hat's erst kürzli a schöni Gschicht gebn,
so was habts nia ghört, da wett i ums Lebn!
Aso als wia da Bua hats koana ogstellt,
drum is sie's a wert, daß das den Leutn dazählt.

A lustiga Bua geht zum Fensterln auf d' Nacht,
er hats mit sein Deandl in Richtigkeit bracht,
er hat sie gfragt, ob s'n net eilassn kunnt,
er möcht bei ihr schlafa, a zwoa, a drei Stund.

»Ja«, sagt des Deandl, »des Ding waar net schlecht,
wennst a Loch findn tatst, mir waars scho recht!
Bei koana Tür konnst net rei, de toan ja alle schrei,
tat uns da Baua hörn, des kunnt was wern!«

Drauf sagt des Deandl: »Wia stell mas denn o?
Schau, obst beim Fensterl da net eina konnst!«
»Ja«, sagt da Bua, »des laßt si probiern,
laßt si ja d' Eisnstanga a weng biagn!«

Da Bua, der ziagt 's Jankerl a und er probierts glei da,
er hat si griebn und bogn und übern Buckl d' Haut azogn,
's Deandl fangt 's Jammern o, daß er net eina ko:
»Schau, obst koa Loch net findst, daß d' eina kimmst!«

Da Bua, der laaft rund ums Haus, drent fallts eahm ei:
beim Hennaloch kunnts no bald des Gscheida sei!
Er ziagt glei aus den Stock und meßt glei ei sein Kopf,
des Loch is gwiß net z' kloa, des kunnts scho toa!

Er hat si niedaglegt und hat si lang ausgstreckt,
's Gwandl hat er untern Hahnabam eigsteckt,
's Loch geht nach der Scheibn, er woaß si net einaz'reibn.
wegn meina bleibt allas hint, weils aso stinkt.

Wia a da drinna is, jetzt is a wieda gstimmt!
Ham an die Henna ghört, de ham glei aufbegehrt,
da Gogl hat a glei gschroin, den soll da Teifi holn,
den konn i net daleidn in meina Steign!

Liebesbarometer. »Woaßt, Muatter, koa Wörtl hat er no net g'sagt, der Herr Meier, von an Heiratsantrag.« — »Ja mei, da muaßt Geduld hamm, dös kommt ganz drauf an, was oaner vertrag'n kann: dein Vater hat mir erst bei der neunten Maß d' Liab erklärt!«

Jetz woaß a eahm nimma z' ratn, sonst konn er neamad fragn,
d' Henna san saugrob damit, da Gogl gibt a koan Fried;
jetz woaß as eahm nimma o'dstelln, laßts enk des Ding dazähln,
jetz hat er an Vataunsa bet, des is erst nett!

Aba moan tuat a scho, es is eahm alls oto,
daß er net außa kimmt, dawei bis da Baua kimmt;
da ganz Kerl is voll Hennamist, daß a nimma zum Kenna is,
auf amal fangt Bäurin z' schrein glei o: »Gschwind steh auf, Mo!«

Da Baua steht auf von Bett und findt sei Hosn net,
Bäurin hört net auf zum schrein, jetzt laaft er in Hemat rei;
er spricht den Geist glei o, ob er'n net dalösn ko,
denn in seina Hennasteign derf er net bleibm.

»Geist, ich beschwöre dich, schlägst du mich, wehr ich mich!«
Er hat glei Weihwassa gspritzt, wia wenn er'n datränka müaßt,
da fangt da Geist zum Redn glei o: »Zum Erlösn war i scho,
alle Türn müassn offa steh und ös ins Bett geh!«

»Aha«, hat da Baua gsagt, »der hätt was anders ghabt,
und was i mi auskenn, hätt er die Dirn gern mögn!
Wia hast denn jetz des in Sinn, daß du da eina kimmst?
Moanst, i hab mei Dirn in da Hennasteign drinn?«

»Geh, Baua, geh ma weg, zweng da Dirn hats koa Eck,
hab scho oft plaudan hörn, daß ma kunnt gscheida wern,
wenn ma si untan Hahnabam lag, wo oft da Gogl kraht,
jetz hab is probiert, dawei hats mi ausgschmiert!«

»Du bist a narrisch Viech«, sagt da Baua mit lauta Gift,
»d' Henna hast selm dahoam, an Hahbam ko'st a hoamtragn,
wennst moanst, daß mei Hennamist a no weng bessa is,
nimmst da den a no mit, aba mir laßt mein Fried!«

»I brauch ja dein Hahnabam net, konnst'n scho ghaltn, dein [Dreck,
wenn i nur draußn war, geh, Baua, hilf mar!«
Da Baua nimmt an Ochsnzö: »Wart, Luada, i hilf da ge,
wennst ge net außakimmst, du Sakrame!«

Er hat kam drei Wartl gsagt, hat an scho beim Schopf ghabt,
da Bua hat vo lauta Load in d' Hosn einigsoacht.
Bäurin fangt z' schrein wieda o: »Fang grad mit den nix o,
laß ma grad den an Fried, was tuast denn damit!«

Aba da Bua is gscheida gwen, hat an Bauan a Trinkgeld gebn,
daß er nix sagt davo, was er heut nacht hat to.
Da Baua nimmts Trinkgeld o und sagt koa Wort davo,
grad mir hat er's gsagt, sonst hätt i's net dafragt.

Bange machen. »*Dös sell sog i dir, Zenzl, trau dene Stadtfrack nöt! In der andern Pfarrei hot sich a Deandl mit oan einlassen, dö hat Drilling kriagt!*«

Zwoate Liab

Und da Glampfentoni
und d' Mateisermoni
ham an almerischen Landler draaht.
Werd a s' ebba nemma?
Is da Bergwind kemma,
hat die scheene junge Liab vawaaht.

Etza kimmt da Franzl,
fragt it nach'n Kranzl,
fragt it extra nach da Jungfernschaft.
Da verschmerzt eahm d' Moni
gschwind sei'n Glampfentoni,
wia da Franzl neba seina schlaft.

Bal no oaner aushalt',
gibts allmal an Haushalt,
da waar nachar it so viel dabei.
Zwegn der altn Freindschaft
brauchts no lang koa Feindschaft,
werd leicht oane no a kreizbravs Wei.

Und de ganz de Nettn,
de wo allwei betn,
aba hoamli san s' de Schlechtern gwiß —
Nehmts vo dene koane!
Besser is scho oane,
wiar an Franz sei Moni oane is.
                              Max Dingler

A Liabsbriaf

Mariandl, Du bist ma des Liabst auf da Welt,
mit Dir, Mariandl, da is oana gstellt.
Für Di naahm i auf mi den größtn Vadruß,
für Di schwamm i durch, durch den broatastn Fluß,
koa Berg waar ma z' hoch, kraxelt auffe für Di,
für Di, Mariandl, durchs Feia gaang i,
für Di, liaba Schatz, Deine Äugal so hell,
mei Lem daat i lassn mit Freid auf da Stell.
So oane wia Du is ma nia no begehngt
und morgn, konnst mas glaam, kimm i gwiß —
                         bals net rengt.
                         Dei Hiasl

            Walter Kiefhaber

Johanni

Wia d' Rosl
übas Sonnwendfeia
gsprunga is,
hats ihr a bißl was
vasengt.

Aba sie hat se
nix dabei dengt.

Da Hartl hats
weidas aa net gacht,
wiara ihr
sei Schuidigkeit
hat gmacht.
                    Herbert Schneider

Der Laternenanzünder

Mit Leiter und mit Licht
ob Vollmond ist, ob Dunkel,
ob hellstes Sterngefunkel,
           mich ruft die Pflicht
So will's der Magistrat:
tut kaum der Tag verschwinden,
muß ich Beleuchtung zünden
jedweder Missetat.

Ich tat es manches Jahr
und ich war nie besoffen.
Da hat mich eins betroffen,
           das schrecklich war.
Seitdem betrink ich mich:
Ich kann's nicht nüchtern sehen,
wenn junge Mädchen gehen
und drehn und wenden sich.

Gott! was lag mir daran,
solang die eigenen Kinder
von dem Laternenanzünder
           nichts Schlechts getan!
Doch meine Tochter, die
die Konfektion verlassen,
streicht heute durch die Gassen
und ich ...
           beleuchte sie!
           Heinrich Lautensack

Vom Ehestand

Wann i amoi heirat, na heirat i zwoa:
oane zon Zwiefeschneidn und oane aso.

Margng is d' Houhzat scho',
heint kimmt da Kammadwagn.

A Ding, das mi recht kindisch gfreut,
is ihra Kammerwagn,
vo den wern jung und alte Leit
langmaachti Wunda sagn.

I wünsch da Glick zo dein Tag,
an Beitl voi Goid in' Sack,
und 's Himmirei zon füdaschtn.

Kränzt mir mei Haupt mit Rosmarin
Derweil i Braut und Jungfer bin.

Vor da Houhzat hoaßts: »Mei Herzerl, mei Dirnal,
mei allerliabsts Kind!«
Wann d' Houhzat vobei is, geht an anderner Wind!
                                    Wolfgang Johannes Bekh

Da Ausgleich

Die Madl, auf die i scharf waar,
dene konn i am Huat naufsteign.

Die Madl, die auf mi scharf san,
die kenna mia am Huat naufsteign.

So bin i eingle
in puncto »Partnerbeziehungen«
a recht ausgeglichna Mensch.
                                    Fritz Fenzl

Bauernleut'

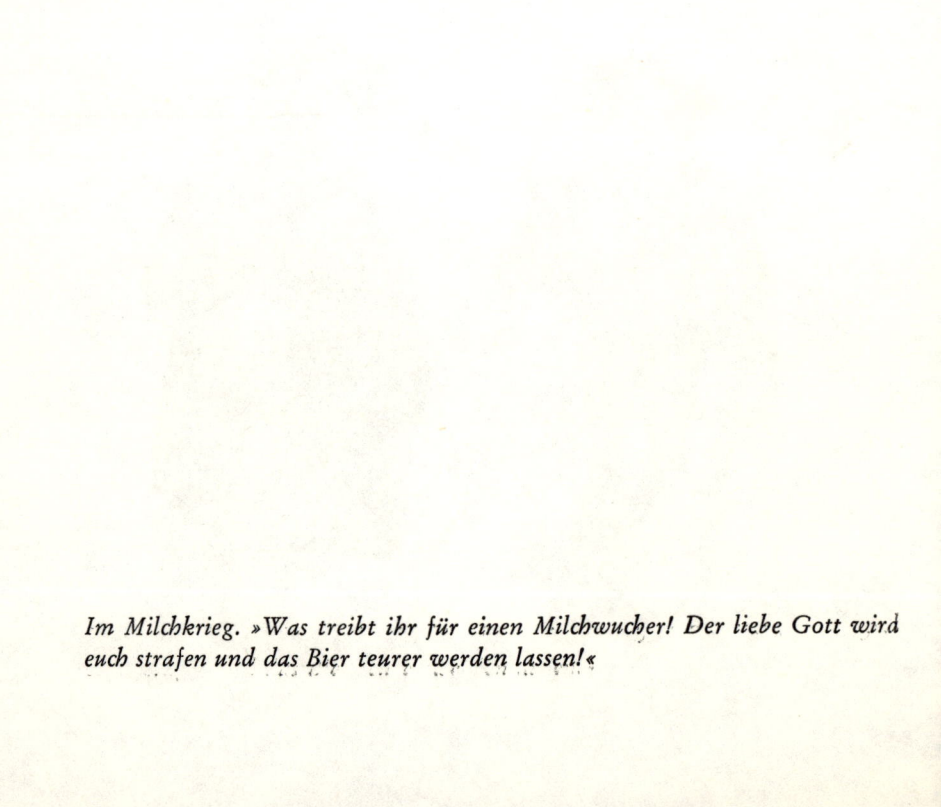

Im Milchkrieg. »*Was treibt ihr für einen Milchwucher! Der liebe Gott wird euch strafen und das Bier teurer werden lassen!*«

Lauter Sprüch

»Wenn da Bauer a Henn ißt«, hat da Doktor g'sagt, »nachher is oans krank: entweder der Bauer — oder d' Henn!«

»Jetzt hab i bloß mehr di!« hat der Häusler zu sei'm Wei' g'sagt, wia eahm d' Kuah verreckt is!

»A Gschäft is erscht a Gschäft«, hat der Viechhändler g'sagt, »wenn i a'm Bauern beibracht hab, daß dös Gschäft koa Gschäft is!«

»Jetzt schlaf i im Heu« hat der Bauer nach'm achtn Kind g'sagt. »Wennst moanst, daß dös hilft«, hat die Bäuerin g'sagt, »nacha geh i mit!«

»Mit dem möcht i nix zum tuan hab'n«, hat der Bauer von sei'm Nachbarn g'sagt, »der schlagt ja an Ochsn irger wia 's Wei'!«

»Mei Wei' is an Engl!« hat der Bauer g'sagt. »Dö mei lebt no!« hat der Viechhandler drauf g'sagt.

»Oans vo uns zwoa muaß auf'n Wag'n aufi!« hat der Bauer zu sei'm Wei' g'sagt, »i bleib herunt'.«

»Wenn von uns zwoa amol oans stirbt«, hat der Bauer zu sei'm Wei' g'sagt, »nachher ziagh i in d' Stadt!«

»Heut kommt wieder alles z'samm!« hat die Bäuerin zum Bauern g'sagt, wie er ihr a Bussl gebn hat, »der Bua macht in d' Hosn, 's Deandl verliert Geldbörsn, und du bist scho in aller Früh bsoffn!«
gesammelt von Josef Fendl

Die Fünferlkuh

»Liebe Frau vom Bogenberg, Liebe Frau vom Heiligen Berg, Liebe Frau von Handlab, alle heiligen Wetterheiligen, stehts mir bei!« ruft der Sumperer von Sumpering, den auf dem Feld ein teufliches Donnerwetter überrascht und in hellichte Ängsten versetzt.
Der Donner pumpert, wie wann die Welt untergehen möcht; alle Augenblick fahrt ein Mordsblitz umeinander am Firmament, fahrt nieder auf die Erde und schlagt ganz hart neben dem armen Sumperer ein.

Und kein Unterstand in der Näh, kein Haus und kein Schuppfen! Der Sumperer zieht seinen Rosenkranz aus dem Hosensack, will das Beten anfangen, bringt die Gsetzl völlig durcheinander, weil er schon ganz würflich ist, und macht ein Kreuz nach dem andern. Aber der Himmel hat keine Einsicht und kein Erbarmen. Und schütten tut es wie aus Zubern. Und der Sumperer soll eh nicht naß werden, wo er doch das Rheumatische hat und einen einwendigen Pecker vom Krieg her. Der wo ihm jeden Monat ganze neun Markl einträgt und ein lausiges Fuchzgerl.

In seiner Not denkt der Sumperer an ein uraltes Votivtaferl, das er einmal in der Wallfahrtskirche zu Handlab gesehen hat: Ein Bauer steht händeringend auf dem freien Feld, mitten unter einem fürchterlichen Unwetter. Über ihm schwebt in den Wolken die liebe Muttergottes. Sie breitet schützend ihren blauen Mantel über dem armen Landmann aus und erhält ihn so am Leben. Und unten im Eck stehen die dankbaren Worte: »Durch die Fürbitt der Gottesmutter bin ich aus größter Wettersgefahr errettet worden Anno 1823.«

Nun findet unser Sumperer endlich einen sicheren Ausweg aus aller Todesgefahr: Unter Blitz, Donner und Wassergüssen macht er, ohne Nachsinnen, feierlich das Gelöbnis: »Liebe Frau von Handlab, wenn du mich heut gesund und lebendig heimbringst, dann verkauf ich auf der Stell meine schönste Millikuh, und zwar gleich in drei Tagen, wann in Hengersberg der Petersmarkt ist, und den Einnahm opfere ich dir!«

Sapparadi! Das Wetter läßt schon nach auch! Der Himmel hat Einsehen, denn er hat das Versprechen des Sumperers von Sumpering mit Wohlgefallen angenommen und Blitz und Donner auf der Stell Einhalt geboten.

Der Sumperer kann sich das genau vorstellen, wie solche Sachen organisiert sind im Himmel droben: Da sagt die Liebe Frau zum Petrus: »Mach doch jetzt einmal ein End mit dem damischen Wetter! Es ist mir zwegen dem Sumperer von Sumpering, dem kreuzbraven Mann, der eh nichts Gutes hat in seinem Leben! Denn sein Weib ist ein Gnack und eine Zang, die bald ganz ausgetrocknet ist vor lauter Geiz und Knickerei, die ihrem Mann nicht einmal eine Halbe Bier und ein Zigarettl vergunnt! Mach drum ein End mit dem Wetter, damit der Sumperer glücklich ankommt zu Hause, indem daß er ein so rares Versprechen gemacht hat für meine Wallfahrt auf dem Gnadenberg zu Handlab! Gleich ein ganzes Kuhgeld will er mir spendieren! Das kommt alle tausend Jahr bloß einmal vor! Also sei vernünftig, Petrus, und zeig, daß du auch noch ein Herz im Leib hast!«

Jawohl, genauso wird die gute Himmelsmutter zum Herrn Wetter-

Ein neuer Zweig der Landwirtschaft. »Große Landwirte gibt's also nicht hier herum, aber arm sind die Leute auch nicht?« — »Na, a paar Küah hat ja do a jeder oder a paar Goaß' oder a Sau oder a Kostkind.«

macher gesprochen haben. Denn schon nimmt das Blitzen, Donnern und Schütten ein End, der Himmel klärt sich auf, die Sonne tritt hervor aus dem Gewölk. Und jetzt schickt der Himmel dem braven Sumperer einen eigenen Gnadengruß: Ein wunderschöner Regenbogen spannt sich über das weite Waldland, es ist wieder Friede zwischen Himmel und Erde!
Jetzt kann der Sumperer fröhlich heimmarschieren. Was wird seine Alte für eine Mordsfreud haben, wenn sie ihren Hansgirgl wiedersieht, den sie vielleicht schon für tot gehalten hat, den sie in ihrer Angst hat liegen sehen auf dem Acker, vom Blitz gespalten und ganz kohlschwarz im Gesicht! Und wann er dann heil und frisch in die Stube tritt, wird sie ihn auch nicht gleich auffressen, wann er es ihr eingesteht, wie teuer er sein Leben vom Himmel erkauft hat.
Wie er dann heimkommt, hat die Senz das Hirntüchl um! Auweh! Das Hirntüchl, das jedesmal Sturm und höchste Grantigkeit anzeigt! Das Hirntüchl, aus dem der gspitzte Kopf so zaundürr herausschaut, ebenso wie das gspitzte Kinn und die endslange Nase.
Das Geständnis ist gemacht, der Sturm bricht los!
»Grasaff, damischer! Überleg dirs zuerst, wannst was versprichst! Zu-

erst kommt das Hirn und nachher erst das Mäu! Einfach die schönste Milchkuh so mir und dir nichts herschenken! Als wann jeder Blitz einschlagen müßt! Jetzt ist die beste Kuh hin, die wo ein Auter hat wie ein Trankschaffel, die wo jeden Tag ihre neunzehn Maß Milli gibt und lauter Rahm, die jedes Jahr ihr Prachtkaibel hat und noch nie galt gangen ist! Die Kuh, die sich so schön brauchen laßt beim Einspannen! Und diese Kuh soll hergeschenkt werden, wo eh das Geld so rar ist und wo man nichts mehr hat wie lauter Elend und Kümmernis! Nein, derschlagen soll man ein so dummes Mannerluder! Als wann es nicht eine Kerze auch getan hätt! Scheiden laß ich mich von dir, denn mit einem solchen Verschwender und Sachaußiwerfer mag i keine Stund mehr länger beieinander sein!«
Und wie diese lange Red ist, zerschmeißt die Sumperin in ihrem Zorn ein paar Millihaferl; sie reißt aus dem Wandkastl das Zigarettenschachterl heraus, aus dem sie ihrem Mann jeden Sonntag ein Zigarettl vergunnt, und sie wirft es ins Feuer. Kocht hat sie nichts an diesem Tag, gepurrt und gewerkt hat sie wie ein alter Uhu, und in der Nacht hat sie in der oberen Stube in einem gefeierten Bett geschlafen. So ist das zweite Wetter viel gefährlicher gewesen als das erste.
Der arme Sumperer hat die ganze Nacht kein Auge zugetan, hat unaufhörlich gezittert wie espenes Laub und hat alle Heiligen des Himmels angerufen und die Liebe Frau, daß sie alles wieder möchten recht machen.
Am Morgen drauf kommt die alte Mesner-Ottili ins Haus, die den »Liebfrauenboten« austragt und sich bestens auskennt in heiligen Dingen. Die Ottili wird um Rat gefragt wegen des hochheiligen Versprechens. Ob man sich nicht etwa herumdrücken könnte um dieses Gelöbnis, das der Sumperer ja ganz unüberlegt gemacht habe, und ob man die Liebe Frau nicht abfinden könnte mit einer dreipfündigen Kerze? Da wird die Mesner-Ottili ganz ernst, sie bekreuzt sich und sagt: »Helf uns Gott, wenn jemand so sündhaft daherredt! Da kannst nimmer zruck, Sumperer! Wannst das nicht tust, was du versprochen hast, dann holt dich pfeilgrad der Teufel! — Da ist einmal einer gewesen in Hinterpolling. Der hat der Lieben Frau fünf Gulden verheißen, und weil ihn hintennach das schöne Geld gereut hat, hat er bloß drei Kreuzer in den Opferstock gelegt! Der schlechte Mensch, der! Aber da ist ihm der leibhafte Teufel unterkommen um Mitternacht und hat ihm mit feurigen Fingern das Gesicht zerkratzt! Und was dann derselbige Mann für einen Tod genommen hat, das ist gar nicht zum sagen! Drum nein, nein und dreimal nein! Lieber sein Gelöbnis halten, als dem Teufel in die Krallen geraten!«

Da meint die Sumperin: »Aber die Liebe Frau kann doch nicht verlangen, daß wir akkurat die allerschönste Kuh herschenken! Der Sumperer hat ja das Wetter nicht angefangen! Und er ist so aufgeregt gewesen halt, wo er doch vom Krieg her einen Pecker hat. Und kein Bauer ist er ja auch nicht, wir haben bloß ein mittleres Sach! Und dann glaub ich fest, daß unsere Liebe Frau kein Wörtl gehört hat von meinem Mann sein Versprechen, indem es so furchtbar gedonnert hat!«
Die Ottili bekreuzt sich wieder: »Sei staad, Sumperin, da redst ja daher wie der Mann ohne Kopf! Die Liebe Frau laßt sich nicht foppen! Am End könnt der Papst dispensieren. Aber das geht auch nicht, weil der Petersmarkt in Hengersberg schon übermorgen ist, und bis so ein Schreiben nach Rom hineinkommt und wo der Papst so viel Arbeit hat immer — nein, seids gscheit und verkaufts die Kuh und seids dankbar, daß der Sumperer nicht auf dem Paradebett liegt heut!« —
Am Samstag in der Früh treibt die Sumperin ihre Prachtkuh auf den Petersmarkt nach Hengersberg. Der Mann hat Hausarrest. Der Simandl könnte wieder alles verderben. Wo sie sich so angestrengt hat mit lauter Nachdenken, wie diese schöne Millikuh zu retten und zugleich die Liebe Frau zufriedenzustellen ist! Diese verwickelte Geschichte kann nur *sie* allein in Ordnung bringen. Die Hosen hat schon immer sie angehabt, und heut erst recht.
Aber wie sieht die Kuh aus! Alle Leut bleiben stehen und schauen sich das seltsame Viech an. Zwischen den Hörnern der Kuh ist ein mordsgroßer Gockel festgebunden, mit einem starken Kaibistrickl, daß er sich nimmer rühren und graupen kann.
Versteht sich, daß die Kuh auf dem Markt mehr Aufmerksamkeit findet als aller übriger Viehstand zusammen. Und gleich kommt ein Handler aus Plattling und fragt, wieviel Milli diese Kuh gebe, wieviel Kaibi sie schon gehabt habe, was sie koste und was denn eigentlich der arme Gockel da zwischen den Hörnern zu bedeuten habe.
Die Sumperin preist nun ihre Kuh in höchsten Lobsprüchen: »Auf Ehr und Seligkeit, diese Kuh gibt jeden Tag ihre 22 Liter Milli! Und was für eine Milli! Lauter Rahm! Und jedes Jahr hat sie ihr Kaibi. Jedes Kaibi so groß wie eine Kalbin, so schön und gesund schon, gar nicht zu sagen, und so gut beim Appetit. Lauter Preiskaibi und jedes prämiert. Jawohl, auf Ehr und Seligkeit! Und auf der Stell darf ich maustot umfallen, wann nur ein Wörtl nicht wahr ist!«
»Ja, ganz recht, Bäuerin! Aber was bedeutet denn der Gockl?«
»Der Gockl ist mit der Kuh immer recht speziell gewesen. Und wann die zwei Viecher auseinandergerissen werden, dann gehen sie drauf vor lauter Zeitlang. Deswegen geb ich bloß die zwei Stückl zusammen her!

Kosten tut der Gockl 350 Markl und die Kuh bloß ein Fünferl! Warum, das ist meine Sach!«

Und der Handler hat die Kuh und den Gockl gekauft und hat der Sumperin noch eine Maß Bier und ein Lüngerl zahlen müssen beim »Streiblbräu«. Denn das ist so ausgemacht gewesen. Nachher ist sie mit einem Bierauto heimzu gefahren. Am Sonntag drauf sind der Sumperer und sein Weib wallfahren gegangen nach Handlab und haben das Kuhgeld, das Fünferl nämlich, feierlich in den Opferstock gelegt.
Max Peinkofer

A Gmüatsmensch

Z' Passau im Bierzelt drin
hod da Sepp grauft.
Hamd eahm 's Kinnboa vaschobn,
da hod a gschnauft!

Is drauf nach Minga gfahrn
in d' Orthopädie,
's Wei, dös war aa dabei,
is mit eahm hi.

Dö geht, weils müassn hod
schnej moi aufs Klo.
Kimmt boid da Schaffna rei,
redt an Sepp o:

»War dös dö Deinige
glei neba dir?
Dö is fei aussögfalln
bei da falsch' Tür.«

Mauschlt da Sepp eahm z'ruck:
»Gscheert bist du scho,
sagst ma's grad iatzt,
wo i lacha net ko!«
Max Huber

Nach dem Zolltarif. »*Jessas, Nazi, is dös Fleisch zach!*« — »*Sei stad! Dös is a einheimischer Ochs! Dös is a guat's Zeichen für d' Hebung der Landwirtschaft, wenn mir Bauern no Ochs'n verkauf'n, dö mir selba nimma beißen könna!*«

Der Viehhändler

Ohne Viehhändler kann es eigentlich zu gar keiner dramatischen Handlung kommen in einer zivilen bayerischen Komödie. Er ist ja der Motor eines ländlichen Unternehmens. Und ein Handel und Wandel muß sein auf der Welt. Rümpfe ja keiner die Nase über die angebliche Schlechtigkeit eines hiesigen Schweine- oder Nutz-und-Schlachtvieh-Agenten, es gibt bei weitem größere Händler in Wirtschaft und Politik und auch bedeutendere Schlitzohren. Trotzdem ist und bleibt das Urbild der bayerischen Schlitzohrigkeit der Viehhändler. Er ist der Typ des überlauten Ehrenmannes. Dabei sind die Bayern keine großen, begabten Händler, wie schon der Historiker Aventin bemerkt hat. Sie sind allenfalls Viehhändler. Aber auch dieser Viehhändler muß an zwei Fronten gleichzeitig kämpfen: Auf den Bauernhöfen mit den schlitzohrigen Bauern und auf dem Schlachtviehmarkt mit den raffinierten Metzgern und Großviehagenten.
Um diesen Kampf bestehen zu können, braucht es übermenschliche Kräfte und eine große Portion an Originalität. Der Brunner-Sepperl, der Paulus-Dominik, der Peternbartl und der Godl-Pauli, der Sauhandlerxaverl und der Held-Korbinian, der Schweinhuaber-Pepe und der Garantiebeni: ein jeder von ihnen — und noch hundert andere — ist eine exemplarische Figur. Früher kamen sie mit dem Gäuwagerl und einer dünnen Gerte in den Hof gefahren, begrüßten in der Kuchel mit großer Freundlichkeit die Bäuerin, nachdem sie vor-

her in der Fletz schon der Stalldirn einen aufmunternden Blick zugeworfen haben, und konnten dann endlich dem Bauern die Honneurs machen.

»Westermoar, du bist der allerhöchste in der ganzen Pfarrei! Dein Bauernhof steht da herobn wie ein Grafenschloß! Und grad blitzen tut er! Kein Fenster hat an Sprung, nicht einmal 's Menscherkammerfenster. Und da darf einer genau schaun, bis er ein schlechtes Zaunlattl findet bei dein'm Saugarten. Ein Hof wie aus dem Bauernkalender! Naa, gscheit und ohne Sprüch! Und drum möcht i von dir ein Stück Vieh kaufen, ein einzigs grad, wenn i's derzahln kann. Dös wär mein Wunsch. Und wenn mir der heut in Erfüllung gang, dann tät ich dich um deine brave, liebe Bäurin nimmer so stark beneiden, Westermoar!«

»Jawohl, Bauer, auf Ehr und Seligkeit — i möcht dir an Ochsen abkaufen, dein alten feisten Handochs! I zahl guat a quere Hand übern Preis und an Taler Stallgeld no extrig für die fleißige Schweizerin!«

Und weil der Bauer allerweil noch in seiner Zeitung liest und überhaupt nicht zuhört, patscht der Korbinian mit der flachen Hand auf den Tisch und schreit: »An Höchstpreis zahl' i, und wenns dir zu wenig ist, zahl' i's Doppelte von dem, was der Ochs wert ist!«

Die Sprachgewalt der bayerischen Viehhändler war barock und aufwendig. Was haben sie alles reden und deuten, feilschen und loben, heruntersetzen und schwören müssen! Wie oft haben sie eine Garantie gegeben! Wie oft haben sie die Handelschaft jäh unterbrochen und sind zur Tür hinaus, sind gar aufs Gäuwagerl aufgestiegen, haben sich über die geforderten Viehpreise entsetzt gezeigt und sind dennoch wieder abgestiegen. Ihre Handlungen waren so aufwendig, daß sie zum Gewinn in einem unrentablen Verhältnis standen. Und dennoch haben sie ein gemütliches Leben geführt, die Herren Viehhändler: ein wenig feucht und ein wenig fröhlich, ein wenig laut und ein wenig kaufmännisch. Und wenn einer ein Leben lang sein Handelskapital erhalten konnte, dann war er oft schon zufrieden.

Der Wurzer-Sigi hat mit viertausend Mark angefangen und hat jede Woche zwei Stück Großvieh in den Schlachthof geschickt. Nach zwei Jahren hat er die Handelskarte wieder zurückgeben müssen, weil er nicht einmal mehr eine einzige Sau hätte auszahlen können. Spesen hat er eben auch gehabt. Ein Viehhändler muß die halbete Zeit in den Wirtshäusern herumsitzen, muß jeden Tag seine sechs Glas Bier trinken; und eine Brotzeit braucht der Mensch auch. Die Fahrkarte nach München hin und zurück kostet sechs Mark, die Weißwürst in der Kantine nicht gerechnet. So etwas greift das höchste Handelskapital an. Händler ist freilich nicht gleich Händler. Die meisten Viehaufkäufer

machen aus ihrem Handelskapital jedes Jahr mehr, und wenn es nur ein paar Mark sind. — Einer wie der Korbinian Held von Geisbach hat sich gleich gar ein zweites Haus bauen können. Aber das auch nur, weil er mit jedem Vieh gehandelt hat, mit Ferkeln, Säuen und Kühen, und manchmal auch noch mit Hochzeitern und Hochzeiterinnen.
Vielleicht verdankt er sein zweites Häusel dieser Eheagentur? — »Niemals! Mit der Schmuserei geht überhaupt nix mehr, indem die heutigen Dirndln keine Bäuerinnen nimmer werdn mögn«, sagt der Korbinian. »Und warum nimmer? Weil unser Herr Landrat den Infrastruktur z' hoch hinaufgeschraubt hat! Obi mit'm Infrastruktur, na kriagn ma wieder Hochzeiterinnen gnug!«
Ja, der Viehhändlerberuf ist mühsam, denn — so weiß ein alter Spruch — wer einen Bauern ausschmieren will, kommt selber auf die Gant. Da konnte man gar nicht scharf genug aufpassen. Oder wie der Held-Korbinian es ausgedrückt hat: »Grad schaun und über Ecks denka. Sonst werd 's Kapital täglich wenga.«
Vor seinen Ökonomen zitierte er allerdings andere Sprichworte. »Hofbauer«, beteuerte er da, »schmatz ma über dein Ochs, i will dran nix verdienen. Mir geht's nur um die Unterhaltung, weil mein Spruch hoaßt: ›Liaber koa Geld wia für an Unterhaltung koa Zeit.‹«

Georg Lohmeier

Das Lied vom Metzger und der Bäurin

Der Bauer hat a Kaibl zogn —
redts mir net so dumm —
i wollt, es wär ja alls derlogn —
redts mir net so dumm.
Dees Kaibl lass ma sauffa,
bis daß a fremder Metzger kimmt,
der muaß dees Kaibl kauffa —
redts mir net so dumm!

Der Metzger zu der Tür reingeht,
die Bäurin hinterm Ofen steht —
dee Bäurin, dee tuat lacha —
der Metzger denkt in seinem Sinn:
der Handl werd si macha!

Schlimme Erfahrung. »Haben Sie auch Badegelegenheit?« — »Na, dös tua i nimmer! Es war'n amal Sommerfrischler bei mir, und da hab'n die Damen in der Kuahschwemm 'badt; derweil is mir 's ganze Viech krank wor'n von dene Farben, wo sich die ihre G'sichter ang'malt hab'n.«

    Der Metzger 's Geldgurt wegga schnallt.
    Sie genga naus in Kaiblstall,
    das Kaiblein zu beschauen —
    den ersten Griff der Metzger macht,
    den macht er bei der Frauen.

    Der Bauer hinter der Tür hint stand,
    wo er sogleich den Griff wahrnahm,
    der Baur greift nach der Stanga,
    der Metzger springt zum Fenster naus,
    d' Hosn und 's Geld bleibt hanga.

    Der Metzger denkt in seinem Sinn:
    dee hundert Taler, dee san hin,
    hätt i mei Geldl wieder!
    Ja, nach der Hosn fraget i nix,
    a solchene kauf i mir wieder!

    Der Bauer denkt in seinem Sinn:
    dee hundert Taler, dee san viel,
    ei Metzger, komm bald wieder!
    Zu meiner Bäurin in Kaiblstall,
    und mach den Handl wieder!
                       Georg Queri

Häusla-Liad

O meine liabn Herrn, i will enk was erklärn,
grad wengan Bauanstand, was für an Charakta hamd,
wias mit an Häusla steht, wann a zu an Bauan geht,
den bringas gwiß ums Geld auf dera Welt.

De Bauan san jetzt oamal z' gscheid
und des macht grad da Neid,
sie lassn koan heiratn, ja wei sa si scheuhatn,
es müaßtn de Gmoa habn, sollt mas net niedaschlagn?
Als wann er net z' Fressn hätt auf dera Welt!

A Häusla bringt si oft leichta fuet,
beim Bauan gehts a oft zruck,
wei i scho mehra kenn, wo's grad auf da Seitn hängt,
früher hams a diam gredt, koan Häusla mögn ma net,
jetzt ham sie 's selba gneist, daß da Wind bald voreißt.

Drum will i enk was sagn, derfts mas net für uebi habn:
Bauan han scho viel vadarbn, müassn an Quartier rumfahrn,
mehra als Häuslleut, wei koan a Arbat freut,
doch möchtns aufbegehrn, de Schafköpf, de gschertn!

Aba seids so narrisch net und laßts an Häusla in Fried,
denn es is gwiß koan z' guat, wann oan so durschtn tuat;
muaß Wei und Kind dahaltn und seine Schuldn zahln,
und sollst net bettln geh — Saparamä!

Wann a Häusla an Bau ofangt, da helfns allsammt zamm,
sagn, i untaschreib mi net, wenns nacha wia da will a geht,
der kimmt ins gwiß net her, setzn die Hüat nach da Zwer,
und hand saudumm dabei, des sag i glei.

Grad bei uns umadum, da hands wohl recht saudumm,
mechtn gern gscheida sei, bilds enk do des net ei!
Es laßts koan Häusla baun und müaßts eahm hintneischaugn,
denn er baut ohne Plan, des glabts es kam.

De Bauan hant jetzt oamal z' gscheid, vorus bei dera Zeit,
sie ham Büffiköpf und fressn wia die Böck,

grad auf ran Häuslmann, da helfns allsammt zamm,
und kinnan derscht koan schadn, des will i enk sagn.

De Bauan hant jetzt scho so schlau, es kimmt allwei wieda auf,
sie wolln an Bau eistelln und teans scho zerscht vozähln,
grad zwengan halbn Tag, da fragn ma nix danach,
an Maura liegt a nix dro, der hat scho öfta nix to.

De Bauan hattns jetzt so im Sinn, wanns nur als in eah Gurgl rinnt,
nacha warn sie scho gsund, koan Häusla is nix vogunnt,
als allwei Elend gnua und a bös Wei dazua,
de 's Gramsn net aufhört und aufbegehrt.

Drum will enk i ermahn, habts denn gar koan Vostand,
denkts do auf d' Ewigkeit, net grad auf d' Häuslleut,
Häusla müaßts soviel kriagn, z' Baun kinnts gar koan vowihrn,
baun enk für d' Nasn hi, des sag enk i.

Drum is an jedn vogunnt, is a krank oda gsund,
warum reißts d' Mäula auf, i scheiß enk an jedn drauf,
i mach enk Schuldn gnua, z'letzt kimm i a dazua,
na kinnts enk a brav prahln, kinnts enk gnua zahln.

Wanns enk amal nix mehr nutzt, schauts auf, daß es net rutschts
eini in d' Häusla-Schuah, sonst lacht eahm da Arme gnua,
des is scho öftas gschehgn, jetzt ko mas a no sehgn,
daß Bauan Häusla wern, wei z'viel voderbn.

Die Ehen des Herrn Lorenz Wachinger

Natürlich sagte im ganzen Dorf kein Mensch »Herr Wachinger« zu ihm, er hieß einfach der Wachinger-Lenz. Aber im Gemeindezimmer lag ein Buch mit der Aufschrift »Standesamtliche Eintragungen«, und darin konnte man schwarz auf weiß lesen, daß Herr Lorenz Wachinger vor dem Bürgermeister und zwei Zeugen mit der Störnäherin Annamaria Schretzenstaller die Ehe geschlossen hatte.
Das war nun allerdings schon lange her, ein Vierteljahrhundert fast, und die jungen Leute im Dorf wußten gar nichts von diesem Schwarz-auf-Weiß im Standesamt; für sie war der Wachinger-Lenz der ewige

Unmöglich. »*Wia kinna denn mir Bauern mit'n Viechpreis abigehn, bal für a oanzigs Mal Übernachten in der Stadt scho a ganz's Kaibl draufgeht!*«

Hochzeiter, der am Sonntag wie ein lediger Bursch seine überständige Annamirl von der Kirche heimbegleitete bis an ihre Haustür, der in der Fasenacht und beim Kirtatanz wiederum seine Annamirl bevorzugte, und der die ganze Woche über bei seiner alten Mutter hauste, die ein kleines windschelches Häusl am Dorfrand besaß, auch zwei Geißen, zwölf Hühner und einen Gockel.

Der Lenz arbeitete als Handlanger beim Baumeister Thaller, der ihn besser bezahlte als die anderen Hilfsarbeiter, weil der Lenz in seinen Bärentatzen Kräfte entwickelte, mit denen er hätte den Teufel in der Luft zerreißen können. Diese klingende Zubuße und noch einen schönen Batzen vom andern dazu mußte der gewissenhafte Baumeister Thaller aber eines Tages auf höheren Befehl dem erstaunten Lenz von Woche zu Woche auf viele Jahre vorenthalten und an das Vormundschaftsgericht einsenden, weil man dort mit boshafter Betonung sagte, daß dem Herrn Lorenz Wachinger von Ehe- und Vaterpflichten nicht einmal ein blauer Dunst vor Augen schwebe.

Hingegen behauptete der Lenz bockbeinig, er sei kein Ehemann, denn er habe in der Kirche nicht ja gesagt — und das stimmte. Als er nämlich mit seiner jungen Annamirl vor dem ledergepolsterten Trauschemel in der dämmrigen Dorfkirche stand, kam der Mesner aus der Sakri-

stei gestürzt und flüsterte den beiden ganz aufgeregt etwas zu. Die überraschten Kirchgänger sahen, daß der Lenz mit Nachdruck seinen eckigen Büffelschädel schüttelte, die Braut unschlüssig auf den Zehen trippelte, dann aber an die linke Seite des Hochzeiters sich stellte, wie es sich von Anfang an gehört hätte. Weil der Lenz nun wie ein Baum auf seinem Platz festgewachsen zu sein schien, blieb dem Mesner nichts anderes übrig, als auch den Kopf zu schütteln und den alten Trauschemel um ein Stückchen nach links zu rücken, sonst hätte sich die folgsame Annamirl ja auf den kalten Pflasterboden knien müssen.
Inzwischen war auch der Herr Pfarrer in seinem heiligen Gewand gekommen und fragte den Hochzeiter, ob er die hier stehende Annamaria Schretzenstaller zum Weibe haben wolle.
»Na, sag i, jetzt mag i nimmer!« antwortete der Lenz kurz und sehr rauh, stand auf, ging bolzengerade zur Kirche hinaus und zum »Zwicklbräu« hinein, wo er das Hochzeitsmahl für drei Personen bestellt hatte: für sich, die Annamirl und seine Mutter.
Die Annamirl kam nach, in Tränen schwimmend, die Mutter, der Herr Pfarrer, der Bürgermeister und die Neugierigen, ein ganzer Schwanz.
»Aber Lenz«, meinte der Herr Pfarrer mit väterlicher Sorge, »du kannst doch nicht ohne kirchlichen Segen deine Ehe führen wollen?«
»Wer sagt denn das?« fuhr der Lenz auf. »I bin net verheirat, i hab net ja gsagt.«
»Aber bei mir bist eingetragen, und unterschrieben hast auch«, drang der Bürgermeister grob auf den Widersetzlichen ein. »Im Ehebuch muß Ordnung sein.«
»Nachher radierst es aus!« schrie der Lenz zornig und schlug mit seiner Tatze auf den Tisch, daß die Teller schepperten.
»Freilich, ausradieren! Du hast eine Ahnung von den Gesetzern. Meinst du, i laß mich einsperren für dich?«
»Nachher wartest, bis es einmal brennt im Gemeindezimmer. Das Feuer radiert den Schmarrn schon aus.«
»Leutln, habts es gehört?« triumphierte der Bürgermeister. »Wenn es im Gemeindezimmer einmal brennt, nachher is der Lenz der Brandstifter gewesen.«
»Red keinen Papp net!«
»Ich red keinen Papp nicht, ich bin jetzt im Amt.«
»Was bist?« brauste der Lenz wie ein Truthahn auf. »Nix bist! A Laus bist, eine geschwollene!«
Der Herr Pfarrer beschwichtigte die erhitzten Streithähne und sagte, man müsse den Lenz jetzt stehenlassen, der sei ein Dickschädel, das wisse er noch von dessen Schulzeit her, jetzt sei er schon pelzig. Es war

Oktoberfest. »Wollen Se nich erst mal zahlen, Herr Ökonom? Se denken wohl, Se können bei mir ooch wildern?«

auch so: Der Lenz war nur noch ein großer gefaulter Stockzahn.
Seine Mutter klagte: »Ha, Bua, warum bist denn gar so bolisch?«
»Weil i's jetzt ganz gwiß woaß, daß d' Weibsbilder bloß lange Haar ham aufm Kopf, aber nix drin.«
»Was redst denn da wieder daher?«
»Weil mir d' Annamirl in die Hand hinein versprochen hat, daß sie rechts stehn bleibt in der Kircha.«
»Das gehört sich halt so, daß die Hochzeiterin links steht, das is in der ganzen Welt so.«
»Na, bei mir net, i muß alles anderst ham wia ...«
»Jajaja, Bua, hör nur grad auf! I weiß es schon, i kenn deine alte Lamatation schon: der Uhrzeiger soll links rumgehn, die Kaffeemühl soll sich links drahn, schreiben soll man von rechts nach links, der Schmied soll einen linken Amboß ham ...«
»Kann i was dafür, daß i dengg (linkshändig) bin?«
»Bua, na, für dös kannst du nix, das is halt einmal so, aber dreinfügn mußt dich halt.«
»Na, dös tu i nia! Soll ein Dengger gar kein Recht net ham? Solln mir uns allweil mit die Füß tretn lassen? Und deswegn hab i aa koa Schmied net werdn könna, und i wär' halt soviel gern ein Schmied gewesen und kein Handlanger net, so ein dreckiger Mörtlrührer.«
»Bua, jetzt is es schon, wie es is, und du kannst wegen dein Schädl, wegen dein bolischen, das Madl net ins Unglück bringen.«
»Dös tu i ja net, und dös will i aa net. Aber warten muaß d' Annamirl, bis i mag.«

»Überleg dirs aber net zu lang, Bua! Du brauchst einmal ein Weiberts, das wo dir alles tut, i hab auch net das ewige Lebn auf dieser Welt!«

Indes schien es beinahe, als habe die alte Wachingerin das ewige Leben auf Erden. Fünfundzwanzig Jahre mußte die geduldige Annamirl warten, und keinen Tag weniger. Sie hatte es nicht leicht in dieser Zeit, das Runde und Mollige an ihr war inzwischen hart und eckig geworden, und ihr Gehör hatte einen ziemlichen Schaden genommen, als sie beim Hauserbauern vom Heuboden auf die Tenne gefallen war.

Doch der Lenz war auch kein strahlender Erzengel mehr; selbst der Balg auf seinem Büffelschädel hatte ordentlich Haare gelassen. Das merkte man, als er jetzt zum zweitenmal neben seiner Annamirl vor dem Trauschemel stand, so daß die alte Weberin ihre Nachbarin im Kirchenstuhl mit dem Ellenbogen leicht anrempelte und wisperte: »Dem Lenz seine Haar hat jetzt d' Annamirl auf die Zähn, auf die falschen.« Die Weberin war jedoch im ganzen Dorf bekannt, daß sie die Wahrheiten gern überspitzte.

Die Annamirl spürte diese kleinen Unfreundlichkeiten hinter ihrem Rücken nicht, sie schwamm im Glück. Sie sah noch den zweiten Trauschemel an ihrer linken Seite, vor dem ein junges Paar stand, der Mann auch ein Lorenz Wachinger, der keine verwechselten Bärentatzen hatte und ein Schmied geworden war. Dann ging alles drunter und drüber vor ihren feuchten Augen. Sie sah nur noch die schwebenden Engel auf dem Altar und die Sonne, die durch die bunten Glasfenster strahlte, überall war Glanz und Licht und Glück und Himmel.

Sie erwachte erst aus ihrer Verzückung, als sie die heftige Stimme ihres alten Lorenz im dumpfen Ohr vernahm: »Ob du mich zum Mann ham willst, hat der Herr Pfarrer schon zweimal gefragt?«

»Ja freilich«, antwortete die Annamirl ganz irdisch laut, »zu was sind wir denn sunst da?«

Und damit begann die zweite Ehe des Herrn Lorenz Wachinger — des alten.

Josef Ilmberger

Jäger, Wilderer und Soldaten

Nach der Musterung. »*Aha, Bua, hob'm s' di gnumma, dös is recht, dös is a Ehr, an König sein Rock trag'n, dös freut mi, daß i an söllan Sun hob, heut zahl' i dir a Maß!*« — »*Na, Vater, i bin untaugli!*« — »*Wos, untaugli! So a Schand! Marsch auf'm Bahnhof, daß mer hoam kemma. Heut' leg' i an Banz'n Bier auf, und a Sau stich i a ob!*«

Anstand

Der alte Herr von Baderer
Der hat an argen Daderer,
Das heißt, er zittert allweil sehr,
No ja, 's is halt an alter Herr. —
Doch d' Jagd und Madeln hat er gern —
Ja, 's gibt scho dieweil solche Herrn. —
Nur wenn er dann am Anstand geht,
Hat er koa Glück, er trifft halt net —
Und d' Madeln sagn: »Bleib staderer,
Du alter Herr von Baderer,
Mir mögn koan mit an Daderer!«
                    Konrad Dreher

Ein salomonisches Urteil

In der guten alten Zeit, wie der Herr Prinzregent im Rupertiwinkel noch auf die Jagd gegangen ist, soll sich einmal ein weidwundes Haserl in den Kurpark von Reichenhall verirrt haben und sei der Hofrätin Vierzehnrübel, die dort mit ihrem Gemahl auf einer Bank saß, direkt unter die Röcke geschlupft.
Na, die ängstliche Hofrätin hat nicht schlecht geschrien, aber ihr angetrauter Beschützer war gleich mit dem Spazierstock bei der Hand, hakelte den langohrigen Frechdachs unter den Röcken seiner Frau hervor, packte dann Meister Lampe bei den Löffeln und exekutierte ihn an Ort und Stelle mit dem Spazierstock. Natürlich wurde das Haserl einen Tag später, von der Köchin Kathi delikat zubereitet, als Wildbret verspeist.
Doch leider hatte die Geschichte ein Nachspiel. Ein Parkaufseher des Kurparks ward nämlich heimlicher Zeuge der öffentlichen Hinrichtung, und so sah sich der Hofrat Vierzehnrübel eines Tages wegen Wildfrevels vor die Schranken des Gerichts zitiert.
Zum Glück hörte der Prinzregent von dieser aktenkundigen Wilddieberei seines Hofrats und hob den Strafbefehl durch ein salomonisches Urteil mit folgendem Aktenvermerk auf: »Das Jagdrecht unter den Röcken der Hofrätin Vierzehnrübel hat nur ihr Gemahl — und damit basta!«
                                                  Oskar Weber

Der Gänswürger und der Gumpp

Es warn amoi zwoa Raubasgselln,
drunt in da Holledau,
da wo's net leicht an Hopfa feit
und an de fettn Sau.
Da oane von de Raubasgselln,
dös war da böse Gumpp,
Gänswürger hoaßt da zwoat Rebell
und war da gleiche Lump.

Vor dene Teifes-Raubasgselln,
da hat de Fuhrleit graust,
hat oana glaabt, eahm teans nix wölln —
an Hoiz daußt hams glaust!
Da Gumpp, dös war da Obergsell,
da kannst de Oitn fragn,
der hat — tröst Good sei arme Seel! —
an Gänswürga daschlagn.

Da Gumpp, so ham dö Leut vozöit,
war net oiwei a Lump:
A Dirn hat z' moi an Weg voföit
und fürcht si vor dem Gumpp;
der führt des Deandl durchn Woid
und spuit an bravn Mo:
»Daß i, da Gumpp, a Lump sei soid,
hast kam was gspürt davo!«

An End hat do dem Raubasgselln
sei letztes Stündal gschlagn,
wer grad von Mord lebt, Raubm und Stehln,
dem gehts gar boid an Kragn.
Dös is scho gwen vor langer Zeit
in unsra Holledau,
doch war a damois scho wia heut
da Himmi grad so blau!

Überführt

Daß der Simader-Franzl ein Wilddieb ist, weiß jedes Kind. Auch die Erwachsenen wissen's. Manchmal sagt es ihm auch einer. Dann lacht er, daß die Zähne blitzen:
»Was heißt wissen — aufs Beweisen kommt es an beim G'richt.«
»Aber Franzl, ich bin doch kein Richter.«
Er kneift ein Auge zu: »Kann ma net wissen. Und bist du selber keiner, kann's dein Sohn sein.«
»Mein Sohn ist sieben Jahre alt, Franzl.«
»Aber werden kann er einer, oder kannst du mir ein Richter zeigen, der net sieben Jahr war — amal?«
Nun ist's ihm aber doch bewiesen worden. Der Beweis hieß Hinterlechner. Einer von den alten Jägern war es, welche ihn schon an die zwanzig Jahr »auf der Latten« hatten. In zwanzig Jahren häuft sich kein geringer Groll an, wenn man immer wieder hinterfotzig von dem Franzl gefragt wird:
»Hab'n s' euch wieder so ein schönes Stückel Wild derschossen, Jager, gell — habt's kein Verdacht?«
Immer wieder hat der Jäger knirschend entgegnet: »Erwischen wenn i di amal tu ...«
»Ja, ja, erwischen — aber du, paß auf, es könnt auch um'kehrt sein, daß i di derwisch«, lachte der Franzl.
Aber es war nicht zum Lachen. Auf beiden Seiten nicht. Denn in beiden Augenpaaren glühte Haß. Auf des Jägers Seite jener grauenhafte Haß, der zwanzig Jahre lang vergeblich nach dem Wilddieb fahndet. Auf des Franzls Seite jener noch viel grauenhaftere Haß, der sich seit längerer Zeit gegen die Jäger gesammelt hat. Denn vierhundert Jahre etwa wird es hersein, daß den letzten Bauern ihre Jagd genommen wurde, die tausend Jahre ihnen gehörte.
Daß ich's also rasch erzähle: Unter einem Hochstand weidete der Simader den gewilderten Rehbock aus, als das Gewehr neben ihm mit einem Knall in Fetzen flog. Herab vom Hochstand, den rauchenden Zwilling im Anschlag, stieg der alte Jäger, der dort droben, zugedeckt mit Tannenzweigen, nicht umsonst gelauert hatte.
Der Zwanzigjahrhaß, der Vierhundertjahrhaß sahen sich in die Augen. Des Franzls Riesenarme schwangen — plötzlich fielen sie wie schlaff herunter.
»Aus!« der Jäger.
»Aus!« nickte Franzls Kopf ergeben.
Während der Jäger nach einem Strick schielte, schoß der Wilddieb aus

Moderne Wilderer. »*Halt guat hin, Seppei, wenn mir den Bock kriag'n, schick'n mer an Förschter a Ansichtskarten nach Münka aufs Schützenfest!*«

der Kniebeuge mit einem fürchterlichen Anprall heran und schmiß den Jäger, ohne es zu wollen, in die hohle Eiche. Dabei ging der zweite Schuß des Zwillings in die Luft. Der rasende Simader hatte den Lauf gepackt. Kolbenschläge prasselten auf den Wehrlosen in der Eichenhöhlung. Sie taten ihm nichts; die Rinde fing sie auf. Da erklangen Stimmen — der Wilddieb floh.
Jetzt stand er vor dem Richter. Es gab nichts zu leugnen. Aber um den Diebstahl ging es gar nicht. Dieses Diebstahls wegen würde er, der Franzl, das kleine Strafmaß einer ersten nachgewiesenen Wilderei bekommen und — sie alle wußten es im Saal — ein paar Tage später seinen nächsten Rehbock schießen.

Aber lange Zuchthausjahre hätte man vor diesem wilden Burschen Ruhe, wenn's gelänge, ihm die Absicht eines Totschlags nachzuweisen. Darum ging es.

Der Staatsanwalt, der Richter setzten ihm mit scharfen Fragen zu. Der Franzl aber meinte sehr gelassen: »Was i mit ihm wollen hab? Ja mei, was werd i wollen hab'n — kitzeln hab i eahm a bisserl mit sei'm G'wehrkolben wollen...«

»Was dadurch bewiesen wird«, fiel eifrig der Verteidiger ein, »daß der Angegriffene nicht die kleinste Schramme abgekriegt hat.«

Treuherzig nickte der Simader-Franzl.

»Damischer Deifi!« ließ sich mitten ins ausgelaugte Hochdeutsch hinein einer der Beisitzer vernehmen, »überhaupt nix hätt dir g'schehn können, wenn d' 'n glei derschlagen hättst, Rindvieh, dumm's!«

»Des — des hab i ja wolln — aber können hab i's net!« verteidigte der angegriffene Franzl seine Schlauheit.

Die Gerichtsgesichter glänzten. Fast vergnüglich fühlte sich der Franzl plötzlich angesehen. Nur der Verteidiger rang stumm die Hände.

»... des hab i ja wollen«, diktierte der Richter dem Protokollführer, »schreiben Sie's auf bayrisch, bitte.«

Dann zogen sie sich zur Beratung zurück, und dem Franzl war die Wendung immer noch nicht bewußt, so sehr ärgerte er sich über den blöden Einwurf des Beisitzers. Er wandte sich an seinen Anwalt mit einem Blick, etwa so: Dem hab ich's besorgt, net wahr?

Der Verteidiger verdrehte die Augen. Er schien sich vor Schmerzen zu winden. Bauchweh, dachte der Franzl nur mit mäßigem Bedauern.

Auf einmal donnerten die vielen Jahre Zuchthaus vom Richtertisch. Es klang, als würde ihm zum andernmal das Gewehr zerschmettert.

Den einen Beisitzer sah er leise, aber wohlgefällig lächeln.

Jetzt begriff er. Er blickte wild um sich. Aber da war keine hohle Eiche. Da würde es ihm nun auch nicht helfen, wenn er scheinbar gottergeben seine Arme sinken ließ. Er fluchte lästerlich.

Er wurde nicht vermahnt. Er wurde, gotteslästerlich weiterfluchend, abgeführt. An der Tür hörte er plötzlich zu fluchen auf; die eherne Unabänderlichkeit war ihm bewußt geworden, fluchen hatte keinen Sinn mehr. Aber etwas, kam's ihm vor, blieb noch zu sagen. Gegen den Beisitzer wandte er sich um:

»Des hast d' fein g'macht, du Sauhund, du dreckerter!« sagte er anerkennend. Denn schließlich, jede gute Kunst verdienst auch Anerkennung — nicht nur die des Wilderns.

Fritz Müller-Partenkirchen

Der Bartl geht auf Kreißenfang

Der Bartl hat ein junges Weib,
Schön g'wachsn und nit z'wider,
Die Liab war halt ihr Zeitvertreib,
Sie liebte immer wieder!

Den Bartl, der recht spat gefreit,
Er zählt schon sechzig Jahr,
Hat diese Ehe bald gereut,
Denn seine Kraft war gar!!

Zum Bader sprach der arme Mann,
Ob der ein Mittel weiß.
Der lacht und sagt zu ihm sodann:
»Da fangst dir hoid im Irgscht (Herbst)
   an Kreiß!«

»D' Fettn laßt im Hafen aus
und schluckst sie heiß hinunter.
Und spürst im Bauch du ein Gebraus,
Mei, Mandei, dann werst munter!«

Der Bartl hockt si naus im Wald
Und paßt sechs Wochen lang.
Er stellt dem Kreiß an Hinterhalt
Und endlich glückt der Fang!

Dawei (inzwischen) hat sich sein Weib,
   die Marie
Drei Handwerksburschen g'fangt,
Die liebten und verwöhnten sie.
Iatzt hot's aa da Marie g'langt!

Mit einem ging sie nachad fort,
Ließ Hof und Mann zurück,
Und fand an einem fremden Ort
Endlich das große Glück!

Der Bartl tragt den Kreiß ins Tal
Und freut sich seines Lebens.

Doch merkt der Arme auf amal:
Der Fang war ja vergebens!!

Er steht vor'm leeren Ehebett,
Den Kreiß noch in der Hand.
Er schaut und sogt: »A so a G'frett,
Die Oid is übas Land!«

Dann geht er naus aus seiner Kammern
Und sagt zum Kreiß: »Roas zua!
Die G'schicht is zwar scho recht zum Jammern,
Doch i hob iatzt endli mei Ruah!«

Die falschen Grenzer

Manche Vorfälle an der Grenze entbehrten nicht der Komik. So fragte im heißen Sommer 1911 ein Österreicher, der mit Sacharin im Rucksack einen Weg durch den Falkensteinerwald zur Bahnstation Zwiesel suchte und am hellen Tag durch die Gegend schlich, einen Grenzaufseher in Zivil nach dem Weg zum Bahnhof Zwiesel. Der Aufseher erklärte sich freundlicherweise bereit, ihn zu führen, verlangte als Gegenleistung ein Tütchen Süßstoff und führte den Mann geradewegs zum Zollamt. Ein besonderes Stücklein leisteten sich in den zwanziger Jahren ein Metzger aus Zwiesel und ein Mann aus Lindberg. Ein Häusler von einem Weiler bei Zwiesel hatte dem Metzger schon gelegentlich einen Ochsen unbekannter Herkunft angeboten, und dem Metzger war völlig klar, woher die Tiere stammten. Schließlich war der Häusler auch ein armer Teufel gewesen und hatte sich trotzdem in eine Einöde ein Haus gebaut und Grund dazu erworben. Durch die Vertrauensseligkeit des Häuslers erfuhr der Metzger einmal Tag, Stunde und Örtlichkeit, wo wieder einmal ein Paar Ochsen über die Grenze kommen sollten, und als er sich überzeugt hatte, daß der Häusler sich auf seinen Schmuggelgang machte, suchte er einen Bekannten in Lindberg auf. Beide warteten bis zum Abend, legten dann Feuerwehruniformen an und gingen in der Nacht dem Ochsenschmuggler entgegen. Sie versteckten sich im Walde, und als der Häusler mit den Ochsen in der finsteren Nacht vorbeikam, sprangen sie hervor. Der luchsäugige Schmuggler sah Uniformknöpfe blitzen und erkannte die Konturen von Uniformmützen, ließ die Ochsen stehen und rannte durch den

Kriegsspiel. »*Was, gleich vier Mann sind marode?! Was is denn da schuld?*«
— »*Das gute Quartier. Die ganze Nacht tuan s' nix als wie sauf'n und mit de Menscher umananderziag'n.*« — »*Ja, das kommt aber im Kriegsfall auch vor, das muß besser eingeübt werden.*«

Wald davon. Die beiden falschen Grenzer verkauften noch in der Nacht die Ochsen weiter und verjubelten eine Woche lang das Ochsengeld zusammen mit anderen. Es dauerte aber Jahre, bis der Häusler erfuhr, wie er hereingelegt worden war. Heute ist er ein alter Mann und macht kein Hehl aus seinen einstigen Schmuggelgängen. Er war auch dafür bekannt, daß er laufend Pferde aus dem Lamer Winkel herüber handelte.

Ein anderer Vorfall erheiterte 1909 lange die Grenzbevölkerung. Eines Tages tauchte in Spiegelau, Frauenau und Zwiesel, vermutlich auch in anderen Ortschaften, ein etwas abgerissener Mann auf, seiner wienerischen Sprache nach ein Österreicher, und bot den Hausfrauen geheimnisvoll tuend und sie zur Verschwiegenheit mahnend einen Löffel voll der süßenden Kristalle zu einer Mark an. Er trug ein ganzes Säcklein von diesem Pulver mit und hatte es eilig, um nicht von den Gendarmen erwischt zu werden. Nur selten bekamen die Hausfrauen (und auch Männer waren unter den Abnehmern) ein solches Angebot. Es ging alles sehr schnell: flugs war gekauft und ebenso schnell war der Mann wieder verschwunden. Hintennach stellte sich heraus, daß sich die Käufer ein harmloses, etwas säuerlich schmeckendes Pulver für gutes Geld hatten aufreden lassen. Weil der Erwerb von Sacharin ebenfalls unter Strafe stand, dauerte es lange, bis der Schwindel ruchbar wurde. Der Betrüger war längst über alle Berge.

Paul Friedl

Der Schmied von Galching

Es war im Januar 1915. Da war ich verwundet und der Verwundeten-Kompanie des Ersatzbataillons meines Infanterie-Regiments zugeteilt, in der alle Infanteristen des Bataillons, die von ihrer Verwundung im Felde noch nicht so weit hergestellt waren, daß sie Felddienst machen konnten, gesammelt waren. Kurz vorher war ich zum Gefreiten ernannt worden. Zu meinen Obliegenheiten hat unter anderem gehört, daß ich am Morgen die Leute wecken mußte. Das ist eine umfangreiche und harte Arbeit gewesen. Auch mußte ich auf Anordnung des Feldwebels nicht rechtzeitig einpassierte Soldaten ausfindig machen und ihm vorführen, was mir in keinem einzigen Fall gelungen ist, worauf der Feldwebel regelmäßig gesagt hat, das habe er sich gleich denken können, wenn er so ein Rindvieh schicke wie mich. Dann mußte ich mittags das Essen verteilen. Kurzum, es war eine mannigfaltige Tätigkeit, zu der ich da berufen war und über die viel zu erzählen wäre. Sie war aber von kurzer Dauer.
Jeden Montag sind wir nämlich untersucht worden, ob wir wieder felddiensttauglich sind. Bei uns ist ein Schmied gewesen aus Galching, Eder mit Namen. 35 Jahre war er alt, bei Saarburg war er verwundet worden. Sein rechter Arm war total zerschossen und dann nur notdürftig wieder zusammengeflickt worden. Man hat bei ihm wiederholt angeregt, er solle sich nochmals operieren lassen, man garantiere für den Erfolg, da hat er gesagt, das pressiert nicht, der Krieg hört einmal auf, jetzt braucht er seinen Arm nicht, und hernach kann man ihn auch noch richten.
Er ist verheiratet gewesen, und von Zeit zu Zeit durfte er auf Urlaub zu seinen Angehörigen. Jedesmal ist er betrunken zurückgekommen. Eines Montags sind wir wieder zu dem Schulhaus marschiert, wo die wöchentlichen Untersuchungen stattgefunden haben, und der Eder, der am Sonntag in Galching gewesen ist, war noch nicht ganz zum Ernst der militärischen Zucht zurückgekehrt. Er hat auf dem Marsch ganz für sich fröhliche Lieder gesungen. Die Zurechtweisung durch den Unteroffizier hat er in den Wind geschlagen. Er hat den Unteroffizier darüber aufgeklärt, daß er immer singt, wenn er lustig ist, und da hat ihn dieser halt weitersingen lassen. Der Stabsarzt ist ein Frauenarzt von Zivilberuf gewesen, ein strenger Antialkoholiker. Nichts war ihm mehr verhaßt, als wenn ein Soldat nach Alkohol geduftet hat, was an diesem Morgen bei Eder ungeheuer der Fall gewesen ist.
Die Untersuchung ist in alphabetischer Reihenfolge erfolgt. Jeder Soldat mußte die verwundete Körperstelle bloßlegen und wurde dann

vom Arzt untersucht. Eder hat gewußt aus alter Erfahrung, daß er nur den Rockärmel abziehen muß und daß weiter nichts gesprochen werden braucht, denn mit seinem Arm war das eine klare und sichere Sache, von Felddiensttauglichkeit keine Rede. —

Auch an diesem Morgen hat er den Waffenrock geöffnet, den Arm freigemacht und ist, helle Fröhlichkeit auf dem Gesicht, auf den Arzt zu, um ihm vertraulich den Arm zu zeigen.

Der hat geschnuppert und mit lauter, scharfer Stimme gesagt: »Mann, Sie haben getrunken!«

»Jawohl, Herr Stabsarzt.«

»Mann, Sie sind betrunken!«

»Jawohl, Herr Stabsarzt.«

Der Stabsarzt hat wütend gesagt: »Machen Sie, daß Sie mir aus den Augen kommen!«

»Jawohl, Herr Stabsarzt«, hat der Eder gesagt, ist weggegangen, hat seinen Waffenrock zugeknöpft und ist weiter in froher Stimmung verblieben. Als an diesem Tage beim Abendappell bekanntgegeben wurde, wer vormittags felddiensttauglich befunden worden war, ist der Eder unter ihnen gewesen. Wir wollten es nicht glauben, bis wir uns erinnerten, wie sehr er am Vormittag noch besoffen gewesen war.

Da war nun nichts mehr zu ändern. Der Eder mußte abgestellt werden zur Feldkompanie.

»Das ist aber dumm«, meinte ich, »daß du wegen dem Rausch wieder ins Feld mußt.«

»Ah geh, da denk ich mir nichts. Schau« — und er lächelte schlau und zuversichtlich —, »wenn ich einmal in Galching erstochen werden muß, dann können die draußen mich nie erschießen.«

Denn das war sein unerschütterlicher Glaube, daß ihm das Ende bei einem Raufhandel vorherbestimmt sei. Und diese Erkenntnis lieferte ihm den kräftigen Trost der Ergebenheit ins Unabänderliche.

Wilhelm Dieß

Der Leiber

Was ist des Kriegers seligstes Vergnügen,
Was ist des Kriegers allerhöchste Lust?
Als wie des Nachts beim Mädigen zu liegen,
Die treue Liebe in der stolzen Brust?
    Ja, das erfreuet jeden, der es kennt,
    Und auch den Tapfern — aberi juhe!
    Vom Leiberregiment.

Marschieren wir des Tages auf und nieder,
Und wenn wir stehen auf der stillen Wacht,
Dann weihen wir der Liebsten unsre Lieder
Und seufzen leise: morgen auf die Nacht,
    Ja morgen komm ich wieder hochbeglückt,
    Denn Liebe ist es — aberi juhe!
    Die wo das Leben schmückt.

O laß uns heimlich in die Küche gehn
Und dort empfangen süßen Liebeslohn!
Hast du nicht etwas in dem Kasten stehen?
Mein Schätzigen, das andre weißt du schon.
    Wir wollen essen und gar fröhlich sein
    Denn unsre Treue — aberi juhe!
    Das ist kein leerer Schein.

So leben wir Soldaten stets in Freuden,
Nichts andres wünschen wir ja niemals nicht.
Ade, Feinsliebchen, und jetzt muß ich scheiden,
Weil mich zu Bette ruft die harte Pflicht.
    Doch wenn uns auch die bittere Stunde trennt
    Verbleib dein Schatz ich — aberi juhe!
    Vom Leiberregiment.
              Peter Schlemihl
              = Ludwig Thoma

Strafe muß sein

Eins nach dem andern. »Sagen Sie einmal, Zeuge, ist der Niedertupfersepp sofort nach dem tödlichen Stich gestorben?« — »Na, er hat sich z'erst no a Maß einschenka lassen.«

Da Zeisalwong

Heit how i an Zeisalwong gsehgn,
mit de Guckaln de kloana
und am Gitta dro.

Und aa rausgschaugt hot oana,
a eigsperrta Mo,
und i war valeng,

weil i hätt eahm gern gwunga.
Aba i hobs net to:
Sonst hätt ar eahm no mehra gstunga.
Franz Ringseis

Die Sau

Eines Tages begab es sich, daß die Sau des Gütlers Peter Salvermoser auf die Wanderschaft ging und durch den Zaun in das benachbarte Anwesen des hochwürdigen Herrn Pfarrers gelangte.
Sie nahm ihren Weg durch die Blumenbeete, wobei sie achtlos Hyazinthen und Krokusse in die Erde trat und auch mehrere Zentifolien knickte.
Nicht weniger roh benahm sie sich auf den Gemüsebeeten. Sie zog so lange Salatstauden aus dem Boden, bis sie den Geschmack derselben als unzulänglich erkannte; hierauf fraß sie verschiedene Sorten Monatsrettiche und wollte eben untersuchen, ob in der tiefer gelegenen Erdschichte noch etwas Genießbares gedeihe, als sie von Fräulein Kordelia Furtwengler bemerkt wurde.
Diese war Köchin und Vorsteherin der pfarrlichen Haushaltung. Eine robuste Person mit gutentwickelten Formen und von resolutem Gebaren.
Sie griff ohne langes Besinnen nach einem handlichen Stecken und eilte zornig hinaus, um den frechen Eindringling zu treffen.
Da sie aber, wie alle Frauenzimmer, in den eigentlichen Kriegslisten wenig bewandert war, hub sie zu früh das Feldgeschrei an, so daß der Feind ihr Nahen von weitem bemerkte und rechtzeitig die Flucht ergreifen konnte.
Auf derselben richtete die Sau erhebliche Verwüstungen an, da sie das

Loch im Zaune nicht allsogleich fand, sondern erst in mehrerem Hin- und Herlaufen suchen mußte.

Während sie ärgerlich grunzend heimkehrte, besah Fräulein Kordelia den Schaden und jammerte in so lauten Tönen, daß der hochwürdige Herr seine Morgenandacht unterbrach und sich nach der Ursache der frühen Störung erkundigte.

Beim Anblick des Geschädigten wurde die Köchin von Rührung übermannt, und sie konnte nur mühsam unter verhaltenem Schluchzen das Geschehnis berichten.

Der Pfarrer vernahm es mit ersichtlichem Mißvergnügen. Zunächst, weil er selbst ein Freund der eßbaren Gartenfrüchte war, dann aber, weil die Missetäterin gerade dem Peter Salvermoser gehörte. Mit diesem hatte es seine eigene Bewandtnis.

Er war im Pfarrhofe übel angeschrieben als Freigeist und lauer Christ, der im Wirtshause nicht selten über kirchliche Einrichtungen böse Reden führte; ja es war ruchbar geworden, daß er über die Korpulenz des hochwürdigen Herrn einige unflätige Witze gemacht hatte.

Auch als Nachbar benahm er sich gröblich und drohte in geringfügigen Dingen mit Gericht und Advokaten.

Darum beschloß der Pfarrer, in diesem Falle von der christlichen Langmut abzusehen und auf vollen Ersatz des Schadens zu dringen.

In dieser Absicht ließ er vom Bürgermeister einen Sühneversuch anstellen und erschien selbst, um seine Beschwerde vorzutragen. Er tat es mit vielem Nachdruck und hätte wohl auch die meisten Pfarrkinder überzeugt, allein auf Salvermoser machten seine Worte keinen Eindruck. Peter war ein Mann von rauhen Sitten, dem der Kampf des Lebens wenig Respekt vor der Obrigkeit belassen hatte; überdies las er täglich die Zeitung und wußte deshalb mehr als mancher andere.

»I zahl durchaus gar nix«, sagte er, »indem daß i meiner Sau des net ang'schafft hab.«

»Auf diesen Einwurf war ich gefaßt,« erwiderte der Pfarrer, »allein man haftet auch für den Schaden, den eines Haustier betätiget. Also will es das Gesetz.«

»Wos?« schrie Peter mit gehobener Stimme. »Wo schteht dös? Des gibt's gor it, daß so was g'schrieben is. Aba i kenn mi scho aus. Der Adel und Geistlichkeit ham 's G'setz allemal no so draht, wia s' as braucht ham.«

»Du muaßt net so reden«, mischte sich der Bürgermeister ein, »mir san net do zum Streiten, sondern zum Vergleicha.«

»I brauch koan Vergleich. I zahl durchaus gar nix. Wann der Pfarrer was will, nacha soll er mei Sau verklag'n.«

Spekulation. »*Schau, daß di einschmeichelst beim Gensdarm; vielleicht laßt er mi nachher lauf'n!*«

»Salvermoser«, fiel hier der Diener Gottes ein, »deine Worte sind roh und verraten ein böses Gemüt.«
»Soo? Do war mi schlecht, bal mi net zahlt, wos da Herr Pfarra gern möcht! Des glaab i gar net, daß Sie dös sagen derfa. I zahl meine Steuern so guat wia der Adel und die Geischtlichkeit! Des muaß i wissen, ob Sie des sagen derfa, Herrschaft Sternsakrament!«
Jetzt bedeckte der Geistliche sein Haupt und sprach im Gehen zu dem Bürgermeister: »Es sei ferne von mir, hier noch länger zu weilen! Ihr sehet selbst, daß gütige Worte an dem Frevler verschwendet wären.«
Dann begab er sich stehenden Fußes an die Bahn und fuhr nach München, woselbst er den Rechtsanwalt Samuel Rosenstock aufsuchte.
Derselbe war ein vortrefflicher Jurist und mit allen Geheimnissen der Streitkunst gar wohl vertraut. Er nahm sich des Prozesses mit Freuden an und begann ihn sofort durch eine spitzfindige Klage, worin er ausführlich darlegte, daß der beklagtische Gütler für das Benehmen seiner Sau voll und ganz einzustehen habe.
Allein auch Peter Salvermoser fand den Advokaten, welchen er suchte, und dieser sagte in allem das Gegenteil von dem, was Samuel Rosenstock behauptete.
So kam es, daß sich der Prozeß in die Länge zog und die Gemüter der Streitenden sich immer mehr erhitzten.
Sie führten auch außerhalb der Gerichtsschranken einen erbitterten Krieg gegeneinander, und der Pfarrherr sah sich gezwungen, des öfte-

ren von der Kanzel herunter seine Pfarrkinder eindringlich zur Tugend und Frömmigkeit anzuhalten, auf daß sie nicht würden wie Peter Salvermoser.

Dieser hingegen tat seinem Feinde Abbruch, wo er nur konnte. Er verminderte heimlich die Anzahl der pfarrlichen Hühner und Enten, er streute vergifteten Weizen in den Taubenkobel des hochwürdigen Herrn und sorgte dafür, daß die Forellen in dem Fischkalter des Wassers entbehrten.

Auch die tugendsame Kordelia Furtwengler wurde in Mitleidenschaft gezogen. Ihre Lieblingskatze verschwand auf rätselhafte Weise, und niemand im Dorfe glaubte an den natürlichen Tod des treuen Tieres. Sie selbst wurde gröblich beschimpft von Anna Maria Salvermoser, Ehefrau des mehrgenannten Gütlers, als sie mit derselben im Bäckerladen zusammentraf. Sie erfuhr hiebei, daß sie eine wampete Loas sei und noch mehreres andere aus dem Sprachschatze unseres Volkes.

So dauerte der Krieg in heftiger Weise fort, bis endlich das Gericht nach zwei Jahren genügendes Material gesammelt hatte, um zu einem Erkenntnisse zu gelangen. Es verkündete nunmehr, daß die Sau nicht in den Garten gekommen wäre, es hätte denn der Zaun nicht ein Loch gehabt. Hiefür träfe niemanden das Verschulden als den Eigentümer des Zaunes.

Und damit hatte der Pfarrherr den Prozeß verloren. Viele wunderten sich darüber, am meisten Samuel Rosenstock.

Als die Kunde von dem Geschehnisse in das Dorf gelangte, überkam ein tiefer Ingrimm den hochwürdigen Herrn. Er begab sich in die Küche zu Kordelia Furtwengler und erklärte der Erstaunten die ganze bodenlose Schlechtigkeit unseres Staatswesens.

Nicht so Peter Salvermoser. Dieser gewann Vertrauen in die Einsicht der von Gott gesetzten Obrigkeit und freute sich in seinem schlichten Gemüte.

Ludwig Thoma

Das Rindviech

Richter: »Sie sind der Bichlmayr-Blasius, Bauer von Hinterriedmoos?«
Bichlmayr: »Bau'r und Ökonom. Jawoi!«
Richter: »Sie haben wegen Beamtenbeleidigung einen Strafbefehl über zwanzig Mark erhalten und haben dagegen Einspruch erhoben. Warum?«
Bichlmayr: »Weil's a Schwindel is!«

Richter: »Drücken Sie sich anständiger aus! Wir sind hier nicht im Saustall!«
Bichlmayr: »Jawoi!«
Richter: »Also, was haben Sie gegen den Strafbefehl einzuwenden? Sie wollen doch nicht leugnen, daß Sie den Schandarmen ein ›Rindvieh‹ genannt haben?«
Bichlmayr: »Naa sog i!«
Richter: »Was wollen Sie denn eigentlich?«
Bichlmayr: »Mei Ruah möcht i!«
Richter: »Wenn Sie sich nicht anständiger ausdrücken, nehme ich Sie sofort in eine Ordnungsstrafe!«
Bichlmayr: »Auf des geht's ma aa nimmer zamm, indem daß i koa Fretter net bi, koa armer. I hab meine sechs Rooß im Stall — vastanden!«
Richter: »Nun, ich kann Sie auch einsperren lassen, und das geschieht ganz gewiß, wenn Sie noch einmal so daherreden. Und jetzt sagen Sie, was Sie gegen den Strafbefehl einzuwenden haben, sonst wird Ihr Einspruch kurzerhand verworfen.«
Bichlmayr: »Jawoi!«
Richter: »Also reden Sie doch!«
Bichlmayr: »I klag auf a falsche Anschuldigung!«
Richter: »Sie sind hier nicht als Kläger, sondern als Beklagter.«
Bichlmayr: »Jawoi!«
Richter: »Also, was in drei Teufels Namen haben Sie denn einzuwenden?!«
Bichlmayr: »No ja, daß's halt a falsche Anschuldigung is!«
Richter: »Aber *warum* denn?!«
Bichlmayr: »Indem daß des a Lug is, daß des a Beamtenbeleidigung is!«
Richter: »So kommen wir an kein Ende. Zeuge Haberl, erzählen Sie, wie sich die Sache zugetragen hat.«
Haberl: »Gelegentlich eines Patrolljenganges fand ich im Anwesen des Bichlmayr Blasius eine Versitzgruam, wo in einem so perfekten Zustande befindlich war, daß eine Lebensgefahr des Ertrinkens vorliegt.«
Bichlmayr: »Da is no koa Sau drin dasuffa!«
Richter: »Wollen Sie wohl ruhig sein! Sie sind nicht gefragt!«
Bichlmayr: »Jawoi!«
Richter: »Haberl, berichten Sie weiter.«
Haberl: »Darauf machte ich dem Bichlmayr eine amtliche Mitteilung von der Versitzgruam und veranlaßte ihn, die Maßregeln zu ergreifen, um weiteren Zuständen vorzubeugen, was aber nicht geschah,

Ein Vorsichtiger. »Sie können also beschwören, daß die Sache so verlaufen ist?« — »Dös glab i! Do feit si nix!« — »Ich wette zehn gegen eins, daß es doch nicht so war!« — »Na—a! Wetten mog i net!«

obwohl ich meine Rächerschen wiederholte, nach etliche Täg.«
Bichlmayr: »Der rennt mir d' Haustür noch mit 'n Hirn ei!«
Richter: »Bichlmayr, wenn Sie noch einmal dreinreden, lass' ich Sie aus dem Gerichtssaal führen!«
Bichlmayr: »Jawoi!«
Richter: »Weiter, Haberl.«
Haberl: »Darauf erstattete ich Anzeige bei der zuständigen Behörde und erhielt den Befehl, die Versitzgruam innerhalb einer Woche in einen gebrauchsfähigen Zustand zu versetzen, welchen ich dem Bichlmayr zur Unterschrift vorlegte. Bichlmayr sagte aus, das gehe uns einen Dreeg an und stellte mich bei der Tür hinaus, worauf ich wieder hineinging. Dann versprach er mir drei Quartl Bier zu zahlen, wenn ich meinen Bericht anderscht machen täte, was ich aber wegen einer erheblichen Beamtenbestechung ablehnte. Darauf sagt er: ›Haberl, du bist a Rindviech!‹, weswegen ich hier bin.«
Richter: »Bichlmayr, stimmt das, was der Zeuge angibt?«
Bichlmayr: »Jawoi!«
Richter: »Ja, was wollen Sie denn dann noch? Der Schandarm hat doch Ihnen gegenüber nur seine Pflicht getan, und da treten Sie ihm derartig entgegen —! Warum haben Sie ihn denn gleich ein ›Rindvieh‹ genannt?«
Bichlmayr: *»Weil er oans is!«*
Der Einspruch des Bichlmayr-Blasius, Bau'r und Ökonom von Hinterriedmoos, gegen den Strafbefehl von zwanzig Mark wegen Beamtenbeleidigung wurde kurzerhand verworfen.   **Fritz Scholl**

»Für Männer«

Therese Wurz war früher eine »Soichene«. Sie ist zweimal vorbestraft, weil sie Freier bestohlen hatte. Seit drei Jahren jedoch führt sie ein geordnetes arbeitsames Leben. Als Toilettenfrau in einer der größten Bierhallen Münchens hat sie sich durch Zuverlässigkeit und Umsicht das volle Vertrauen ihres Chefs erworben. In der Männerabteilung allein unterstehen ihr zehn Kabinen nebst Waschgelegenheit.

»As Bier hab i mir total abg'wohnt«, antwortet die stattliche Dame auf die Frage, welches Quantum sie täglich konsumiere. »Bei dem ang'strengten Dienst leidt's des net. Hauptsächli auf d' Nacht, wann Konzert is, ham mir alle Händ voll z' toa. Da muaß oans an Kopf beisamm ham ...«

Zu den Gästen ihres Etablissements hatte am Vorabend eines Feiertages auch der 42jährige Ökonom Josef Grumholzer aus Iglbach, Niederbayern, gezählt. Der Geflügelzüchter war mit Verspätung um 22 Uhr in der Stadt eingetroffen, hatte aber noch abgeladen und seinen Fernlaster in der Nähe geparkt. Hierauf labte er sich an Schlegelbraten und Bock.

Gleich beim ersten Bedürfnis, dem er folgte, fand er ungewöhnliches Gefallen an der stolzen Gestalt, die ihn mit Bürste und Kübel im Vorraum empfing. Er holte seinen Maßkrug und bat Resl, ihm Bescheid zu trinken. »Alle fimf Minuten is er dag'wen«, erklärt sie dem Richter, »essen hätt' i mit eahm solln an sein Tisch. Aber i hab do net kenna.« Schließlich nahm sie seine Einladung an, nach Betriebsschluß auf ein Glaserl Wein in ein Lokal mitzukommen, das bis 4 Uhr geöffnet ist.

Im Moselkeller »Zum Himmelströpfchen« wurde dann ausgiebig gezecht. Das Zupftrio spielte die bekannte Volksweise »Ridldidldöh«, der verheiratete Landwirt schloß Resl in die Arme und gestand ihr seine Liebe. Sie erwiderte sie. Nachdem man noch eine Serie Schnäpse auf das Genossene gesetzt hatte, kam man überein, den geparkten Fernlaster aufzusuchen, um unter seinem schützenden Zeltdach ein Stündchen zu verweilen.

Jetzt hat die Verhandlung den Punkt erreicht, wo er »ja« sagt, sie »nein«. Was Zeuge Grumholzer in ungekünstelten Worten schildert, läuft darauf hinaus, daß er der Angeklagten im Wagen mehrmals beiwohnte. Sie aber will das nicht wahrhaben. »An des derinnert i mi net«, versichert sie gereizt, »auf jeden Fall is mir des net zum Bewußtsein kemma!«

Das Paar verfiel in Schlummer. Es begann eben zu dämmern, als Herr

Grumholzer dadurch erwachte, daß seine Gefährtin aus dem Fahrzeug kletterte. »He!« rief er ihr nach, »bleib do no a wengl do!« Im selben Augenblick entdeckte er neben sich seine leere Brieftasche. Darin waren noch zwei Hunderter gewesen.
Mit einem Satz sprang er ihr nach. An der Straßenecke erwischte er die Diebin. »Gib des Geld raus!« schrie er. — »Zu Hilfe!« kreischte sie. — Gebrüll, Tätlichkeiten, Rauferei auf dem Pflaster ... Die von der Nachbarschaft alarmierte Funkstreife glaubte zunächst, ein Handtäschchenräuber sei von den beherzten Hauseinwohnern verprügelt worden. Auf dem Revier stellte sich heraus, daß Resl beide Scheine in ihrer Schlupfhose versteckt hatte ... Der Rückfall war alkoholbedingt. Ein gut Teil Schuld mag sich der Leichtsinnige selbst zuschreiben, dessen Verhalten als ungebührlich bezeichnet werden muß. Finanzieller Schaden ist keiner entstanden. Das Gericht läßt mildernde Umstände gelten und erkennt auf vier Monate Gefängnis.
»Derfat i des net nach der Saison absitzen?« erkundigt sich die reumütige Wurz. »Grad jetz, wo die vielen Fremden do san, brauchat ma halt in der Brauerei g'schulte Fachkräft!« Es wird ihr empfohlen, ein diesbezügliches Gnadengesuch einzureichen.

Walter F. Kloeck

Weil Xare seinem Zahn imponieren wollte

Sauber gewaschen, gekampelt und geschneuzt sitzen der Lucki, der Bene und der Xare, alle drei zwischen 16 und 17 und Söhne ehrbarer Familien, nebeneinander auf der Anklagebank. Ihre Väter haben im Zuhörerraum Platz genommen und vernehmen kopfschüttelnd, was man ihren hoffnungsvollen Sprößlingen zur Last legt: ein Verbrechen des gemeinschaftlich begangenen schweren Diebstahls.
Nach dem, was ihnen der Staatsanwalt vorliest, haben sie einen bildsauberen Einbruch in das Vereinsheim eines Tennisklubs unternommen und dabei neben diversen Alkoholika auch das Geld aus der Getränkekasse mitgehen lassen. »Wia seids jetzt da dazuakumma?« erkundigt sich der Richter in volksnahem Dialekt. »Wei der Trottel von Xare seim Zahn imponiern woit«, verkündet der Bene mit dumpfem Groll in der Stimme.
Das müsse schon genauer erklärt werden, meint der Richter, worauf der Bene sich wie folgt vernehmen läßt: »Mir ham uns an sell'n Abnd bei mir troffa, wei meine Leit net da warn und i a sturmfreie Bude ghabt hab. D' Zenzi war da und d' Mari und am Xare sei Urschl. De

Mahnung. »*Schämen Sie sich zu betteln! Warum gebrauchen Sie Ihre starken Arme nicht?*« — »*Dös hob i scho tho, aber da bin i glei ins Zuchthaus kemma.*«

is zwar net hoibat so schee, wia se se eibuidt, aber ogebn hats', ois wia wann sie a Mischung zwischen da Audrie Hebbern und da Elisabeth Tähler waar. Und wega dera Heigeign is der ganze Zinnober losganga.«
Zunächst nämlich, so erfährt man weiter, habe sich die ganze Gesellschaft mit dem Bier zufriedengegeben, das teils aus dem elterlichen Kühlschrank, teils aus einer nahe gelegenen Wirtschaft zur Stillung des Durstes herbeigeholt worden sei. »Auf oamoi fangt de bläd Henna von Urschl zum Meckern o, ob denn gar nix Bessers da waar, a Whisky oder a Tschinn oder wenigstns a Schampus. ›Wer sauft denn heit no a Bier?‹ hat s' gmoant und dabei ihra Glasl ogschaugt, ois wann a Odlwassa drin waar.«
»Genau aso war's«, fällt jetzt der Lucki ein. »Mir hättn weida gar net drauf ghört, aber der Xare hat sein Dotschn ganz zuckersüß ozahnt und gsagt: ›Recht hast, jetzt ghört endlich was Gscheits her.‹ Und auf oamoi springt er auf und plärrt: ›Gehts mit, Mannder, i hab a Idee!‹ No ja, und weil ma nimmer ganz nüachtern warn, samma hoit mitganga, indem daß uns außerdem 's Bier ausganga war und d' Wirtschaft scho zuaghabt hat.«
»Ihr warts oiso scho aa interessiert, daß no was Alkoholisches hergeht?« erkundigt sich der Amtsgerichtsrat vorsichtshalber, worauf der Lucki und der Bene schuldbewußt nicken. »Des scho, aber mir waarn alloa nia net auf den Gedanken kumma, uns was aus dem Tennisheim z'

hoin. Des hat bloß am Xare eifoin kenna, wei dem sei Amsel amoi vorgsunga hat, was sie da scho ollas für feine Sachan gsuffa hat. No ja, wia ma da hikumma san, war natürli zuagsperrt, aber mit a bißl Gwoit hamma d' Tür doch aufbracht. Nacha hat hoit a jeder so vui Flaschn packt, wiara tragn hat kenna, und wei d' Kasse so schee dagstandn is, hamma 's Geld aa glei mitgnomma. Hinterher hättn ma uns selber fotzn kenna, daß ma des gmacht ham, aber da war's hoit scho z' spät.« Verbraucht freilich, so beteuert das Trio, habe man davon keinen Pfennig. Das war freilich auch nicht mehr möglich gewesen, weil nach der Rückkehr von dem Fischzug — der genauer als »Flaschenzug« bezeichnet werden müßte — eine Orgie anhub, die die Polizei auf den Plan rief. »Drei Straßn weiter hat ma eahnan Plattnspieler no plärrn ghört«, berichtet einer der Beamten als Zeuge. »Und wia ma mitm Dietrich d' Wohnungstür aufgsperrt ham, is de ganze Bagasch bsuffa umanandglegn. Mir ham aufn erstn Blick glaabt, de hättn a Rauschgiftorgie gfeiert.«

Nachdem der Richter sich dies alles und auch den auf vier Wochen Jugendarrest lautenden Antrag des Staatsanwalts angehört hat, schaut er die Sünder scharf an und meint dann, volksnah im Denken wie im Reden: »Eigentlich müaßt ma eich an Arsch recht voihaun!« Da springen hinten die drei Väter auf und rufen wie aus einem Mund: »Des hamma scho gmacht!« Diese »Vorstrafe« wird denn vom Gericht als mildernder Umstand gewertet und im Urteil gebührend berücksichtigt.

Erwin Tochtermann

Von Pfarrern
und Pfarrkindern

Die Pfarrmagd. »Ja, was is dös, Diandl, dein Dienst hast verlor'n am Pfarrhof, und no dazua wegna schlechten Lebenswandel?!« — »Der geistli Herr war mit mein Lebenswandel scho z'frieden g'wes'n; bloß mit dö Knecht war er eahm z' schlecht!«

Der naschhafte Heilige

Zu Spiegelberg gibt es gar manche, die zwar am Sonntag getreulich in die Kirche gehen, aber sonst gern lange Finger machen, so daß die Kartoffeln im Keller ebenso gefährdet sind wie das Korn auf dem Speicher. Also dachte denn der Pfarrer, der als guter Hirt seine Schäflein ganz besonders genau kannte, lange darüber nach, wo er die Räucherschinken seines geschlachteten Schweines verbergen könnte, um diese am liebsten gesuchten Leckerbissen vor unerlaubtem Zugriff zu bewahren.
Er ging, als es schon dämmerte, durch die Kirche, wo eben das letzte alte Weiblein weggegangen war, und nachdem er in alle Ecken, ja selbst in die Beichtstühle geguckt hatte, holte er, da alles mäuschenstill blieb, die Räucherschinken aus der Sakristei und trug sie hinter den Altar. Denn hier befand sich, gerade dem Rücken des heiligen Georg gegenüber, der als Beschützer der Kirche auf dem Altar stand, eine große Nische, und keiner aller Diebe, so dachte der Pfarrer, werde seine langen Finger bis hierher zu strecken wagen.
Doch siehe! Als der Pfarrer schon am nächsten Morgen nach der Messe nach dem Schinken sah, da erschrak er nicht wenig. Zwar hingen die Schinken noch da, wo er sie hingehängt hatte, aber der eine davon, der vom Rauchfang her noch schwarz wie ein Mohr war, hatte ein allerliebstes rotes Fleckchen bekommen, so zart und duftend, daß man wahrlich widerstehen mußte, dort, wo der Schinken unerlaubterweise angeschnitten worden war, nicht nachzuschneiden.
Der Pfarrer allerdings verlor den Appetit ob seiner Entdeckung und rief sogleich den Mesner herbei, der als einziger von der Nische wußte. Ob er denn die Kirche während der Nacht nicht versperrt habe? fragte der Pfarrer, und als der Mesner die rote, zarte Schinkenscheibe vor sich sah, da tat er ganz empört, blickte zu den Fenstern auf, ob sie denn geschlossen seien, und untersuchte auch noch die Mauern. Weil er aber nirgends ein heimliches Loch entdeckte und also, wie er sagte, niemand hereingekommen sein könne, erbot er sich, während der nächsten Nacht in der Kirche zu bleiben und zu lauern, um dem geheimnisvollen Dieb auf die Spur zu kommen.
Wer aber denkt, was der Pfarrherr am nächsten Morgen alles erfahren muß! Ganz früh, noch vor dem Gebetläuten, zieht der Mesner bestürzt an der Glocke des Pfarrhofes und gibt nicht nach, bis der Pfarrer aus dem Bett aufsteht und mit ihm in die Kirche eilt. Alles ist dämmerig, aber der Mesner hat die Kerzen am Altar angezündet, so daß man besser sehen kann. Dem Pfarrer aber kommt alles wie im Traum

vor, so unglaublich ist es. Der heilige Georg, zu dem er jeden Tag während der Messe fürbittend aufgesehen hat, steht verkehrt auf dem Altar und wendet dem eintretenden Pfarrer den Rücken zu; und als der Pfarrer hinter den Altar eilt, um dem Heiligen ins Gesicht zu blicken, was ihn denn zu dieser Abkehr bewogen habe, da hält der Heilige noch immer seinen Speer gegen den Schinken, gerade an die angeschnittene Scheibe, die, ebenso zart und duftend wie am Vortag, nur noch größer geworden ist. — »Nein, daß auch schon die Heiligen zu stehlen anfangen, das ist wirklich über alles!« lamentierte der Mesner und geriet im Beisein des Pfarrers so in Wut, daß er kurzerhand den langen Kerzenanzünder nahm, der hinter dem Altar stand, und mit der festen Holzstange so derb und lange auf den Heiligen einschlug, bis dieser den Speer, die Hände und schließlich sogar den Kopf verloren hatte.

Nun war aber in der nächsten Woche das Fest des heiligen Georg, das hierzulande als das Hauptfest des Jahres galt und zu dem auch von weither die Leute kamen, um den Heiligen um seinen Segen anzuflehen. Der Pfarrer, der natürlich genau erkannte, daß der Mesner selbst den Schinken wegstahl und mit seiner ganzen Prozedur den Pfarrer nur täuschen wollte, sagte deshalb in aller Ruhe: »Da hast du aber etwas Dummes gemacht. Woher bekommen wir nun einen neuen Heiligen in dieser kurzen Zeit? Wehe aber, wenn die Leute erfahren, daß du den Sankt Georg in Trümmer geschlagen hast. Sie werden es dir genauso machen wie du dem Heiligen.«

Dem Mesner steigen zwar die Hitzen auf bei dieser Vorstellung, daß er auch ohne Hände und ohne Kopf daliegen solle, aber er weiß gleich einen Ausweg: »Das machen wir ganz einfach so, Hochwürden«, sagte er. »Damit die Leute nicht erfahren, was der Heilige angefangen hat, sagen wir, er sei beim Abstauben hinuntergefallen. Am Festtag aber gebt Ihr mir schöne Kleider, auch streicht Ihr mich bunt im Gesicht an, und so stelle ich mich als Heiliger leibhaftig auf den Altar.« — Der Pfarrer, dem ein heimlicher Gedanke durch den Kopf ging, zeigte sich mit dem Vorschlag ganz und gar einverstanden und lobte den Kirchendiener sogar noch wegen seines guten Einfalls.

Wirklich verlief auch alles, als der St.-Georgi-Tag herankam, in bester Weise. Auf dem Altar, dicht zwischen überwinterten Blumenstöcken und Sträuchern, womit alles geziert war, stand der neue Heilige. Er war allerdings ganz anders angezogen, dafür aber viel größer und eigentlich auch viel schöner als der alte, und alle Leute staunten ihn an. Zwar ging ein Aushilfsmesner in der Kirche um, aber niemand ahnte, daß der wirkliche Mesner auf dem Altar stand, weil es gar bald bekanntgeworden war, daß er an einer starken Erkältung darniederliege und das Bett hüten müsse. Nicht wenig stolz darauf, daß er alle herbeigekommenen Kirchengäste so tadellos zu täuschen verstehe wie vor kurzem scheinbar den Pfarrer, dachte der Mesner bei sich, wie klug er doch alles bis aufs letzte vorbereitet hatte.

Es war nämlich Sitte, daß nach dem Gottesdienst die Leute mit angezündeten Kerzen sich an den Altar begaben und sie als Opfer rings um den Heiligen aufstellten. Dabei ließen sie meist das flüssige Wachs zu Füßen des Heiligen tropfen, um darauf die Kerzen festzukleben. Nun aber war das abtropfende Wachs sehr heiß, und weil der Mesner in Ermangelung von passenden Stiefeln um seine nackten Zehen besorgt war, hatte er dem Pfarrer schon gesagt, er müsse es dem Volke bekanntgeben, daß niemand die Kerze zu nahe dem Heiligen aufstelle. Der neue Heilige hätte viel Geld gekostet, und deshalb müsse man Obacht geben, daß er neu und schön bleibe und nicht vorzeitig verräuchert werde. Das hatte der Pfarrer denn auch versprochen, und so konnte der Mesner kaum das Ende des Gottesdienstes erwarten, an dem der Pfarrer sich aufklärend an die Gemeinde wandte.

Richtig kehrte sich der Geistliche auch kurz vor der beginnenden Opferung den Leuten zu, und es entstand eine große feierliche Stille. Aber dem Mesner schienen plötzlich Sehen und Hören zu vergehen, als der Pfarrer begann: »Geliebte Gemeinde! Ihr seht, daß wir anstelle unseres alten, zerbrochenen Heiligen einen neuen bekommen haben, so groß und schön, wie ihr einen solchen in keiner Kirche der ganzen Gegend finden werdet. Damit aber diesem neuen Heiligen nicht wieder ein Unglück geschehe, sondern daß er recht lange unter uns bleiben möge, wollet ihr heute ganz besonders reichlich opfern und recht viel Kerzen dicht um ihn aufstellen, wie es sich zu seiner Einweihung geziemt.«

Erbost über die völlig verkehrte Ansprache des Pfarrers, wäre der Mesner am liebsten vom Altar heruntergesprungen und hätte es dem Pfarrer ähnlich gemacht wie vor kurzem dem Heiligen. Aber was kann ein Heiliger machen, wenn er vor aller Gemeinde auf dem Altar steht. Er muß eben still stehen, das ist sein Los, und die Opfernden in Würde empfangen.

Erst kamen Knaben und Mädchen, die hatten noch junge sichere Hände und auch eine gewisse Scheu vor dem neuen Heiligen, und also kamen sie ihm nicht zu nahe; je größer aber die Opfernden wurden, desto mißlicher wurde der Zustand. Denn jeder und jede wollte die Kerze ganz besonders nach der großen Statue aufstellen, und so geschah es, daß der Heilige, ohne daß es jemand merkte, die Zehen immer tiefer einzuziehen begann. Aber es half nichts. Als schließlich die alten Männlein und Weiblein, die schon sehr stark zitterten und zudem auch nicht mehr genau sahen, an die Reihe kamen, da tropfte dem Heiligen das Wachs in solchen Mengen und so heiß auf die Zehen, daß er es nicht mehr aushalten konnte. Wütend streckte er den Speer gegen die Menge, so daß alle wortlos staunten, wieso denn der Heilige plötzlich lebendig geworden sei, und sagte: »So wahr ich hier stehe und euer Opfer sehe, aber ich bin nicht vom Himmel herabgekommen zu euch, um mir die Zehen verbrennen zu lassen«, worauf er auch schon, zum gesteigerten Schrecken aller, vom Altar herabsprang und, an den Füßen über und über mit Brandwunden bedeckt, zur ganz besonderen Freude des Pfarrers, hinkend davonlief.

Gottfried Kölwel

»Grad wegen dem«

Personen: Der Herr Pfarrer. Der Reistlingerbauer.
Pfarrer (sitzt am Pult und schreibt; es klopft): Herein!
Bauer (tritt ein): Grüaß Gott, Hochwürden Herr Pfarrer!
Pfarrer: Grüß Gott, Reistlinger! Du kommst zu mir — das freut mich.
Bauer: Ja, i hätt' mit'n Hochwürden was z' reden.
Pfarrer: So, so! Was is denn?
Bauer (ein bißchen verlegen): Hochwürden, ös wißt's, i bin jetzt scho bald ein Jahr Witiwer!
Pfarrer: Ja, das weiß ich. War a recht a braves Leut, deine Bäuerin. Gott hab sie selig!
Bauer: Ja, sie hat aa ihre Muck'n g'habt. Die letzten Jahr hab' i nimmer vui g'habt von ihr. Arbat'n hat s' nimma kenna, und a so — war's aa nix mehr — hat recht vui ausste' müassen — da is nacha besser, wann s' der Herrgott zu sich nimmt!
Pfarrer: Deine Bäuerin hat alles in christlicher Demut ertragen!
Bauer: I hab's auch getragen, wann s' mir aa hi und da hart o'kemma is!
Pfarrer: Das wird dir der Himmel lohnen!
Bauer (eifrig): Ja, hoff' ma's! (Verlegenheitspause.)
Pfarrer: Willst für dei Bäuerin a paar Seelenmessen b'stelln?
Bauer (unangenehm berührt): Ös habt's ja selber g'sagt, daß sie a so a brav's Leut war, da werd' sie's nimmer braucha! Da is g'wiß scho im Himmi!

Der Zentrumsmann. »*Herrschaftsaxen! Is der Knopf fest ang'näht!*«

Pfarrer: Das kann man nicht sagen, lieber Reistlingerbauer. Wir Menschen sind doch alle Sünder, selbst der Gerechteste fällt des Tages siebenmal — es ist leicht möglich — daß die Seele deiner Bäuerin noch im Fegefeuer schmachtet, und da könntest du sie befreien.
Bauer: Lass' mas so! — Hochwürden! Mei Alte hat's allweil gern warm mögen!
Pfarrer: Ich will dich zu nichts drängen, was du nicht freiwillig tun willst. — Warum bist denn dann zu mir kommen?
Bauer: Weg'n was anderm, Hochwürden!
Pfarrer: Soo! — Also, was is das?
Bauer: Wissen S', Hochwürden, des oaschichtige Hausen is aa nix! Die Kinder könna's scho nimmer derwarten, bis ihr Sach kriagen, dö san recht unguat mit oam — und drum — (druckst herum) moan i, is g'scheita — wann i no mal heirat!
Pfarrer (erstaunt): Du willst no mal heiraten?
Bauer: So bin i ja no guat beinand!
Pfarrer: Sag amal, wie alt bis du denn?
Bauer: Sechzge vorbei!
Pfarrer: Ich möcht's scho genauer wissen!
Bauer: Sechsasechzge! — Aber i nimm's no mit an Fuchzger auf!
Pfarrer: Sechsundsechzig bist du! — Mhm! — Na hast scho a Braut?
Bauer: Ja, ja!
Pfarrer: So, wie alt is dann die?
Bauer: Die is a bißl jünger!
Pfarrer: Um wieviel?
Bauer: Sie is 26!

Pfarrer: 26? — Aber Bauer, des is doch koa Z'sammastand! — 66 und 26! 40 Jahr Unterschied, das is doch nix! Da lachen dich doch die Leut' aus!
Bauer: Ja mei, i muaß halt nehma, wia i's kriag!
Pfarrer: I wollt no nix sagen, wannst oane nimmst mit 40 Jahr. — Aber — 26 — des is scho z' jung für di! — Sei doch vernünftig.
Bauer (trotzig): Ös habt's aba aa a junge Köchin!
Pfarrer: Das is doch ganz was anders. Ich brauch sie zum Kochen, zum Waschen, zum Bügeln, zum Nähen — etcetera —
Bauer (verschmitzt): Sehgns, Hochwürden! Grad wegen dem Etcetera is mir aa a Junge liaber wia a Alte!

Weiß Ferdl

Buama-Beicht

Der Peterl macht sei Monatsbeicht —
o mei, is des a Buaß vielleicht!
Er geht in Stuhl nei, streckt si nauf
und sagt na seine Sündn auf:
Dahoam net gfolgt, net richti bet't,
a paarmal glogn und grauft um d' Wett —
So geht des zwoa Minutn hin.
Auf oamal sagt er mittndrin:
»A Katz verleumdt, des hab i aa ...«
Der Geistli fragt: »Wia geht des na?
Die muaßt ma gnauer sagn, die Sünd!«
Der Peterl gibt eahm außa gschwind:
»I hab a Haferl z'schlagn mi'm Besn,
na hab i gsagt: die Katz is's gwesn!«

Hans Platzer

Oans tat mi scho drucka!

Neunhundertneunundneunzigmal geht's gut, beim tausendstenmal falliert's. So ist's auch dem Helfentsrieder-Michl, Holzknecht beim Forstamt Kreuth, ergangen. Ein Feichtenbaum, der Teufel weiß warum und wie, macht einen Drahrer, fällt in die verkehrte Richtung und erwischt den Michl. Direkt ins Kreuz schlagt ihm der Stamm. Da kann kein Doktor mehr helfen. »Iatz is scho, wia's is«, sagt der Helfentsrieder und speit Blut aus dabei. Schönes, gesundes rotes Blut. Weil sich der Boandlkrama umständehalber aber noch ein bisserl Zeit lassen hat, ist ihm der Herr Pfarrer noch zuvorgekommen. War keine Kleinigkeit, die drei Stunden bergauf zum Kahlschlag, für den schon ältlichen Herrn. Aber ein guter Hirte sucht seine verirrten Schafe überall und läßt sie in Not nicht im Stich. Der Helfentsrieder war so ein verirrtes Schaf seiner Herde.

»Da waar i oiso, Michi, bist nia it zum Herrgott kemma in d' Kirch, iatz bring i ihn dir aufa an Berg. Iatz mach ma Reu und Leid und a Beicht, und dann speis i di ab, umi in d' Ewigkeit. Werd da na scho a gnädinga Richta sei, inser Herrgott.«

»Was sei muaß, muaß sei, oiso genga ma's o, Hochwird'n«, sagt der Michi und speit dabei wieder eine Lache Blut aus.

Beichtiger und Beichtkind forschen sich miteinander durch das Sündenregister, das der Helfentsrieder hat zusammenwuchern lassen in langen, langen Jahren.

»Ham ma na all'samt, Michi? Host nix mehr hint'n? Druckt di nix'n mehra?« fragt der Pfarrer.

Der Helfentsrieder meint nach einer kleinen Weile: »Ebbs tat mi scho no drucka, Hochwird'n. Wos aus'm Vötterl-Sepp worn is, dös tat mi no verinteressier'n.«

»Vötterl-Sepp?« verwundert sich der Pfarrherr. »I moan, i kunnt mi drauf erinnern, daß a junga Bursch, der Vötterl g'hoaßn hot, vor a Johr a zwanzge spurlos vaschwund'n is. Moanst lei denselm?«

»Akkurat den, Hochwird'n! Bin selbigsmal mit eahm vom Tanz beim Fischerwirt weg übern See umigruadat. Bi scho harb g'wen auf eahm, weil er dö Moderegger-Dirn, wos mei Schatz g'wen is, allweil obalzt hot wia a Gockl d' Henna. Im Kahn drin fangt er mi 's föppin o, weng da Dirn, daß er mir's ausspanna tat. I ziag aus und wisch eahm oane. Wia i na schaug, is koa Vötterl-Sepp nimma im Boot drin g'wen. Weg war a, rein wia vahext. Dös sell, Hochwird'n, druckt mi no, wos aus dem Vötterl-Sepp worn is.«

So hat der sterbende Helfentsrieder seinen größten Sündenbrocken, den jeder Staatsanwalt als glatten Mord oder Totschlag inkriminiert hätte, so ganz geringschätzig und beiläufig einfließen lassen in seine Lebensbeichte, bevor er die Augen für immer schloß.

Jakob Metz

Auf neutralem Gebiet. »Setzen S' Eahna zu uns her, Herr Kooprata! Sakrisch hamm S' mi heut' z'sammag'schimpft beim Beicht'n — aber deszweg'n hamm ma im Wirtshaus no lang koa Feindschaft net.«

Doppelte Buchführung

»Es gleicht sich alles aus im Leben«, hat der alte Deubl-Schuster gesagt, wie ihm der Kabl-Bauer in den Kniestiefel hineingebrunzt hat. Das ist beim Kriegerwirt gewesen, auf der Stallhofer-Marie seiner Hochzeit, und sie sind natürlich nicht mehr ganz nüchtern gewesen, wie sie einmal hinausgemußt haben. Auf dem Häusl ist es ein wenig eng hergegangen, indem daß es eine große Hochzeit gewesen ist, und auf die Weis ist der Kabl hinter den Deubl-Schuster zu stehen gekommen. Aber es hat dem Deubl nichts ausgemacht, weil akkurat in dem Stiefel der Holzfuß dringewesen ist, den er von Bazeilles mit heimgebracht hat, Anno siebzig; und er hat zum Kabl-Bauer bloß gesagt: »Es gleicht sich alles aus im Leben. Soach zua — der Hax g'schwürt mir nimmer aus.«

Genauso kann man auch bei mir und bei der Kramer-Franz von einem Ausgleich reden. Sie hat mich nicht gemocht, und ich hab sie auch nicht gemocht. Sie hat mich einen »langhaxerten Schuilehrer-Krippi« geheißen und ich sie eine »schelchhaxerte Kramer-Krucka«. Aber sonst habe ich sie stets freundlich gegrüßt, wenn ich ihr begegnet bin, weil ich der Sohn vom Lehrer gewesen bin, und außerdem haben wir im Katechismus gelernt, daß wir den älteren Leuten mit Freundlichkeit begegnen müssen.

Ein älteres Leut ist die Franz eigentlich noch nicht gewesen, aber ein wenig überständig schon. Sie ist bereits in jede Kirch gegangen und hat einen Extraplatz gehabt in der Pfarrerköchin seinem Stuhl neben der Sakristei, wo es die Leute nicht sehen, wenn man zu spät kommt, und hat immer fest im Meßbüchl gelesen. Aber wir haben schon gewußt, daß sie scharf aufmerkt, ob wir beim Ministrieren eine richtige Andacht haben.

Jetzt, warum sie einen solchen Gift auf mich gehabt hat, kann ich mir vielleicht schon denken. Einmal bin ich mit der Kramer-Ottilie im Heustadl gewesen, da ist sie dazugekommen und hat es gleich dem Pfarrer gesagt. Aber wir haben überhaupt nichts getan, sondern bloß Versteckerl gespielt, und der Herr Pfarrer hat gesagt, daß wir das nicht mehr tun sollen, weil schon Kinder im Heu derstickt sind, und man muß zu der kindlichen Unschuld auch ein Vertrauen haben. Aber die Franz hat gemeint gehabt, daß er mich recht herwaatscht, und sie ist deswegen sogar mit dem Pfarrer nicht mehr zufrieden gewesen.

Einmal hat sie in unserer Kuchl mit der Mutter geredet und hat gemeint, daß ich nicht aufpasse, weil ich mir gerade im Putzkübel die Füße gewaschen habe. Aber ich habe schon aufgepaßt. Sie hat gesagt, daß sie durchaus nichts gegen das Heiraten hat, bloß, es muß unbedingt eine Josephsehe sein, und andernfalls bleibt sie lieber ledig. Da habe ich mich eingemischt und gesagt, daß sie nicht so heiklig zu sein braucht, und sie kann froh sein, wenn sie überhaupt einer mag, ob er sich jetzt Joseph schreibt oder anders. Da ist aber Feuer am Dach gewesen! Sie hat geplärrt, ob sie sich das gefallen lassen muß, und hat zu bleeken angefangen, daß sie die Mutter gar nicht zu trösten gewußt hat. Der Mutter ist es sehr zuwider gewesen, und ich habe es nachher büßen müssen, samt dem, daß ich recht gehabt habe.

Vielleicht möchte jetzt einer meinen, daß ich der Franz aus dem Weg gegangen bin oder brav geworden. Aber das hat es nicht gebraucht, sondern ich habe mir bloß gedacht, daß ich es ihr schon heimzahle, und wir sind unterdessen soweit wieder ganz gut ausgekommen nebeneinander.

So kommt der Portiunkula-Samstag daher, und da habe ich ihr das Kraut ausgeschüttet und habe es überhaupt nicht im Sinn gehabt.

Es ist am Nachmittag gewesen, und ich habe von einem Versehgang her noch das Ministrantenhemd an, weil ich nachher dem Herrn Pfarrer helfen muß, wenn er sich anlegt zum Beichtsitzen. Bis er kommt, sperre ich die Kirchentür auf für die Beichtleut, und indem ich durch den Freithof gehe, sehe ich draußen auf der Straße den Dallmeier-Luk und pfeife ihm. Der Luk ist ein meiniger Freund und kommt auch gleich auf mich her. Er hat seiner Mutter beim Kramer ein Packl Mangelkaffee geholt, und auf einmal fällt mir ein, daß ich ihn tratzen will.

Ich tue ganz freundschäftlich, bis ich das Packl Mangel packen kann, dann geht es auch schon dahin, und der Luk mir nach; ich in die Sakristein hinein, und durch, und in die Kirche hinaus in einem Sauser; ein Buckerl vor dem Hochaltar, und ich rumple in den Beichtstuhl hinein und ziehe das Vorhangl vor. Vom Luk höre ich nichts, aber ich kenne den Schlawacken schon, daß er draußen steht und lurt. Ich halte mich mäuserlstill.

Über eine Weile muß ich mir denken, ob sich der Schisser vielleicht in der Kirche nicht suchen traut, und ich könnte ja ein kleines Räuspelwerk machen; weil, bloß im Beichtstuhl sitzen ist nicht lustig. Da knarzt die Kirchentür, und es ist aber nicht der Luk, den Schritten nach, sondern Leute. Ich bin so erschrocken, daß ich gleich gar nicht mehr gewußt habe, was ich jetzt machen soll. Indem kommen noch ein paar, und wie ich mir das Vorhangl ein wenig lupfen traue, knien sie alle draußen vor meiner in den Betstühlen, der Gißübel und der Hirneiß, die Achstaller-Zenz, die Lenzin und natürlich die schnupfende Kurzen-Res, die Karfreitagsratschen, die elendige — soweit ich es in der Aufregung überhaupt sehe.

Da hab ich mir gedacht, ob ich schnell den heiligen Antonius bitte, daß ich noch einen Ausweg finde, aber ich bin nicht mehr dazugekommen, indem ein Weiberleut in den Beichtstuhl hereinkommt und sich hinkniet, und wie ich schaue, ist es die Kramer-Franz. Sie hält das Betbüchl an den Beichtgadern und sagt: »Gelobt sei Jesus Christus!«

»In Ewigkeit. Amen!« sage ich und meine, daß ich gleich verbrenne, so heiß ist mir, und jetzt hilft alles nichts mehr, sondern ich muß sofort hinaus — da ist vor dem Beichtstuhl auf einmal ein Wispern und ein Räuspern, und ich höre den Gißübel noch: »Pst! He, Franz!« Jetzt schaut die Franz hinaus und sagt verwundert: »Ja, Herr Pfarrer...!« und daß bereits ein Herr sitzt. Sie kennt sich überhaupt nicht mehr aus, aber dafür der Herr Pfarrer um so besser, und ich mich auch.

Wie das Vorhangl zurückgerissen wird, sitze ich da und kann mich überhaupt nicht mehr rühren und halte bloß das Mangelpackl wie eine brennende Kerze in der Hand.

»Aah...!« sagt der Hochwürden. »Komm heraus!« Sonst sagt er nichts. Ich habe bloß genickt.

Wie ich hinauskomme, fange ich gleich ein solches Paar Endstrumm Schelln, daß die Kramer-Franz von da an mit dem Herrn Pfarrer wieder zufrieden sein konnte.

Aber keine reine Freude hat sie trotzdem nicht gehabt, weil natürlicherweis bis auf die Nacht bereits das ganze Dorf erfahren hat, daß sie beim Schuilehrer-Wugg beichten gewesen ist, und die Burschen haben sie gefragt, wie es das gibt, daß einer schon ausgeweiht ist und kommt erst in die Studi, und zu mir haben sie gesagt, daß ich es ihnen zu wissen machen soll, wenn ich wieder sitze, weil sie bei mir am liebsten beichten.

Bloß, daß ich mich halt auch nicht richtig habe freuen können darüber, weil vorderhand ist alles über mich hergefallen, indem daß mich der Vater gleich zweimal durchgelassen hat, daheim als Vater und in der Schule als Lehrer, und jedesmal mit dem spanischen Röhrl, und auch der Pfarrer noch einmal mit dem weizernen Tatzensteckerl, weil er in der Kirche gar nicht richtig zuhauen darf, hat er gesagt, ausgenommen es geschieht im heiligen Zorn — so wie bei mir.

Zum Glück habe ich alles aushalten können. Bei der Kramer-Franz habe ich natürlich ausgeschissen gehabt, aber sonst ist für mich mit der Zeit auch wieder ein schöneres Wetter hergegangen, und wie mir die Dallmeierin noch ein paar Kopfnüsse zugesteckt gehabt hat wegen ihrem Mangelkaffee, habe ich mir gedacht, daß jetzt meine Schuldigkeit eigentlich gezahlt sein könnte.

Aber damit habe ich mich gebrennt und habe erfahren müssen, daß es quasi noch eine anderne Buchführung gibt, wie der Kramer sagt, draußerhalb von unserm Dorf, und ist da vielleicht der heilige Bischof Nikolaus Buchhalter oder ein Engel vom himmlischen Rentamt.

Da bin ich aber erst etliche Jahre nach demselbigen Portiunkula-Samstag dahintergekommen, wie die Mutter einmal zu Unserer Lieben Frau von Alteneding wallfahrten gegangen ist, und sie hat sich gewünscht, daß ich mitgehe, weil es mir gewiß nicht schaden kann. In der Stiftskirche sind wir zum Beichten, und der Beichtstuhl hat mir gleich gut gefallen, weil er vorher als ein Ganzer eingeglast gewesen ist. Das hat mir gepaßt wegen gewissen Sünden, indem daß die Mutter ganz nah hiebei gekniet ist und brauchte aber nicht hören, was ich beichte. Der Beichtvater ist ein Kapuziner gewesen, und wie ich seinen roten Vollbart gesehen habe, habe ich mir schon gedacht: Auweh.

Aber ich bin hinein und habe die gläserne Tür fest zugemacht. Es ist auch soweit gutgegangen, bis ich gesagt habe, daß es halt mit der Sonntagskirch nicht alleweil stimmt bei mir; da hat er mit aller Gewalt geschrien: »Wie oft?« Ich habe gleich gar nicht mehr reden können, so bin ich derkemmen, und habe sofort zu der Mutter hinausgeschiagelt, aber sie hat Gott sei Dank nicht dergleichen getan.

Jetzt, wie ich zu den Weiberleutgeschichten gekommen bin, schreit er mich schon wieder an. Mir ist ganz anders geworden; da habe ich mir gedacht, daß scharf schon recht ist, aber deswegen braucht er nicht so saugrob zu sein, und habe gesagt, daß mir bereits ganz schlecht ist,

249

bitte, weil er so schreit. Er schaut mich an und sagt in aller Ruhe, ob ich ihn denn verstehe, und ich sage, jawohl, ganz genau. Ja, sagt er, ihm ist es auch bedeutend lieber, daß er nicht zu schreien braucht, aber ich bin in einem Beichtstuhl extra für Schwerhörige. Ich habe ihm gleich erzählt, daß nach mir meine Mutter kommt, und sie hört noch besser wie ich, und von da an haben wir uns alle zwei nur gut verstanden. Aber was ich zuvor ausgehalten habe, das war schon allerhand.
Wetten trau ich mir, daß der himmlische Buchhalter gelacht hat, wie ich in die Stiftskirche hineinbin, und daß er gesagt hat: »So, Bürscherl, jetzt bist dro!« und mit der Zunge geschnalzt. Und hintnach hat er sich das Kontokorrent bringen lassen und hat vermerkt: »Bezahlt!«
Es gleicht sich eben alles aus. Der Deubl-Schuster hat schon recht gehabt.

Wugg Retzer

Beim Beicht'n

Im Pfarrdorf is heunt Mission.
Da kemma d' Bauernleut'
Zum Beicht'n und zum Predi'hör'n
All z'samm vo weit und breit.

Sechs Geistli' sitz'n da glei Beicht —
Dös muaß ma scho benutz'n!
Und alle tean s' ihr'n sünd'gen Leib
Vo Schuld und Fehl heunt putz'n.

Do bei *oam* Geistling drucka s' nei
Wia z' Münga beim Sternecka.
Dös is a Raaffats um den Stuhl,
A Drucka zum Daschrecka.

I druck mi aa hi, frag a Dirn,
Warum grad *da* all's beicht'n tuat.
»Mei!« sagt mir dö, »'s hat scho an Grund! —
Der Herr da drinn' — *der hört net guat!*«

Josef Schug

Ein Schlaumaier. »Du, Nazi, gehn mir in den andern Beichtstuhl nüber, da kommen mir viel eher dran!« — »Na, i bleib da! Woaßt, der Pfarrer is stocktaub!«

Wann man nix zu beichten hat

Er wüßt' rein gar nix anzugeben, sagt der Schallkammerer, rein gar nix. Das wüßt' ja der Herr Pfarrer sowieso: daß man hie und da eine Maß mehr trinkt und dann kreuzlustig wird. Daß man beim Tarocken einmal dem andern in die Karten schaut; und daß man einmal ein kräftig's Wörtel sagt, wann die Ross' nicht ziehen — ob's aber direkt geflucht sei??
Lump! denkt sich der Pfarrer, Malefizlump, nixiger, dir will ich schon auf deine Schlich' kommen!
»Und g'rauft hast wohl nie?«
»G'rauft«, sagt der Schallkammerer, »einmal haben sie mir vierzehn Täg geben und einmal sechs Wochen — aber das G'richt hat halt die Zeugen nicht richtig vernommen. Und der Andresl hat damals bei den sechs Wochen einen kalten Eid geschworen — eine Hand droben und die andere drunten, daß die Himmelsstraf' durch einen Blitzableiter an der Seel' vorbeirutschen muß. Wann der Andresl nit...«
Wart, denkt sich der Pfarrer, dir will ich's schon anrechnen. Die üble Nachred' mit dem Meineid tut drei Rosenkränz', gerauft für vierzehn Täg tut zwei und gerauft für sechs Wochen tut sechs. Elf Rosenkränz' zur Buß.
»Und hast nie nit g'rauft, wo das Gericht nix davon erfahren hat?«
Der Schallkammerer denkt nach. »Wo das Gericht nix erfahren hat — ja, so hab' ich schon auch einmal gerauft...«
»So! Und wo und mit wem?«

Leichtsinn. »*Geh weiter, Schorschl, grad läut's z'samm im Gnadenkirchl!*« — »*Na, iazt muaß i no a Maß Bier hab'n und wenn glei hundert Täg Ablaß hin san!*«

»Kennt der Herr Hochwürden den Kuchlsteig, gleich neben dem Hundsfellgraben?«
»Ja«, sagt der Pfarrer, »und was wär's weiter?«
Der Schallkammerer: »Da hab' ich halt einem schlechten Kerl die Faust 'zeigt.«
»Und nix weiter? Nur gezeigt?«
»Und ein bissel an die Nasen hing'halten ...«
»Ein bissel fest, Schallkammerer!«
»G'stolpert ist er schon ein bissel ...« sagt der Schallkammerer und bremst mit der Aussag'.
»G'stolpert«, sagt der Pfarrer entsetzt und ist schon in Gedanken am Kuchlsteig, der so schmal ist wie zwei Händbreiten und von dem's klaftertief hinabgeht, jach und wüst in den Hundsfellgraben — »g'stolpert ist der ander'? Wer ist er denn g'wesen, der ander'?«
»Ein Jäger halt ...« Herrgott, jetzt reut's den Schallkammerer, daß er mit der G'schicht ang'fangen hat. Und heiß ist's im Beichtstuhl.
Der Pfarrer aber hat die Seel' vom Schallkammerer in den Händen und läßt sie nit mehr locker. »Schallkammerer, und wannst mir jetzt nit sagst, wie's ausgegangen ist, die G'schicht mit dem Jäger, so gibt's keine Lossprechung. Kannst gleich heimgehn mit deinem Sündenpackl!«
»Wie's ausgangen ist? Ja, das weiß ich halt nit. Er hat sich halt nit mehr sehn lassen seither. Vielleicht daß er sich eine andere Stell' g'sucht hat, im Tirol ...«
Mehr hat er nit gewußt, der Schallkammerer.

Georg Queri

Vom Appetit,
vom Durst und den Folgen

Eine schwere Ladung. »Meier, hol d' Sanitäter!« — »Was, is dir schlecht, bist krank?« — » Na, dö soll'n mi bloß hoambringa, woaßt, meiner Alten d' Schneid abkaffa!«

Mangelhafte Verständigung in der Kuchel

Der Preuß (vorgeschrittener Sprachschüler, der den »Loawitoag« geübt hat): Tuan S' ma an Oa geben, moane Liabe, oda bessa droa — und schnoadens ma a Schoaben Brod abi!
Die Bäuerin: ? ? ?
Der Preuß (sieht etwas): Donnerwetter, haben Sie aber mal hübsches Kupfergerät hier. Macht das nicht viel Arbeit, es so blitzeblank zu scheuern?
Die Bäuerin: Ja mei, hireibn derffst scho ...
Der Preuß: Das glaube ich gerne. Und wie oft?
Die Bäuerin: So alle Wochn a vieri. Na ko koa Greaspo dro higeh.
Der Preuß: ? ? ?

Johann Lachner

Der Wirt vo Stoa

I bin da Wirt vo Stoa, i trink mei Biar alloa,
   ja ganz alloa;
Wenn oba d' Fuarleit kemma, tua i mei Krei'm nehma,
   schreib dös mei aa!
I bin da Wirt vo Stoa, feine Gäst hob i koa,
   naa hob i koa;
Fuhrleit und Schwiarza, d' Hoizknecht, Schmusa und Bauersknecht,
   dö san mir recht!
I bin da Wirt vo Stoa, i bleib oiwei alloa,
   ja ganz alloa;
Wenn i a Weibal hoam taat, dös mit de Gäst schö taat,
   do wurd i fad!

Vom Essen und vom Trinken

Sehen wir uns die Speisekarte einmal an und merken wir uns die wichtigsten Speisebezeichnungen in der Landessprache. Du wirst a Suppm zu essen kriegen und Knon statt der gewöhnten Klößchen, im Filserbayrisch Knedel, und a Graud, Deinen Sauerkohl. Die Suppm kann a Rin(d)suppm oder a gse-ichte (von Selchfleisch gewonnene) oder a ei(n)brennte, a(b)g'schmalzte — an Fasttägen — sein. Zum Kaffee gibts Milli oder Muich oder Me-ich in Hülle und Fülle, auch gewässert: a gwassatö (nicht gwassátö zu sprechen!). Auch Dee und Gagao oder Gaka kannst Du erhalten. An Fleisch warten Deiner a Ke-i-waras vom Kaiwi, wovon man die Kalbsbradlgosch'n gewinnt, und Schweinas, fett, zeckalfett und foast, a speer und moga. Am besten bestellst Du, wenn Du mehr auf das Säuische geaicht bist, an schweinan Foastbrod'n und Ärapföknon dazu oder Reiwaknö(d)ll. »Kartoffelklößchen« machen den Bayern erstarren und Bomfridt sind nicht stilgerecht. Statt Ochsenfleisch verlangst Du zweckmäßigerweise örtlich lieber Kuafleisch. Alles Fleisch liebt der Bayer guat duachwachs'n, ein Zeichen seiner feinschmeckerisch veranlagten, alles Gute umfassenden Seele. Ab und zu gibts Wuid- oder We-idbraadn, Hendl und Gickal oder Gockal, Ant'n und Kiartagäns und was Du sonst an Zungengenüssen Dir denken kannst. Auch fremdartige Gerichte breißischer Art warten Deiner: Befschtegg und Bifflamood oder a sauas Fleisch. Für Austern erbitte Roodsbatz'n.

An G'mias oder Bmias (Gemüse) gibt es eine reiche Auswahl: Kartoffisalat, überhaupt Salot und Silot, Guguman, Gaguman — Gurken — Ranna (rote Rüben), Böttsoacha (so verlangt man Sellerie), Öpfömuas, wofür du Apfelkompott erhältst. Zschwöschbm kannst Du zum Nachtisch erhalten und Bian und Draum, wenn die Zwetschgen-, Birnen- und Traubenzeit gekommen ist. Mehlspeise bestellst Du als Me-ischbeis (bitte nicht Mäuispeis lesen) oder Fast'nspeis. Besonders empfehle ich Dir den Schtrudl, feinste Wiener Weinbeerstrudl usw., Reahnudl (Rohrnudel), varsuffani Jungfarn, eine besondere Leckerheit, Schtraum, Gropfa, was doch viel schöner ist als Berliner Pfannkuchen, Pfanakuacha, und allerhand Müasal oder Aflaf: Reisauflauf und sonstige Köstlichkeiten. Die Torte mußt Du immer als Doatn bestellen. Zum Frühstück, das Du Fruahstuck nennen sollst, erhältst Du auf Verlangen Oa und an Buda. An Kas kannst Du Dich toll und voll essen, bis Du käseweiß geworden bist. Über die Milli habe ich Dich schon informiert. Wenn Du ein großer Milchfreund bist und Dir einen geschwollnen Milchschädel anmästest, dann avancierst Du zum Rührmillihengst. Im übrigen halte Dich ans Bier, von dem man sagt, daß Ihr Breißn es uns wegsauft, ans Bia, das hoit so fui guad is, halt gar so fui guat. Wenn Du Bier trinkst, so kannst Du auch der alten Sitte des Broteintunkens folgen. Probiere es einmal, es wird Dir gut bekommen! Statt Brot sollst Du Dich bemühen, wenn Du echtes Bayrisch anstreben willst, Broud zu sprechen. Da warten Deiner Loabi oder Loawi, edle Abarten wie das Maurerloabi, der Pfenningmukl, Heandl, wofür Ihr Hörnchen habt, und Brödsn: Salz-, Laugenbretzen, Frei-

Geschäftssprache. »*Du, der Herr Doktor hat g'sagt, i muaß ins Bad; i hab' dritthalb Zentner lebands G'wicht.*«

burgerbretzeln, wonach es eben Deine sauflüsterne Zunge planga und glüst'n tuat. Verlange auch einmal Kipfi, Oaweckal oder rämische Wekkal (römische Wecklein).
Unbeliebt wirst Du, wenn Du Deinen Nächsten ständig und ständig durch lästiges Reden störst. Das heißt man bei uns zu Lande: jemand ansoß'n. Leute mit Mauldiarrhöe sind überhaupts nicht beliebt in einem Land, das die Tat über alles schätzt und mit mhm oder ha einen ganzen Satz ausdrücken kann. Das Broud ist besonders beliebt beim zweiten Frühstück, wenn Du a Lingal, a Voaröss'n, ein Wiener Bäuscharl als stimulierende Grundlage für die Hebung der vormittägigen Bierandachten, die ab neun Uhr morgens in Bayern abgehalten werden, zu wählen gedenkst. Ein weiteres wichtiges Nahrungsmittel für einen Teil der bayrischen Manna ist der Schnopftabak, weil d' Nos'n a epps braucht. Wenn Du darauf Wert legst, ganz g'scheert zu sprechen, dann verlange Dawag (—a— ganz hell), auch für Rauchtabak. Die beste Nasennahrung ist der Barisa (Pariser) und in erster Linie der köstliche Schmai, auch Schmaizla genannt. So Dir ein Biederer das Schmaiglasl beut mit der Grandezza eines germanischen Fürsten, der einem anderen fremden Edeling ein Gastgeschenk bietet, das Glasl mit einem Miniaturpferdeschweif darauf (in pietätvoller Erinnerung an den Pferdeschweif von Sultan Soliman auffigschteckt), oder wenn er Dir die Dus'n reicht, als wäre er ein Sprosse Friedrichs des Großen, dann verschmähe die Gabe nicht und schnopf mit Todesverachtung eine Bries affi in den Kumpf, bis es Dich reißt.

Ein weiteres wichtiges nationales Nahrungsmittel ist der von den alten Römern bei uns eingeführte Rettich, ein säuerlicher Verwandter der Zuckerrübe, der bayrischen Rua(b)m, die Du dreistückweise nach altem Brauch und Herkommen aus jedem Acker Dir ausziehen darfst, solang Dich der Besitzer nicht derwischt. Aber diese edle Wurze darfst Du nicht als Rettich verlangen. Das ist der Radi. Sollte Dir der Radi aufstoßen, so ist er zu grüßen mit dem altbayrischen Radigruß: »Grüaß Good, Herr Radi.« Wenn Du einen Gefangenentransport siehst — der Gefangene mit überkreuz gelegten gefesselten Händen, die an zwei Rettiche erinnern — dann heißt's: »Kaaffts Radi!«

Wossa, euer nordisches Wasser, ist normal bei uns nur als Waschmittel beliebt, wie es schon im Volksmund heißt:

Na, na! Koa Wassa net,
Na, na, dös mog i net!

Nur zum Kaffee genießt man Wasser, das Dir das Wassamadl reicht. Wenn Du ihr ein Fünferl gibst, wird sie Dich anlächeln. Bei einem Zehnarl wirst Du Herr Dokta. Tätscheln nicht unzulässig, für Verheiratete verboten! Solltest Du mit der Bierqualität nicht zufrieden sein, wenn es Dir wie das reinste Wossa erscheint, so sprich nicht von Gesöff — das versteht man nicht oder wirkt aufregend auf das Gmiat — sondern entlade Dich mit der Wendung: »So a Blempl, so a Saublempi!« Wie hoch im übrigen das Bier geschätzt wird, wie bildend die Wirkung ist, die von ihm ausgeht, das zeigt der Umstand, daß man manchen Biertrinker für einen Mediziner hält, so sehr vergeistigt dieses Trankl. Man sagt dann — und ein bayrischer Schriftsteller hat die Wendung urkundlich niedergelegt — bewundernd so zu einem Biergelehrten: »Dea hat sei ganze Medizin aus'n Maßkrug raustudiert.« Wenn Du Bedarf nach süßen Dingen hast, z. B. süßen Mädeln für die hungernde Seele oder Schokolade und Bonbons, so ist auch dafür in Bayern, das enk wia a großes gastliches Wirtshaus »Zum g'uatn G'müat« alle einlädt, reichlich gesorgt. Nur darfst Du diese Dinge nicht in breißischer Sprache Dir erbitten. Du sollst Schokalad und Bombo — nicht Bobo — sagen. Alle Mädchen sind bei uns siaß. Wie weit sie sauer sein können, lehrt die Praxis.

Zum Schluus, geliebter Leser, mehr geliebte Leserin, einige Worte zum Benehmen bei Tisch, zur bayrischen Tischzucht! Normal ißt man auch in Bayern mit einem Eßbesteck, das Du Dir als Löffi, Gawi (a— ganz hell zu sprechen) oder Gobi und Mössa vom Kellner (Ke-ina) oder der Frein Kassierin (wenn Du sie Kellnerin nennst, schnappt sie ein) erbittest. Sollte das Messer nicht schneiden, so beschwere Dich mit der Wendung: »Da kann ma um Mittarnacht a nackate Laus rasier'n.«

Die Serviette heißt man Salfet. Es ist nicht unbeliebt, sie um den Hals zu binden, je links und rechts ein Zipfel auswärts stehend. Man sieht dann aus wie ein Schweinskopf.
Den Kalbskopf ißt man, wenn er im Ganzen serviert wird, nicht selten mit den Händen. Also tu Dir keinen Zwang an, wenn Du in der kälbischen Anatomie nicht zu Hause bist, und schänia Di(ch) nit! Erscheinungen, die sich nicht selten während des Essens einstellen oder während der Unterhaltung, nennt man den Schnackla oder Hätscha. Knochen werden mit der Hand abg'fieslt und eventuell ausg'suzlt: nicht zu laut, sonst erregst Du Klassenhaß. Wenn Du satt bist, so sollst Du Dich nicht weiter nett'n oder nötigen, sonst bekommst Du im Bauch oder sonstwo einen Wehdam und brichst plötzlich in die Worte aus: »Mia is net recht extra!« Dann wäre die Zeit für das Schnapsei gekommen. Der Mittagsschlaf ist auch bei uns üblich. Normalerweise wird er aber nicht im Gastlokal, sondern im Hotelzimmer erledigt, zumal wenn Du etwa schnarchst wia a Brairoos.
Alle die Speisen und Getränke, mei Liaba, die ich Dir nannte, bestellst Du mit der scharf gemeißelten Wendung »i mog« (a Bia usw.) oder »i kriag«. Dadurch weist Du Dich als Einheimischer aus. Du mußt ferner all die Speisen und Getränke, nach denen Du verlangst, richtig und gut aussprechen können, wie ich sie Dir angab. Du mußt aber dabei noch auf eines achten, nämlich den Akzent an der richtigen Stelle anzubringen. Sonst hält man Dich für einen, der aus der Irrenanstalt Eglfing bei München entsprungen ist.

Otto Mausser

D' Wirtin vo Kreutlkirch

D' Frau Wirtin hint' vo Kreutlkiach,
de zahnt und greint und jammert schiach.
Am' Pfarrer, mit sei'm Herz, sei'm warmer,
tuat drum de Frau glei arg derbarmer.
»No, Wirtin«, frogt a, »warum woanst'n?
De Erden-Sorgen san die kloanst'n!«

»Na, na«, sogt d' Wirtin, »nix is schlimmer,
mei Hund, da Flocki, lebt jetzt nimmer!«

No, moant da Pfarrer, ois wos recht is,
— net daß de Tierliebe grad schlecht is —

doch sollt' ma des net ganz vergessen,
er is doch bloß a Hunderl g'wesen!

Des stimmt ja net, sogt d' Wirtin kurz
und schneizt se kräftig in ihr'n Schurz,
mei Flocki-Hund, mei guater, kloaner,
i kunnt ma d' Aug'n nach eahm auswaoner,
a Huif' wia den kriag i nia wieder!
— und ganz daschlog'n hockt sa se nieder —
jetzt miaß' ma — moants, und greift zur Flasch'n,
— de Teller wieder sejm obwasch'n!
Leopold Kammerer

Die Resi

Sie treibt weder Sport noch Morgengymnastik, ist aber trotzdem ein stämmiges Frauenzimmer mit Rundungen überall dort, wo sie von den Mannsbildern gern gesehen werden. Sie schleppt, wenn im »Bruckbräu« gerade Hochbetrieb ist, auf ihrem schwellenden Busen ihre sechs, acht Maßkrüge daher, und das macht ihr, ungeachtet aller Wege zu Kraft und Schönheit, keine Junge nach.
Die Resi hat ein lediges Kind, eine sichere Stellung und Krampfadern. Das mit dem ledigen Kind betrachtet die Resi als einen Betriebsunfall — als einen einmaligen allerdings! —, der nun, Gott sei Dank, schon seine zehn Jahre zurückliegt. Seit dieser Zeit kann jedoch die Resi die feinen Herren, die so schön tun können und dann verduften, nicht mehr schmecken. Immerhin erhält die ledige Kindsmutter Resi Sunleitner jeden Monatsersten, vom Amtsgericht veranlaßt, eine Postanweisung mit den Alimentern frei ins Haus. Das ist der Trost dafür, daß ihr Wiggerl kein Baron, nicht einmal ein halberter, wird, und dieser Trost lindert wie der Salzburger Balsam.
Sonst schätzt die Resi jeden Gast; ihre »Stammtische« aber liebt sie. Männliche Gäste zieht sie den weiblichen entschieden vor. Die Frauenzimmer tun immer so geschmerzt oder so hochnäsig, dreckeln mit der Speiskarte so lang herum, als ob sie erst das Lesen lernen müßten, und möchten auch noch Betriebsgeheimnisse wissen, was beipielsweis' im Haschee oder im Hackbraten drin ist. Die Mannsbilder schlingen im Gasthaus alles, was man ihnen vorsetzt, ohne Murren hinunter — im Gegensatz zu daheim! —, sie trinken auch kräftig und nippen nicht nur, und sind mit den Trinkgeldern nobel. Frauen, insbesondere ver-

heiratete, lassen sich noch einen Zweiring herausgeben, Männer nie. Die Resi achtet sorgsam auf das Wohlbefinden ihrer Stammtischherren. Am Montag, seinem Ischiastag, will der Herr Oberpostinspektor den Bierwärmer, und das Eckfenster möchte er am liebsten zugemauert haben. Der Herr Rat wünscht seine ewige Kalbshaxn, eine extragroße Portion Kartoffelsalat, warm, mit viel Öl. Und die Resi schreit mit ihrer knödelkräftigen Altstimme in die Kuchel: »A Schwammerl-Supp fürn Herrn Redakteur, a Tellerfleisch, gut durchwachsen, fürn Schuilehrer, an Preßsack fürn Herrn Kommissär, a saure Leber und a Springerl fürs Freilein Sophie ...«

Wenn die Gäste im stärksten Trubel betteln, reklamieren, flehen, drohen, fluchen, damit sie endlich einmal ihr »Menüh« kriegen, da sagt die Resi mit abgrundtiefer Schärfe bloß: »Gleiii!« Auch die schwierigsten Gäste werden auf dieses fürchterliche »Gleiii!« in der nächsten halben Stunde lammfromm. Die Resi spielt nicht die gekränkte Leberwurst, wenn ihr am Gesellschaftstag der Herr Rat oder der Herr Versicherungsinspektor auf die gutgebaute Hinterfront tätschelt — so im Vorbeigehen, als Aus- und Eindruck der Freundschaft, der Zutraulichkeit, des gegenseitigen »Verschtehstmi«. Es soll gewissermaßen heißen: »Unsre Resi!« Nur wenn sie's ein bisserl bunt treiben möchten, die älteren Herren, da droht die Resi mit dem Finger: »I werd's amal der Frau Inspektor sagn!«

Sie ist eine seelengute Haut, die Resi, aber das wissen nur ganz wenige. Das eine oder andere Studentlein ißt zu Mittag tapfer auf Resis Kosten. Und bei manchem armen Teufel hat sie schon auf die Rechnung vergessen.

Das Wort der Resi hat Gewicht im »Bruckbräu«. Selbst der Toni, der Metzger und Schenkkellner, wagt keine Widerrede, wenn sie ihm wortlos, mit einem vielschweigenden Blick, einen schlechteingeschenkten Krug zum soliden Nachfüllen hinstellt.

Einmal freilich hat den Bruckbräu der Höllische geritten; er hat die Resi an einem unguten Tag eine »fade Nockn« genannt und ihr gekündigt. Es war ihr weh ums Herz, aber sie ist stolz gegangen. Von dem Tag an ist ein Stammgast nach dem andern ausgeblieben. Der Herr Rat hat auf einmal vor lauter Ischias und Wehdam nicht mehr zum Gesellschaftstag kommen können, dem Herrn Redakteur hat vor lauter haarigen Leitartikeln der Kopf gebrummt, daß er nimmer ausgehen hat mögen, und der Herr Inspektor hat gesagt, er pfeift auf den Bruckbräu, und ist saukalt zur Konkurrenz, in die »Blaue Traube«, hinübergewandert. Und einen ganzen Haufen Leut' hat er mitgezogen. Beim Lehrer Liebstöckl seiner Liedertafel ist nichts mehr zusammengegangen, und die Tenöre haben gesagt, daß sie jetzt, seit die Resi nimmer da ist, nicht mehr recht auf das hohe C kommen.

Da ist dem Bruckbräu sein Gesicht immer länger geworden, er hat sich hinter den Ohren gekratzt — und auf einmal pfeift er seinem Waldi, geht zur Resi und holt sie zurück. Sie war keine fade Nockn und hat sich nicht lange bitten lassen. In der Gaststube waren an ihrem zweiten Einstand Girlanden gespannt, und der Herr Rat mit seinem verflixten Ischiasnerv ist dahergehumpelt, der Herr Inspektor und der Herr Postvorstand sind mit freudigen Grüßen und Händeschütteln gekommen, und man hätte glauben können, die Resi sei fünf Jahre in Amerika gewesen. Und die Tenöre von der Liedertafel haben an den Probeabenden plötzlich wieder ihre schwindelnden Höhen erklettert. Die Resi hat mit dem weißen Tuch sorgsam ihre Tische abgewischt — und das Messingschild »Stammtisch« noch eigens ein paarmal — und mit ihrer knödeltiefen Stimme wieder in die Kuchel gerufen: »A Tellerfleisch, gut durchwachsen, an Kalbskopf, extra groß, fürn Herrn Rat...«

Ja, die Resi!

Alois Hahn

Brav, brav...

Er hat koa Zigarettn graucht,
hat kaum amoi a Freindin braucht.
As Essn fettarm, ohne Soß
— ois möglichst vom Reformhaus bloß.

Koa Bier, koan Wein. Sei Lebnskraft
hat er si ghoit aus Apfisaft,
aus Milli und aus preßte Ruam.
Jetz liegt a grad so in da Gruam...

Franz Freisleder

Zwei Bedauernswerte. »That recht schön bitt'n, hob scho seit in da Fruah nix mehr im Magen.« — »San S' froh; wenn Sie wüßt'n, wia mi mei Kalbshaxen druckt.«

Der gelernte Kalbshaxen-Esser

Bei uns im Walddorf riecht man es schon an den Rauchfängen, was es auf Mittag zu essen gibt. In der Früh' und zu Abend braucht man nicht lange zu schnuppern, denn da ist die Kost überall gleich, und man kennt sie seit Urzeiten. Da gibt's halt Milchsuppe, süße oder saure, mit Brotbrocken und Erdäpfeln.
Zu Mittag muß man aber schon eine feine Nase haben, wenn man am Rauchfang die Mahlzeit erriechen will. Denn da gibt's dutzenderlei Gerüche und Gerichte, melberne und fleischerne, und wenn man wissen will, ob's lange Nudeln sind oder ein Sterz, was da so schmalzelt, muß man noch ein Kind fragen.
Beim Bomeisl aber riecht man heut' was, das kann kein Mensch erschmecken, ein Rüchlein und Düftlein so zart und schmackig, wie ich noch nie eins aus dem Bomeislischen Rauchfang gerochen habe. Wovon das Geschmäcklein kommt, errät kein Mensch, und wenn er eine Nase hat wie der Poschinger-Peter, von dem es heißt, daß er bei der Nasenverteilung fünfmal »hier« geschrien hat.
Aber man kann sich das Riechen und Schnuppern diesmal ersparen, weil die Bomeislbuben auf dem Hausanger stehen und frohlocken, was es heute bei ihnen auf Mittag gibt:
»Eine Kalbshaxen!«
Der Bomeisl ist nämlich ein Binder, der den Bauern die Krautfässer

und Trankeimer, die Waschzuber und Backtröge macht und auf Stören in den Walddörfern werkt.

Wie er gestern beim Lenz-Adam in Abtschlag auf der Stör war, ist ein Stierkalb ledig geworden und hat sich beim Sprung in die Miststatt zwei Haxen gebrochen. Weil das Kaibl nicht mehr davongekommen wär, hat es der Lenz-Adam abgestochen und dem Bomeisl eine gebrochene Haxe mit heimgegeben.

Und jetzt wird die Kalbshaxe beim Bomeisl auf Mittag gebraten. Weil die Bomeislin ihr Lebtag noch keine Kalbshaxe gekocht hat, bräunte sie der Bomeisl selber in der großen Bratraine. Und wie's der Bomeisl versteht!

»Wie du's nur kannst«, sagt die Bomeislin, weil sie froh ist, daß sie heute während der Kochzeit etwas flicken und stricken kann. Denn die Bomeislbuben reißen das Gewams richtig her.

»Was man einmal gelernt hat, sell vergißt man nimmer«, spricht der Bomeisl vom Ofen her. »Fünfhundert Kalbshaxen langen nicht, was ich schon gebräunt und gebraten, gesulzt und gesotten hab', wie ich Bedienter gewesen bin beim Hauptmann Sattelfest Anno dazumal. Wie oft hat der Hauptmann zu mir gesagt: ›Solang' ich dich hab', Bomeisl, solang' heirat' ich nicht. Denn die Kalbshaxen kann keine Frau und keine Köchin so nobel zurichten wie mein Bomeisl.‹ Und wie nachher meine Dienstzeit aus gewesen ist, hat er mir noch einen Taler und ein Kistl Zigarren in die Hand gedrückt: ›Weil du die Kalbshaxen gar so gut gemacht hast, Bomeisl‹, hat er gesagt, und nachher hat er nichts mehr sagen können, weil ihm die Stimme erstickt ist. Und mir ist auch zum Rotzen und Röhren gewesen. Ich hab' auch nichts mehr sagen können wie ›Zu Befehl, Herr Hauptmann‹, so hart ist mir ums Herz gewesen um den guten Herrn.«

Der Bomeisl reibt den Wadschenkel in der Bratraine mit Butter ein, daß die Düfte davon durch die Stube wirbeln. Die Buben springen hin und her vor Freude auf das feine Essen.

»Euch wird der Schnabel schön sauber bleiben«, dämpft die Bomeislmutter den Übermut. »Die Kalbshaxen gehört dem Vater, und wir kriegen lange Nudeln in der Buttermilch. Wenn wir gegessen haben, ißt der Vater seine Kalbshaxen. Marsch an den Tisch, und du auch, Lehrbub!«

Mit trübseligen Gesichtern löffeln sie ihre Milchnudeln hinunter, und wenn die Hoffnung nicht wäre, daß doch auch von der Kalbshaxe noch ein Bröcklein für sie abfiele, dann wär' das Essen schier nicht zum Aushalten, weil ja von der Bratröhre her die duftigen Rüchlein um die Nase wirbeln.

Noblesse. »*Du drahst schön auf, schölst gar d' Würscht o!*« — »*Woaßt, dös is nobel! Darnoch iß i d' Haut extra.*«

Der Bomeisl aber zwiebelt jetzt die Bratensoße auf, daß es nur so zischt, und fährt im Rühmen seines Herrn Hauptmann fort: »Wahr ist's, diese Zeiten kommen nimmer, daß ich bei dem Herrn Hauptmann Sattelfest war. Einen solchen Hauptmann gibt's nicht ein zweites Mal. Und jetzt meine ich, ist die Kalbshaxen fertig.«
»Weg vom Tisch, ihr Rotzbuben, daß der Vater Platz hat und eure Giermäuler nicht alleweil anschauen muß beim Essen«, schreit die Bomeislin die Buben an. »Und du gehst auch weg, Lehrbub!«
»Laß sie nur sitzen«, spricht der Bomeisl. »Und zuschauen dürfen die Buben schon. Und der Lehrbub auch!«
Sieben Bomeislbuben sitzen um den Stubentisch mit aufgestützten Ellenbogen, Augen und Mäuler auf die Kalbshaxe gerichtet.
»Seid nicht so garstig«, spricht die Mutter und rückt sich den Stuhl mit ihrem Flickzeug zum Tisch heran. Der Pinscherl bellt vom Besenwinkel her, wo er angehängt ist, nach der Kalbshaxe hin, die Katze streicht und schnurrt um das Stuhlbein des Bomeislvaters, und sogar der Kanarienvogel hinten im Häusl über der Stubentüre wispert und wetzt mit dem Schnabel.
Der Andrel, einer von den Bomeislkindern, kann sich nicht enthalten, den Finger schnell in die Bratensoß zu stecken und abzuschnullen. Im Augenblick hat er aber schon eine Maulschelle von der Bomeislmutter, und er muß vom Tisch herunter, derweil der Bomeislvater das Brätlein anschneidet und die andern Buben riechen dürfen, wie schön es duftet.

Wie der Bomeislvater das erste Bröcklein in den Mund schiebt, da schlucken alle Buben im Geiste mit. Und der Lehrbub auch. Der Andrel weint, der Pinscherl heult, die Katze schreit, und der Kanarienvogel hinten im Häusl macht eine Metten wie noch einmal ein Harzer Roller: alles wegen des Kalbshaxenduftes, der im Bomeislhäusl bis heute noch nicht gerochen worden ist.

Weil aber der Bomeislvater ein gutes Herz hat, sagt er: »Wartet nur, Weib und Kinder, wenn sich wieder einmal bei einem Bauern, wo ich gerade auf der Stör bin, ein Stierkalb die Haxen bricht, dann kriegt ihr auch einmal ein solches Schmankerl!«

»Seht, wie gut es euch der Vater meint«, spricht die Bomeislmutter. »Und ihr seid so schleckig und garstig, daß es ein Graus ist.«

»Es ist wahr«, meint der Bomeislvater, »so garstige Kinder gibt's nicht leicht, wie ihr seid. Ich weiß nicht, wo ihr's nur herhabt!«

Und der Bomeisl läßt sich die Kalbshaxe schmecken, bis nur noch der weiße Knochen auf dem Teller liegt. Denn der Bomeisl hat beim Hauptmann Sattelfest nicht nur das Kalbshaxenbraten, sondern auch das Kalbshaxenessen gelernt.

Wie der Bomeisl mit dem Essen fertig ist, wischt er sich mit dem Schurzfell den Mund und sagt: »So, Mutter, die Soß, die noch im Teller ist, darfst du dir heraustunken. Und das Fleisch, das noch am Bein ist, dürfen die Buben abfieseln. Man tut ja so alles für seine Kinder. Jeder darf drei Minuten fieseln und der Lehrbub auch.«

Ein Aufatmen geht durch die Bubenreihe am Bomeisltisch. Der Wolfram kriegt den Knochen zuerst. Blanke Bubenzähne blinken und blanken. Bein auf Bein, so wandert der Knochen von Hand zu Hand, von Mund zu Mund, und jeder weiß noch ein Fäselchen von der Knochenhaut abzuknuspern.

Wie die Reihe durch ist, darf auch die Katze ein paarmal daran schlecken, der Kanarienvogel im Häusl darf auch ein wenig hinpicken, aber es geht nichts mehr weg. Das Bein ist so blank wie Weißmetall.

Das ist die Geschichte von der Kalbshaxe, die der Bomeislbinder vom Lenz-Adam in Abtschlag bekommen hat, weil sich das Stierkalb beim Sprung in die Miststatt zwei Haxen gebrochen hat.

Franz Schrönghamer-Heimdal

Zwoa Knödl

Oa Knödl siadt scho,
da anda Knödl
fangt's Siadn o.

Schaugt oa Knödl
den andern o,
wiara so siadn ko!
           Konrad Max Kunz

Blaue Knödl von der Anni

Der Brunnhuber-Girgl war ein strammer, schneidiger Bursch von knapp zwanzig Jahren und mit einem überaus guten Appetit gesegnet. Das war weiters nicht schlimm, denn solange der Girgl auf dem elterlichen Hof mitarbeitete, wurden eben mittags so viele Knödel, abends so viele Dampfnudeln und dazwischen zur Brotzeit so viel Geselchtes verdrückt, bis der Magen endlich Ruhe gab.
Zum Problem wurde dieser Appetit erst, als der Girgl zum Militär mußte. Bereitete die Umstellung auf die andere Kost schon erhebliche Schwierigkeiten, so konnte der Girgl die Mengen, die er beim Essensempfang in den Teller geschleudert bekam — die Geschichte spielte sich noch beim alten Barras ab — nur als Magentratzer bezeichnen. Doch wo die (Hungers-)Not am größten, ist Hilfe am nächsten. Diesmal nahm sie die Gestalt einer molligen Kantinenköchin namens Anni an. Mit dem feinen Gespür der Frauen hatte die Anni die hungrigflehenden Blicke gesehen und das Knurren im Magen gehört, wenn der schneidige Rekrut mit den treuherzigen Augen mit dem Teller in der Hand an den Essensschalter trat, und ward, nicht ganz ohne Hintergedanken, von Mitleid gerührt. Der Girgl bekam von nun an die doppelten und dreifachen Portionen und als Nachtisch einen schmachtenden, verliebten Blick obendrein. Wilhelm Buschs Behauptung »Jeder Jüngling hat einmal einen Hang zum Küchenpersonal« begann sich am Girgl zu erfüllen, und das zum Teil recht dramatisch.
Eines Tages nämlich, an einem Freitag, hatte der Brunnhuber vor dem Schilderhaus am Eingang zur Kompanieunterkunft über die Mittagszeit Posten zu stehen. Aus der ebenerdig unmittelbar dahintergelegenen Küche drang aufreizend und verführerisch der Duft von frisch gebackenen Heringen. Mmh! Das Wasser lief dem Girgl im Mund

zusammen, und er litt Höllenqualen. Die Anni aber kannte ihren Girgl und reichte ihm durch das Fenster einen in ein Papierl eingewickelten, ganz frisch aus der Pfanne genommenen Fisch hinaus. Da war es beim Girgl ganz aus mit der Beherrschung und der mühsam erlernten Wachvorschrift. Das Gewehr an das Häusl lehnen, den Fisch auswickeln und gierig und heißhungrig so fest hineinbeißen, daß die Gräten an den Lippen hängenblieben und das Fett vom Kinn tropfte, war eines. Sein Pech dabei war nur, daß ausgerechnet in diesem Augenblick sein Hauptmann vorbeikam und ihn für drei Tage in den Bau steckte. Aber wie heißt es schon in der Schrift? »Die Liebe trägt alles, die Liebe duldet alles ...«

Eines Tages war es schließlich so weit, daß der Girgl Urlaub bekam und die Anni mit heim auf den elterlichen Hof nahm, um sie dort nicht ohne Stolz herzuzeigen. Die Anni zeigte sich von ihrer besten Seite, war zu Bauer und Bäuerin und zu des Girgls vier jüngeren Geschwistern äußerst freundlich und nett. Sie machte sich auch sogleich in Stube und Küche nützlich und kam Girgls Mutter sogar mit dem Vorschlag, daß sie, die Anni, am nächsten Tag das Mittagessen kochen und statt der ewigen Teigknödel einmal etwas ganz Besonderes, nämlich rohe Kartoffelknödel, machen wolle. Die Brunnhuberin fühlte sich bei diesem Gedanken zwar nicht recht wohl, trotzdem willigte sie ein und meinte etwas schüchtern und verlegen lediglich: »Ja scho, aba dees kenna dee unsan net.«

Am nächsten Vormittag ging die Anni voller Eifer daran, den Brunnhubers aufzukochen, es ihnen zu zeigen, was der Girgl einmal an ihr hätte, wenn ... Als alles an dem großen Tisch in der Stube Platz genommen hatte, trug sie das Mittagessen auf: Kraut und Gselchtes, wie immer; dazu aber, als ihre stolze Überraschung, eine Schüssel dampfender Kartoffelknödel. Die Brunnhubers waren, wie alle Bauern gegenüber Neuerungen, zunächst mißtrauisch, ja ängstlich, und sahen ziemlich mürrisch und abweisend auf die neuartigen Knödel. Mein Gott, die sahen ja ganz glasig aus, und blau waren sie auch! Blaue Knödel, ja pfui Deife! Der Bauer überwand sich als erster und holte sich eine dieser komischen Kugeln auf den Holzteller. Dann zog er die Augenbrauen hinauf, die Mundwinkel hinab und schob sich den ersten Bissen so vorsichtig, als handle es sich um eine Eierhandgranate, die bei der geringsten Berührung explodiert, zwischen die Zähne. Auf das Schlimmste gefaßt, machten es ihm die andern nach. Aber weder der Bauer noch sonst eines brachten auch nur einen Bissen hinunter. Wenn die Anni gerade nicht herschaute oder in der Küche hantierte, warfen sie den Brocken verstohlen unter den Tisch, dem Hofhund, dem Rexi, zum Fraße vor. Der aber schnupperte nur verächtlich daran und verließ fluchtartig mit eingezogenem Schweif und gesenktem Kopf, in seiner Hundeehre sichtlich gekränkt, die Stube.

Als der Bauer mit seinem Girgl allein war, murrte er ihn an: »Oiso mit ana soichan brauchst uns fei nimma kemma. Blaue Knödl! Solang i denk, bei mein Großvaddan und bei mein Vaddan, hods bei uns oiwei Doagknödl gebn. Na, na, mei Liaba, dees neumodische Zeugs, dees daugt nix, dees laß da vo mai gsogd sei.«

Und der Girgl ließ sichs, zumal seine Militärzeit sowieso bald zu Ende ging, tatsächlich gesagt sein und blieb, weil die Liebe bekanntlich durch den Magen geht, bei den Teigknödeln und nicht bei der Anni.

So kann's gehen, wenn jemand unbedingt meint, er muß das Alte durch etwas Neues ersetzen.

Anton Wandinger

Der Leberkäs

Der Maunzinger-Feschl von Argelsried hat die Gewohnheit, jedesmal, wenn er nach Wachelberg zum Viehmarkt fährt, beim Unterwirt oder beim Moderbräu gehörig einzukehren, bis er die richtige Bettschwere hat. Sein Weib, die Genovev, ist, mit Respekt gesagt, eine Beißzang, wie sie im Buch steht. Aber mag sie auch noch so höllisch schimpfen, wenn der Feschl mit seinem Rausch heimkommt, dem macht das weiter nichts aus.

»Nana-na, Vev! Sei stad, sei stad! ... Ganz gwiß sauf i nimmer! ... Ganz gwiß, Vev! ... Do, schaug!« plappert er jedesmal bierschwer, wenn er in der Nacht in die Ehekammer kommt, und dann zieht er aus seiner Brusttasche so ein Pfund Leberkäs heraus und gibt es ihr.

»A Sauhammi bist, daß d' es woaßt! ... A bsuffens Wogscheitl bist!« zetert die Genovev noch, aber der Leberkäs beruhigt sie dann doch. Sie ißt ihn nämlich für ihr Leben gern. —

Daß der Feschl jedesmal, wenn er beim Unterbräu oder beim Moderbräu einkehrt, in seiner Überziehertasche sein Pfund Leberkäs drinnen hat, das weiß jeder. Lustige Leutln kommen da immer zusammen, wenn Viehmarkt ist in Wachelberg, fidele Leut! Da hat jeder so seine Finessen im Kopf, und zu gern macht man einen saftigen Witz.

Kurz und gut, wie der Feschl einmal wieder so sauft und sauft und langsam schon gläsrige Glotzaugen kriegt, zu plappern und zu rülpsen anfangt, da steigt dem Fingerer der Übermut ins Hirn.

»Geh!« spöttelt er den Feschl aufmunternd an: »Geh, Feschl, du vertragst aa scho gar nix mehr! Bei der fünften Maß Bier hot's di scho! ...

I versteh dös gar net! A rechter Krauterer wirst jetz scho! Schaug mi o! I hob jetz mei achte Maß — kennst du mir vielleicht wos o? I mach dir, wenn's sein muaß, jetzt noch an Parademarsch vor!«
So eine gemütliche Anspornung wirkt immer. Der Maunzinger-Feschl besoff sich ärger als jemals. Und bei dieser Gelegenheit haben ihm der Fingerer und der Loitlberger von Buchwies den Leberkäs aufgefressen, ganz insgeheim. Und wie das geschehen war, ist der Fingerer unverdächtig aufgestanden, hat das fettige, leere Papier genommen und dem Moderbräuwirt schnell zugewispert: »Jetz paß auf, jetz füll i'n eahm wieda, den Leberkäs...« Der Wirt hat gezwinkert und es den andern lustig zugewispert. Der Fingerer ist in den Abtritt hinausgegangen. —
Hinaufheben haben sie ihn dieses Mal müssen auf sein Sauwägerl, den Feschl, so einen Brandrausch hat er gehabt. Und — na ja, sein Roß, der Fuchs, kennt ja den Weg auch ohne ihn — heimgekommen ist er wie immer.
»Jajaja, jetz do hört sich doch ois auf! Du Saukerl, du abscheulicher! Du Dreckhammi, du unappetitlicher! Schamst di denn gor nimmer!« hat ihn die Genovev empfangen, denn in der Nacht ist sie noch aufgewesen und hat es mitgemacht, wie der Feschl vom Sauwagerl heruntergeplumpst ist. Aber gleich ist er wieder auf, und das Keifen von seiner Alten hat ihn sofort halbwegs nüchtern gemacht. Schnell hat er in seine Überziehertasche gegriffen und das Packl herausgezogen.
»Do-do! Do schaug! Vev! Do schaug!... üjupp... üjupp... üjupp-jupp... I hob'n net vergessn, dein Leberkäs... Do, Vev, ganz warm is er noch!« stottert er sie an und gibt ihr das Mitgebrachte. —
Wenn du ihn heute noch fragst, was dann alles passiert ist, er kann sich's absolut nicht erklären, der Feschl. Er weiß bloß noch, daß ihm die Genovev den Leberkäs ins Gesicht geschmissen hat und daß er alsdann gestunken hat wie ein ganzer Misthaufen. Seitdem aber kauft er keinen Leberkäs mehr. Unerfindlich ist ihm bloß, warum der Fingerer und der Moderbräuwirt jedesmal, wenn er einkehrt, so hinterlistig verschmitzt fragen, ob er vielleicht den Leberkäs für seine Genovev vergessen hat.
Er tut ganz arglos, wird aber alsdann doch ein bißl verlegen und sagt meistens: »Sie mog koan mehr!... Sie hot si überfressn dro...«

Oskar Maria Graf

Hartes Geschick. »Hat das viele Morphium, das der Meier während seiner Krankheit hat nehmen müssen, ihm nicht geschadet?« — »Ja, er hat einen starken Nervenchok davongetragen. So oft er zum Beispiel einen Maßkrug in die Hand nimmt, kann er ihn nicht eher wieder hinstellen, als bis er ihn ausgetrunken hat!«

Bierführer-Gstanzl

Tean ma mal in d' Händ neischbeim
Und mit Faßl Kegl scheim!
Laß ma d' Irxn hupfa
Und zwoa Hekto lupfa!

Herrgodsakra, mia ham Schmalz
Wia der Birkhoh in der Balz.
Und de Stiefen glanzn
Und de Banzn tanzn!

Und de Schnurrn ghört aufigwichst!
Unseroana, Büaberl, siehgst,
Bringt in München 's Bier.
Auf gehts, mia san mia!

's Hüatl ham ma hint im Gnack,
Westna tragn ma statt an Frack,
Und a Bitschn braucht a Mo.
Jetza, Simmerl, zapf ma o!
      Hanns Vogel

Vom wackeren Essen

Der Schmied-Simmerl von Percha is der stärkste Esser im Land. Das Schweinerne mag er gern, und wenn's fünf überzwerchte Finger Speck hat, dann mag er's am liebsten. Da kann er stundenlang essen und wird nicht müd dabei.

Aber eines schönen Tags is der Schmied-Simmerl krank geworden und hat sich ins Bett legen müssen. Und der Dokter hat kommen müssen und der Bader und schließlich auch noch die Kohlheißen-Traudl von Walchstatt, wie die Sach immer böser hergeschaut hat. Und die Kohlheißen-Traudl, die hat ihn dann ein kleins bissel wieder herg'richt, aber recht matt und schwach is er halt doch noch gewesen.

Und die Traudl hat zu der Schmiedin gesagt: »Er wird schon wieder, der Deinige, das versprich ich dir auf die Hand.«

»Meinst??« hat die Schmiedin gejammert.

Und dann is die Schmiedin hergegangen und hat gut fünf Pfündl Schweinernes beim Stengl von Percha gekauft und hat's schön im Kraut gesotten und hat's dem Simmerl ans Bett hinbracht. Ein Schweinernes mit fünf überzwerchte Finger Speck.

Der Simmerl hat die Gabel genommen und das Messer und hat's probiert mit dem Essen.

»Es is nix G'nau's!« hat er dann gejammert. Und sauber hat die Schmiedin ein gutes Pfündl wieder wegtragen müssen.

»O mei«, hat sie dann zu der Traudl gesagt, »der wird mir nicht mehr, und ich muß mich schon um einen andern umschaun; kaum ang'rührt hat er das gute Essen. Grad ein bissel rumg'stührt.«

Georg Queri

Nachgsangl

's Bier is ma z'hantig,
Da Wei is ma z'rar,
jetzt trink i an Brantwei,
a Schneid machta a!

Der schöne große Rausch

Einen schönsten Rausch hat sich der Metzger-Pauli auf dem Huglfinger Kirta g'holt. Is gut, daß er mit seinem Gäuwägerl dagewesen is, und is gut, daß er sich auf sein Rößl verlassen kann, das seinen Stall find't wie die andern Roß auch. Und is gut, daß auf der Straß von Huglfing nach Wackersham keine Automobil fahren dürfen.
Und is recht gut, daß dem Rauschigen sogar ein Fuder Heu ausweicht, wie's in dem alten Sprüchl heißt.
So hat er halt in seinem Wagerl geschlafen, der Metzger-Pauli, und hat das Rößl laufen lassen.
Aber auf dem Huglfinger Kirta hat's noch andere Leut auch geben, und da sind auch die zwei Gehilfen vom Metzger von Unnering dagewesen, und die haben dem Wackershamer das Rößl mitten auf der Straßen ausgespannt und haben's in die Wiesen getrieben, und den Pauli haben sie schlafen lassen.
Und wie's auf den ersten Gocklschrei zugeht, da is der Gaul schön langsam in seinen Stall gekommen, und die Metzgerin hat sich denkt: Um Gottswilln, da is ein Unglück geschehn!
Und schickt die zwei Gehilfen vom Wurstmachen weg auf die Such.
Und die haben ihn also auf seinem Wagerl gefunden und schön aus seinem Rausch gepufft.
Sagt der Pauli und reibt sich die Augen:
»Bin i der Pauli, oder bin i's net?
Bin i der Pauli, so ham s' mir mei Rößl gstohln!
Bin i's net, so hab i ein Wagerl gfundn!
I mein, i bin's net!«
Und is schon wieder eingeschlafen.

Georg Queri

Liebesklage einer Münchner Schönen

Verlassen und alleine,
Ließ mich mein Liebster hier;
Drum klag' ich auch und weine
Bei einem Glase Bier.

Es folg' ihm bitt're Reue
Er mag vergehen schier,
Wenn schnöd' brach er die Treue,
Die er mir schwor beim Bier.

Er ließ von schönen Tagen
Nur die Erinnerung mir.
O höre meine Klagen
Du liebes, treues Bier.

Ich wollt' von dannen ziehen,
Nach o Geliebter Dir,
Ich wollt' in Wüsten fliehen
Gäb's dort nur bayrisch Bier.

Dem Grab würd' ich zuschweben,
Vom Liebesharm ganz dürr;
Gäbst Du nicht neues Leben
Dem kranken Herzen — Bier.

So singe ich mein Leiden,
Mein Herz klagt für und für;
Zum Troste nahm beim Scheiden
Der Liebste nicht auch's Bier.
　　　　　»Neueste Nachrichten«
　　　　(München) 28. Dezember 1849

Väterliche Ermahnung

Mein Sohn, und wenn ich sterbe,
Dann erbst du Geld und Haus
Und suchest dir zum Weibe
Das schönste Mädchen aus.

Mein Sohn, und wenn ich liege
Vermodert längst im Grab,
Dann jagst durch deine Gurgel
Du Geld und Haus hinab.

Mein Sohn, und das ist bitter:
Für was hätt ich gespart
Und meinen alten Magen
Mit Wasser nur genarrt?

Mein Sohn, und laß dir sagen,
Ein Glück, daß ich noch bin
Und selbst mein Teil kann tragen
Zur Hirschenwirtin hin.

      Emerenz Meier

Biersaison. »*Sperr du auf, Meier! I find's Schlüsselloch nöt!*« — »*I, i kon nöt so weit g'langa!*«

Der Bock

Der Bock is a Dichter
Wie ma gar koan so hamm,
Schau! Veigerln und Radi
Alls reimt er ihm zamm.

Und der Bock is a Maler,
Da halt i was drauf,
Wie alt aar a Kopf is,
Er frischtn no auf.

      Franz von Kobell

Von Sitte und Brauch

Der brave Firmgot. »*Laßt's euch nur schmeck'n, Buaben, und wenn's nix mehr nunter bringts, nach sagts es. Na kauf i euch a Brechmittel!*«

Fasching

Jetzt is für die Menscher
Die allerschönst' Zeit,
San ma allesamt narrisch,
Is koana net g'scheit,
Zahlt koana seine Schulden,
Waar ma dumm, bal ma's tat,
Denn bei der Musi, Musi, Musi, Musi,
    Bei der Musi werd 'draht.

Is d' Faßnacht vaganga,
Nacha hoaßt's: auweh zwick!
Da Geldbeutel is moga,
Und 's Mensch, des ist dick.
Aba lusti is g'wesen,
Auf des sell geht's net z'samm,
Weil ma'r a Gspusi, Gspusi, Gspusi, Gspusi
    Und a Gspusi g'habt hamm.
           Ludwig Thoma

Dorffasching

Burschen, richts enk d' Bladern her,
d' Larven, 's Maschkragwand!
Wia die Wilden hetz' ma heut
Dorfleut durchanand.

Gschwanzte Viecher, zoderts Zeug,
Bärn und Habergoas,
Stelzenmanner, Drudenbruat,
all's is auf der Roas.

Haferdeckelmusikant,
Hex und Teufelsgsell,
tuschts ins Blech, daß' fetzt und kracht
grad wia in der Höll!

Schwingts die schweinern Bladern, Buam,
laufts voran vorm Wagn,
hauts die Mäscha d' Arsch fest her,
's kinnans' scho vertragn!

Dort beim Burgermoaster vorn,
bleibts aft steh' a Zeit!
und da werkts und schreits, was kinnts,
der muaß außa heut!

All's, was uns von eahm nöt paßt,
rupf ma eahm schö vür.
Büaßen muaß er, wia all Jahr
mit an Fass'l Bier!

Und die stolze Kramerdirn
muaß wohl aa ebbs hörn,
was' scho längst vergess'n hat,
da wirds gifti wer'n.

Drobn im Wirtshaus kehrn ma ein,
tanz'n bis in d' Nacht.
Und dös ganze Dorf muaß her,
wer nöt kimmt, wird bracht.

So, jetzt wißts ös! Fang ma an!
Gaudi gibts grad gnua.
Bis nöt all's ganz narrisch is,
gebn ma heut koa Ruah.
      Max Matheis

Das Fingerhackeln

Später Herbst ist es; um die Nachmittagszeit.
Draußen im Isartal, in den oberbayerischen Bergen, steht die riesige Benediktenwand und schaut herein durch die angelaufenen Scheiben — drinnen, in der Wirtsstube, ist tiefe, behagliche Ruhe. Jetzt kann man's schon leiden, wenn tüchtig eingeheizt wird. Lustig knistert das Feuer im dicken Ofen, und daneben sitzt der dicke Wirt und denkt an die — Weltgeschichte. Wenigstens liegt der »Volksbot« da drüben,

die Nummer von vorvorgestern, und er nickt so ernsthaft mit dem Haupte! Es ist eine Ruhe voll Anstand und Würde.

Nicht viele Gäste stören seine Muße. Nur ein paar Flößer, die heut' Blaumontag machen, sitzen am »grünen Tisch« und spielen. Doch es ist nicht Roulette; der Tisch ist nur grün angestrichen, und daneben steht ein Croupier mit der Heugabel.

»Jesses — der Hansei!« rufen die Spieler, als auf einmal die Tür knarrt. Nachlässig und stolz schlendert eine hohe Gestalt herein, und nachdem sie ringsum genickt, kauert sie schweigend am kleinen Tische nieder. Der Hansei mag nicht lange warten, »das ist ein scharfer Regent«, und deshalb hat er noch kaum mit den Augen geblinzelt, so stellt schon die Kellnerin den schäumenden Krug vor ihn. Der rote Jörgl von der Jachenau, der gegenüber sitzt, läßt sich auch nochmals einschenken; der hat gern »an Haingart« (ein trauliches Beisammensitzen), und der Hansei war schon lang nicht mehr sichtbar. 's ist nicht deswegen, weil ihm der Wirtshausbesuch von oben verboten ist; darum schmeckt's ihm nur um so besser, aber vielleicht »leidet's sein Madl nicht«. So denkt sich wenigstens der schlaue Jörgl, und in neckendem Ton beginnt er:

»No, Hansei, mich freut's nur, daß dich dein Dirndl doch alle Monat einmal ausläßt, denn so lang ist's bald, daß wir dich nimmer gesehen haben. Aber *die* hat dich am Bandl!«

Hansei rückte den Hut auf die Seite, und das war ein schlimmes Zeichen. Die Stellung des Hutes ist beim Bauern ein Barometer der Stimmung, und man kann nach den Winkelgraden berechnen — wann's losgeht.

»Ich hab mir mein Dirndl schon besser dressiert«, erwiderte er trotzig, »die geht auf'n Pfiff, da g'schieht, was *ich* will!«

Dem Jörgl aber war's nicht genug. Er sah, daß der Hansei sich ärgerte, und langsam eröffnete er jenen kurzen ominösen Dialog, in welchem die Helden der Bierbank streiten und der so deutlich und handgreiflich wird.

»Aber neulich haben s' was Schönes erzählt«, begann der Jörgl wieder. »Da sollst du g'sagt haben, sie soll dir a Bussel geben, und dann hätt sie dir — a Watschen geben!«

Hansei rückte zum zweitenmal den Hut. »Dich gift's halt, Jörgl«, sprach er, »daß das Dirndl dir auskommen is, bei dir is nix als der schielige Neid.«

Doch der Jörgl war schnell mit der Antwort fertig. »Um so eine«, erwiderte er höhnisch, »braucht man niemanden neidig sein, die einen doch nur zum Narren hat. O mei, Hansei, dich zieht ja dös Dirndl beim Finger fort.«

»Ich will dir's gleich sagen, wer *mich* beim Finger fortzieht«, fuhr Hansei grimmig auf, »*du* einmal nicht. Geh her, wenn du Schneid hast, ob du dich *hackeln* traust — und wenn du mich hinziehst, dann darf mich der Teufel holen auf freier Weid', noch heut auf'm Heimweg.« Hansei streckte den Arm über den Tisch, und Jörgl hakte sich blitzschnell in den gekrümmten Zeigefinger ein.
»Aufgeschaut!« —
»Himmelherrgottsakrament!« —
Diese Parole dröhnte durch die stille Stube, wo nun das sogenannte »Fingerhackeln« erprobt wird. Die Sitte ist alt und allgemein in Ober- und Niederbayern. Wenn die Gegner sich mit den Zeige- und Mittelfingern eingehakt haben, dann beginnen sie zu ziehen und versuchen, einander zum Wanken zu bringen oder zur Erde zu reißen. Wer ein besonderer Virtuose ist, packt mit dem einen Finger bisweilen zwei Gegner — und zieht sie über Tische und Bänke weg. Der Charakter dieses Brauchs ist indessen niemals ein ernsthafter, und der Zweck bleibt immer der des Spieles. Das versteht sich bei der ungefährlichen Natur dieses Angriffs eigentlich von selbst, wenn man an die engere Heimat desselben denkt und dann erwägt, wie leichtfertig dort die schrecklichsten Waffen gehandhabt werden. Denn am stärksten ist das Hakeln doch auf jenem urwilden Fleck zwischen Isartal und Inntal zu Hause, wo's schon die Schulkinder miteinander probieren und wo der kleine Hüterbub den Geißbock zu Boden hakelt. In diesem Revier bayrischer Heldenkraft passiert es nicht selten, daß einer dem andern ein Auge ausschlägt und sich dann damit entschuldigt: »Ich hab ja nur Spaß gemacht!« Da ist natürlich das Hakeln zu harmlos, wenn man einem ernstlich beikommen will. Ein Holzknecht, der »warm wird«, beschränkt sich nicht auf einen so partiellen Angriff, wie auf den Finger des Gegners, und auf eine so partielle Waffe, wie auf seinen eigenen. Im wirklichen Treffen, da kommt die Faust, und auch die ist häufig noch zuwenig. Für was sind denn die eisengespitzten Bergstöcke, die Holzhacken und Messer auf Erden? Die kommen zum Zuge, wenn sich's um die Theorien von »Blut und Eisen« handelt. Diese harmlosere Art des Kampfes setzt stets einen gewissen Grad von Verständigung voraus. Ein blutiger Kampf wird häufig unaufgefordert begonnen, das »Hakeln« kann aber nicht ohne Herausforderung unternommen werden. So hat es denn auch am meisten in den Fällen statt, wo einer so gereizt ist, daß er sich Luft machen möchte, und doch noch so vernünftig, daß er das Totschlagen meidet. Da ist dann jene Rivalität gerade recht, denn im Hakeln steckt ein großer Ehrgeiz, und die Niederlage des Gegners schmerzt diesen oft mehr als die bittersten Prügel.

Blauer Montag. »*Jetzt sauf'n mir schon seit in der Fruah um fünf Uhr und hab'n no gar net amal Brotzeit g'macht!*«

Nicht selten wird auch auf den Erfolg gewettet; das Bezirksgericht in Straubing hat vor Jahren einen Fall entschieden, in welchem es eine Summe von nicht weniger als tausend Gulden galt.
Auch in den Strafverhandlungen, wo die rauflustigen Missetäter oft in langen Prozessionen aufmarschieren, kommt »das Hakeln« vor. Wenn Seine Gestrengen finster die Brauen rollen, wenn der Gendarm von Ruhestörung und der Staatsanwalt von Körperverletzung donnert, dann erwidert der Bauer lachend: »Wir haben ja nicht gerauft, wir haben ja bloß gehakelt.« Der Mangel jeder gefährlichen Absicht spricht sich vielleicht in nichts so deutlich aus wie in diesem herkömmlichen Einwand. Auch der Holzknecht hat seinen »Sport«, und als solcher muß eigentlich das Hakeln definiert werden.
Ein lautes Stampfen dröhnt durch die Stube, und wir finden das ritterliche Paar, das erst am Fenster saß, bereits in der Mitte des Schauplatzes. Der Tisch, der Maßkrug, die Karten — alles ist mitspaziert.
Auch der Wirt hat sich jetzt erhoben. Er ist aus seiner Ofenecke hervorgetreten — aber nicht aus seiner Neutralität —, denn auch in der Bauernstube gilt das Prinzip der Nichtintervention. Wir leben in politischen Zeiten, und wenn sich zwei Burschen heutzutage balgen, so wollen sie nach völkerrechtlichen Grundsätzen behandelt werden.
Mit verschränkten Armen, so etwa in der Stellung des alten Napoleon, überschaut der Wirt den Kampfplatz. Wer von den beiden wird zu Boden kommen? Jedenfalls am nächsten der Maßkrug, denkt er sich,

aber ihm ist's gleich, denn einer von beiden muß ihn doch bezahlen. Der eichene Tisch hat wohl seine sechzig Pfund und geht so schnell nicht »aus dem Leime«. Wenn sie sich in die Uhr verwickeln — ist's auch nicht schad, die geht seit Jahresfrist gar nicht oder falsch — und im übrigen werden die beiden weiter keinen Durst kriegen, wenn sie noch eine Weile so fortmachen. Also denkt sich der Wirt.
Die Spieler indes lassen sich bei ihren Karten nicht stören. Gesehen haben sie's jeden Tag, und das bißchen Lärm, das hört einer gar nicht, der gute Nerven hat. »Hin« wird nicht gleich einer werden, kalkulieren die zwei, und wenn's dem einen passiert, wird's der andere schon sagen. Dreimal rasten die Kämpfenden noch durch die Stube, dann hat halt doch der Hansei »hingezogen« und den Jörgl mitsamt dem Tisch zu Boden gerissen. Er hat ums Auslassen bitten müssen, und wie er gebeten hat — war's wieder gut.
»Ja, umsonst macht keiner dem Hansei sein Dirndl schlecht«, und der Wirt packte ihn drum auch bei dem Halstuch und sprach:
»Du bist ein Kerl, wie dem Teufel sein Leibroß.«
Solche Sprüch' taten dem Hansei wohl, und lachend sang er das Schnaderhüpfel:

>»Und der Teufel hat Hörndl
>Und ich hab mein Dirndl,
>Und dös Dirndl mag mi,
>Weil i a Hauptspitzbua bi.«

Auch der Jörgl lachte, aber seine Gurgel war so trocken, und weil ihn der Hansei so gnädig anblickte, so schlug er ihn auf die Achsel und erwiderte:

>»Gegrüßt seist du, Bruder,
>Der Herr ist mit dir,
>Du bist voll der Gnaden,
>Geh — zahl a Maß Bier!«

Und so geschah es.

Karl Stieler

Bauernkirta

>Bursch'n, laßt's an Juhschroa hörn
>und werft's 's Hüatl auf.
>Bis auf Minka nei müaßt's plärrn
>und auf d' Zugspitz nauf!

's Kirtafahndl hängt scho raus,
d' Sau is aa scho g'schlacht.
Heut, da gibt's an guat'n Schmaus
auf die Nacht.

Madl mit dei'm Jungfernkranz,
g'stell di net aso,
geh mit mir zum Kirtatanz,
brauchst ja do an Moo.

Mit de selln vo Gradlham
rechan mir heut aa,
wo de insern Madln ham,
Herrgottsa'!

Oamal braucht's do aa an G'spaß
für a Bauernleut —
trink' ma no a frische Maß,
waar net g'feiht.

Kirta is, da g'freun mir ins,
da geht heut was drauf.
Eßt's no grad, was's fress'n kinnt's
und spielt's auf!
                                Joseph Maria Lutz

Braten- und Küachlduft

Kirchweih bei den Isenbauern

»A guada Kirta dauert bis zum Irta, es konn se aa schicka bis zum Migga.« Dieser alte Spruch, der noch von ausgedehnten Kirchweihfreuden kündet, ist, wie so manches andere auch, überholt, denn die Zeit hat auch den Kirchweihtagen ihren von Heiterkeit und Zufriedenheit, von Erntedank und Zukunftshoffen, von Braten- und Küachlduft geprägten Charakter genommen. »Heutzudog is oiwei Kirta, heut gibts 's ganz Johr Brotns und Gsottns und Küacheln und Bier und Kuacha, wos konn do dees oide Bauernfest scho no bedeutn«, so sieht ein alter Bauer den Grund für den Wandel und die Verarmung der einst so hoch gefeierten Kirchweihtage.

Lieferantenball. »*Da schau her, der Weinhändler Blumenschein hat extra zwoa Mann mitbracht, dö wo den Champagner saufen, den er für mi liefert!*«

Und doch gibt es auch da — Gott sei Dank muß man sagen — noch Ausnahmen.
Gegenüber von Schwindegg, am sanften Hang der Isen, liegen drei alte, stattliche Bauernhöfe: der Endsberger, der Stettner z' Stetten und der Bauer z' Isen. Sie pflegen das ganze Jahr über gutnachbarliche Beziehungen, helfen sich gegenseitig aus, wenn es nötig ist, und fühlen sich sogar über den Tod hinaus als eine so feste Gemeinschaft, daß sie auch ihre letzten Ruhestätten im jenseitigen Friedhof von Schwindegg in der Reihenfolge ihrer Höfe nebeneinandergelegt haben.
Kirchweih, das hohe Fest im Bauernjahr, halten sie trotz Auto und Technik und Moderne hoch und in Ehren wie eh und je, da wird mitsammen gefeiert und gelacht, gegessen und getrunken von Sonntagmittag bis in den Dienstagmorgen hinein, natürlich mit längeren Unterbrechungen.
Angehen tut's beim Stettner am Sonntagnachmittag, abends geht es dann beim Bauern z' Isen weiter, und am Montag spät in der Nacht, meistens erst in den ersten Stunden des Dienstags, klingt dann die Kirchweih beim Endsberger aus.
Zu den Leuten vom eigenen Hof kommen da die Honoratioren der Gemeinde, der Herr Bürgermeister und der Herr Pfarrer, beide urgemütlich und zu jedem Spaß aufgelegt, außerdem die Leute von der engeren und weiteren Nachbarschaft, darunter, zum Teil schon seit

mehr als zwanzig Jahren, ehemalige Dienstboten, insgesamt so an die drei Dutzend Männer und Frauen, Alte und Junge, Bauern und Knechte, Eltern und Kinder und andere Verwandte, welche da die Stube — und wenn da kein Platz mehr ist, auch noch die Küche — bei Bier und Brotzeit mit fröhlichem Geplauder füllen.
Das Schönste an diesen Kirchweihstunden in den drei Bauernhöfen ist nämlich eine völlig ungezwungene Heiterkeit, eine Schlagfertigkeit, ein angeborener Mutterwitz, ein hintergründiger Humor, eine Erzählfreude und eine echt bayerische Lust am gegenseitigen Hanseln, daß fast ununterbrochen Lachsalven durch das Haus dröhnen und vom Anfang bis zum Schluß eine Stimmung herrscht, wie sie besser, fröhlicher und herzlicher nicht sein könnte. Ganz gut im Erzählen von den verschiedensten Stückln ist da der Bauer z' Isen. Schallendes Gelächter erntet er z. B., wenn er von jenem Nachbarn erzählt, der vor einigen Jahren zu später Nachtstunde von der feuchtfröhlichen Kirchweihrunde weggerufen wurde, weil daheim eine Kuh sich anschickte zu kalben, und der dann, weil er nicht mehr ganz nüchtern war, bei einem Ochsen nach dem Kalb suchte statt bei der Kuh.
Es sind jeweils drei Gruppen, die sich in den Bauernstuben bilden und die sich auf ihre eigene Weise unterhalten. Die kleinste davon sind die vier Schafkopfer, darunter Bürgermeister und Pfarrer. Die meisten sitzen um den großen Eßtisch, plaudern, erzählen und lachen und tun nebenbei »zwicken«, ein Kartenspiel, an dem sich gleichzeitig fast ein Dutzend Leute beteiligen können und bei dem es meistens eine Mordsgaudi gibt. Vollends Lügen straft die andere Gruppe, die junge Generation, jene Leute, die da behaupten, daß die Jugend nur noch das Auto kennt und von Kirchweih und den anderen alten Bräuchen nichts mehr wissen will. Das Gegenteil ist hier der Fall! Gerade die jungen Bauernsöhne und Bauerntöchter, etwa ein Drittel der Kirchweihgäste, sind jeweils mit einer solchen Begeisterung bei der Sache und machen alte bäuerliche Gruppenspiele wie das »Spinnen«, das »Gicklfangen«, das »Mückenstechen«, das »Pantoffelfangen« oder das »Stockschlagen« mit einem solchen Eifer und mit einer solchen Gaudi, daß allein das Zuschauen schon eine wahre Freud ist.
Eines haben alle drei Gruppen gemeinsam: sie greifen kräftig zu und lassen sich zur sichtlichen Freude des jeweiligen Gastgebers die Wurst und das Geräucherte, den kalten Braten und das Bier, dazwischen auch Kaffee und Kirtanudeln, schmecken.
Es ist Montagfrüh geworden, als wir vom Bauern z' Isen heimkommen. Ziemlich benebelt und todmüde falle ich in der oberen Kammer beim Endsberger in mein Bett. Nach nur wenigen Stunden Schlaf ist

es mit der Nachtruhe schon wieder vorbei. Um sieben Uhr früh ist in der Kirche in Schwindegg eine Seelenmesse für die verstorbenen Angehörigen der Isenbauern. Fast alle, die gestern abend noch bis tief in die Nacht feuchtfröhlich beisammensaßen, sind gekommen, alle im schwarzen Gewand, alle mit völlig veränderten, ernsten Gesichtern. Nach dem Gottesdienst geht es mit dem Pfarrer und den Ministranten im geschlossenen Zug durch das Dorf hinauf zum Friedhof. Dort verharren die Hinterbliebenen in ehrfürchtiger Trauer vor den Gräbern ihrer Vorfahren, halten mit ihnen stumme Zwiesprache und beziehen sie ein in den Dank über die eingebrachte Ernte und in die Freuden des Kirchweihfestes. Bevor die Isenbauern von dem eigenen Grabe wieder weggehen, treten sie an das des Nachbarn und besprengen es mit Weihwasser, ein rührendes Zeichen der nachbarlichen Verbundenheit über den Tod hinaus.

Anton Wandinger

Da Kirta im Woid

Heit is da Kirta,
A Gejd braucht an iada!

Do kaaf i mei'm Dirnei a Herz,
Entat bom Lezejtastand.
Und a seidnbrünellas Tüachei
Für sei persas Gwand.

D' Muada kriagt an irdas Schüssei
Für d' Suppm ö da Fruah.
Da Voda an Brosuitowak
Und a Pip dazua.

's Ahnl braucht no an Peinexpella,
Gega 's Reißn ö dö Glieda.
I sejd, i leist ma Roßwürscht,
Aso a Stucka zeha.

Aft wird 's Gerschtl schö staad goar,
Sei Gejd hot braucht an iada.
Aus is's mit'm Kirta!

Emilie Schuster-Ittlinger

Ein liebevoller Ehemann. »*Da wird s' aber schaugn, die alte Beißzang'!*«

Der Weihnachter

Der Weihnachter, der is früher schon no glei wichtiger gwen als wia 's Kletznbrout und der Christbaum. Der Weihnachter, der is direkt glei nach'm Christkindl selm kemma. — A so materiell is der Mensch. Aber, was taat man denn ohne Weihnachter? Es san z'vuil Leut im Haus, die können was vertragn dia Tag zwischen der Mettnacht und Heilingdreikini. Was a gscheiter Weihnachter is, der halt a so lang her. Gselcht glangt er bis Liachtmessn und weit no in die Faschingstag eini. — Durch dös schaugt man natürli, daß der Weihnachter ins Gwicht kimmt. Bei die größern Bauern derf er schon guate drei, vier Zentn schwaar sei. Und an Schädl muaß er aufhabn, von lautern guatn Fuattern dös ganze Jahr her, an Schädl, rout und außergfressn, daß

man die Äugerl nimmer siaght! — Drum sagt mar aa in dem Sprichwort, wenn oana a rechter Dicker is und a Vollgfressner: »Der hat an Schä'l auf wiar a Weihnachter.«
Der Weihnachter derf erst an Heil'Abnd abgstocha werdn; oder den Tag davon. — Dös is a Mordsaufregung! Bis's Wossa hoaß is, bis der Sautrog und die Kettn hergricht san, bis's Saupech z'riebn is, bis's Beil scharf gmacht und's Messer gwetzt is! Da werd der Bauer schier nervös. — Endli is gschehgn! Und man kennt's: a Bauer, der wo so a Sau a Jahr lang hergfuattert hat, der kriagat glei a schlechts Gwissn beim Abstecha. — Aber, was taat man ohne Weihnachter?
Iatz kimmt aber erst dös Ürger: Hängt der Weihnachter mit seine zwoa Hälftn in der hintern Kammer drin, na hoaßt's aufpassn, daß er net gstoihln werd in der Heiligen Nacht. Weil dös Weihnachterstehln nach der Mettn, dös is früher im Niederboarischen diam a rechter Sport gwen, an alter Brauch. A trauriger Sport für die arma Leit, die wo koan Weihnachter net ghabt habn. — Aber gstoihln werdn hat grad derfa oan Hälfte.
Also hat no oans aufbleibn müassn bis zum Hirtnamt in der Früah um sechse. Meistens wieder der Voda oder aber aa der Bauer selm.
Iatz z' Reamading haben s' all Jahr Hochwürden Herrn Pfarrer den halbetn Weihnachter gestoihln. A so is der Brauch gwen. — Und die frommer Diab habn überalln eahnane Platz gwißt. — Da is nia was gredt wordn. Und aa die Reamadinger Herrn habn si dia Sittn und Bräuch gfalln lassn.
Der neu Pfarrer aber, der in der Ökonomie selm no koan groußn Viehstand ghabt hat — dafür aber a rasse Köchin namens Urschula — hat in der Mettennacht a ganz a scharfe Weihnachtspredigt ghaltn. Da is vom Christkindl net vuil die Red gwen.
»Meine lieben Pfarrkinder, wenn ihr schon in der Heiligen Nacht eine Sauhälfte stehlen müßt, ihr Diabsgsindl, ihr«, hat er ausgerufen, »nachand bittschön nicht im Pfarrhof! — Meine Köchin nämlich duldet so etwas nicht. Und wenn es heuer wieder passieren sollte, Andächtige, merket wohl auf, dann werde ich denjenigen oder diejenigen zu Ostern nicht absolvieren, wo mir den Weihnachter gestohlen haben. Amen.«
Und der Herr Pfarrer hat sich ins Bett glegt und hat net Weihnachter paßt nach der Mettnsuppn wie die meisten seiner Großbauern.
»Die Predigt tuat's amal gwiß.«
Aber die Fräulein Ursula, eine tüchtige Pfarrersköchin noch, eine alte, vorkonziliare, die sich auch wie eine Bäuerin um die Ökonomie gekümmert hat, hatte zu der merkwürdigen Mettenpredigt kein Zutrauen gefaßt. Sie hatte einen listigen, ja sogar hinterlistigen Einfall.

Sie ist hergegangen und hat den Weihnachter mit einer Spagatschnur an der Schweinshaxn angehängt. Und das andere Ende der langen Schnur hat sie sich selber im Bett an die große Zeh gebunden.
Und fleißig, um halbe viere in der Früh hat es auf amal in der Pfarrersköchin ihrer Bettstatt die Duckert houchghebt.
»Mariandjosef, der Weihnachter! Die Teifisburschn, die gottlosen!« — Mit oanm Satz is sie in der hintern Kammer gwen. Und da sans gstandn, die überraschten Diab: Der reiche Wirt is aa dabei gwen! — »Mei«, sagt der Wirt friedfertig — weil dös hat geltn müassn: Wenn man beim Weihnachterstehln derwischt is wordn, nachand hat der Diab stehnbleibn müassn, und es is eahm nix passiert, wenn er se z' kenna gebn hat. — »Mei«, sagt er, der reiche Wirt, zu der kuraschierten Fräulein Urschula, »dein Pfarrer taat si leicht? Der taat oanfach predign und mir müäßtn Weihnachter passn! — Und außerdem derfan die altn Bräuch net aussterbn.«
Ja, der Weihnachter! Oan Teifi hat er halt: Je mehrer Weihnachter daß dir schmeckan, desto ehnder kriagst an Schä'l auf wiar a Weihnachter.

Georg Lohmeier

Am 1. Mai. »Aber geh do amal g'scheit, Alter, dös is ja a Schand, wie's du daherkommst!« — »Wos — a Schand? Dös is der Tritt der Arbeiterbataillone.«

D' Ledahosn

Vo kloa auf hab i denkt und gredt,
Bal i a Ledahosn hätt.
Natürli hirschledan und echt,
Daß s' koana zreißn kunnt und mecht.

Do kemma bin i net dazua.
Tuachhosna hab i tragn ois Bua,
Bundhosn spatahi ois Mo.
Ghängt san s' ma schier vadächti dro.

Graa bin i worn und langsam oid,
Bloß ohne Ledahosn hoit.
I hab scho nimma glaabt bestimmt,
Daß oane mir an d' Haxn kimmt.

Da stirbt a Vettasmo vo mir,
Vamacht ma Schrank und Stui und Gschirr
Und obndrei aba no des oa:
A Ledahosn hart wia Stoa.

Stell i s' an Bodn hi, na bleibt s' steh
Ois wiar a Manndl — wundaschee.
Zum Oziahgn kimm i net dazua.
Alloa vom Oschaugn hab i gnua.
Josef Marx

Von einem Haberfeldtreiber

Der Posthalterschorschl von Lenggries, der Maurus, der hat Anno 93 mitgetan bei dem großen Haberfeldtreiben in Miesbach. Und der Richter hat ihn vorgefangen und hat gesagt: »Maurus, gib's zu, daß du einer von den Haberern gwesen bist!«
Sagt der Maurus: »Ganz und gar net!«
»Wirklich net!?«
»Gwiß net!«
»So — dann geht halt der Maurus wieder in seine Zelle!«
Und der Maurus hat halt wieder in sein Gefängnis zurückwandern müssen. Und an jedem Samstagvormittag hat ihn der Untersuchungsrichter wieder kommen lassen und hat immer wieder die gleichen

Arbeitsfreudig. »*Wenn i wüßt, daß heut schön bleibat, na machat i blau; bals regn't, tean ma ja a so nix!*«

Gschichten gfragt und hat dann immer wieder gsagt: »Dann geht halt der Maurus wieder in seine Zelle.«
Und wie der siebente Samstag kommt, da denkt sich der Maurus in seiner Wut: morgen ist Kirchweih zu Lenggries ...
Und wie der Untersuchungsrichter wieder bei dem schönen Wörtl is: »Da geht halt der Maurus« — da hat aber der Maurus angefangen: »Nana! Du kunnst jedn Samstag sagn: dann geht halt der Maurus wieder in seine Zelle! Da Maurus möcht aber wieder nach Lenggries!«
»Ja, wenn der Maurus gesteht ...«
»Freilich bin i dabeigwesn!« schreit der Maurus.
Und hat siebzehn Leberknödl gegessen am andern Tag beim Posthalter in Lenggries.

Georg Queri

Nach da Arbat

Seiner Zeit
grad oa Möglichkeit:
Schlafa.
Heut, wenn ma wui,
doppelt so vui:
Schlafa oda fernsehgn.

Leut solls gebn,
de no was andas
tean.

Wasn?
            Hardy Scharf

Marterlsprüch

Hier starb Maria Weigl,
Mutter und Näherin von zwei Kindern.

Ich war froh und jung an Jahren,
Ahnte meinen Tod noch nicht,
Wußte nicht, daß Essen tragen
Mir des Lebens Licht auslischt.
Drum o Jugend sei bereitet,
Denn es gibt hier viel Gefahr,
Ja oft unvermuthet leitet
Uns der Tod hinab ins Grab.

Hier liegt der Bote Michel,
Er fiel mit seiner Kraxen
Und brach sich beide Haxen
Die wurden amputirt,
Das hat ihn sehr geniert,
Dann kam der Brand hinzu,
Gott schenk ihm die ewige Ruh.
            gesammelt von Hans Roth

Da Fernseher laaft

Da Fernseher laaft,
wia alle Tag.

Er schlaft und sie schlaft,
wia alle Tag.

Um elfe werns wach,
wia alle Tag.

Und 's Denka geht zaach,
wia alle Tag.

Stoamüad fallns ins Bett,
wia alle Tag.

Und sagn: »San mia bläd«,
wia alle Tag.

Die Zeit is vergebn,
wia alle Tag.

Is denn dös 's Lebn?
Dös is de Frag.
           Josef Steidle

Folklore

Der Sepp nach uraltem Brauch jodelt,
Derweil vom Fasse die Jauch brodelt.
Die Fremden stehn gerne —
Wenn auch nur von ferne,
Weil er, im stinkenden Hauch, odelt.
           Eugen Roth

NACHWORT DES HERAUSGEBERS

»Die Wortgeschwister ›weißblau und heiter‹, die schon lange sprichwörtlich geworden, ja fast zum bayerischen Plakattext gestempelt sind, sollte man einmal ganz neu bedenken, als wären sie eben erst erfunden worden. Dann würde man wieder merken, wie gut sie zusammenstimmen, wie der weißblaue Himmel, wenn das Wetter ihn nicht trübt, wirklich zur Landschaft und zu ihren Menschen gehört.«
Der Münchner Philosophieprofessor Dr. Anton Neuhäusler, als Poet Franz Ringseis im bairischen Land überall bekannt, begann mit diesen Sätzen seinen Aufsatz »Das Weißblaue und das Heitere« in der Zeitschrift »Bayernspiegel« (Nr. 5/1977). Als 1967 mein Buch »Weiß-blau und heiter« erstmals erschien, hatte die bairische Dichtung bereits wieder Anerkennung gefunden. Man war nicht mehr ungebildet, wenn man die Sprache der Heimat sprach, die bayerischen Verlage hatten wieder erkannt, daß Ludwig Thoma, Karl Valentin oder Oskar Maria Graf viele Freunde hatten; in den Münchner Zeitungen bemühten sich Bernhard Pollak und Kurt Preis, daß Sigi Sommer und Herbert Schneider für ihre Geschichten und Gedichte Platz fanden. Die babylonische Sprachverwirrung der Nachkriegszeit — hervorgerufen von der amerikanischen Besatzungsmacht, von den »displaced persons« und von den Heimatvertriebenen — war abgeklungen. Sicherlich, viele Amerikanismen, wie »okay« oder »job«, haben sich in unsere Sprache eingeschlichen, dafür aber sprechen die Buben von Amerikanern oder von Flüchtlingen aus Böhmen und Rumänien einwandfrei die Sprache Altbayerns. Modische Formulierungen beim Gruß, z. B. »tschüs!« oder »tschau!«, sind zumeist nur Produkte jugendlicher Eitelkeit und Angeberei, vielleicht auch letzte Versuche von »Zuagroasten«, den notwendigen Abstand vom Einheimischen zu wahren.
Das »Weißblaue« ist dem Altbayern die Heimat, der Himmel, der über ihm sich wölbt und sein Land bedeckt. Für Begriffe wie »Staat« oder auch »Vaterland« kann sich der Altbayer nur als pflichtbewußter Staatsbürger erwärmen; in Oberbayern, in Niederbayern oder in der Oberpfalz, da ist er »daheim«, dort wird seine bairische Sprache gesprochen, seine Mundart, die aus dem Mund, also aus dem Herzen kommt.
In seinem vielbeachteten Aufsatz »Sprachen der Heimat« schrieb Raimund Eberle, der Regierungspräsident von Oberbayern, im »Münchner Stadtanzeiger« vom 8. Februar 1977: »Warum soll es feiner sein zu sagen ›er ging‹ statt ›er ist gegangen‹? Die Mundart hat ihre Eigenheiten, die von der sprachlichen Norm, dem Schriftdeutsch, abweichen,

gewiß. Aber deswegen muß sie nicht schlechter sein. Die Mißachtung des Dialekts, das gilt für das Bayerische in seinen verschiedenen Ausprägungen geradeso wie fürs Plattdeutsch oder Hessische, kommt oft ganz einfach davon, daß manche ihn halt nicht verstehen und sich darüber ärgern. Vielleicht ist manchmal sogar ein ganz klein wenig Neid dabei ... Ich traf öfter mit einem hohen französischen Ministerialbeamten zusammen, der einwandfrei deutsch spricht. Ich entschuldigte mich bei ihm, weil ich, wiewohl des Hochdeutschen leidlich mächtig, halt lieber bayerisch rede. Der Franzose, ein stolzer Korse, sagte darauf: ›Bleiben Sie dabei, wenn ein Ausländer, wie ich, Sie versteht. Denn wer die Heimat liebt, spricht ihre Sprache....‹«
Die Sorgen von Max Dingler, dessen »Bairisch Herz« ein Glaubensbekenntnis unserer Zeit wurde, oder von Josef Martin Bauer, der auch in seinen hochdeutschen Dichtungen die altbayerische Herkunft nie verleugnete, daß die bairische Sprache endgültig absterben könnte, sind seit einem Jahrzehnt nicht mehr berechtigt. Eine junge Generation ist nachgewachsen, die die Heimat liebt und ihre Sprache spricht.
Die jungen bairischen Poeten, die von Verlegern, Rundfunk und Fernsehen gefördert werden, kommen zumeist aus der Großstadt und schreiben für die Großstadt. Die bayerischen Bauern unterliegen nur zu sehr immer noch dem Einfluß unguter Massenmedien. Leider stimmt das Urteil von Ludwig Thoma, der über das Buch »Das Nibelungenlied auf Altbayrisch erzählt« 1921 schrieb: »Warum Dialekt? Um das Buch für Bauern schmackhaft zu machen? Dann ist's ganz danebengeschossen, denn bekanntlich kann der Bauer gar nicht Dialekt lesen. Zum zweiten mag er ihn nicht. Darüber ist nicht zu streiten, weil es eine Tatsache ist ... Ich glaube nicht, daß Bauern meine Bücher gerne lesen. Die lieben geschwollenes Hochdeutsch, Genoveva, Rittergeschichten usw. Das Kino ist eine Pest geworden; dagegen gibt es nichts mehr.«
Zum »Weißblauen« in unserem Land gehört geschwisterlich auch das »Heitere«. Dazu gehören die gemütlichen Zwiebeltürme der Barockkirchen, die Freude am Dasein, die die Altäre der Rokokokirchen ausstrahlen, der Übermut eines Putto an einer feingedrehten Säule. Ein heiterer Mensch ist in Altbayern ganz gewiß kein Gaudibursch. Den lärmenden Humor, einmal abgesehen von der Stimmung beim Starkbierausschank oder auf der Wies'n, lieben wir schon gar nicht. Heiterkeit ist Freude am Dasein, die Liebe zur Welt und zu den Menschen. »Bei uns hat man Humor«, schrieb Oskar Maria Graf, »das ist etwas Absichtsloses, ›Kamottes‹, Barockes, etwas mit vollem Behagen Ausschöpfendes, Unterhaltliches.« Der Witz, der in Berlin seine besten

Interpreten gefunden hat, ist in dieser Form uns fremd. Graf schrieb: »Der Witz ist denkerisch und rechthaberisch, er verlangt Schärfe und will treffen durch seine geschwinde, auf Wirkung bedachte Gescheitheit. Wie gesagt, das liegt uns nicht.« Dabei muß aber auch festgestellt werden, daß bairische Autoren — Bernhard Pollak oder Franz Ringseis — auch Witze erzählen können; sie schreiben so, wie man sich Witze bei uns erzählt: sie lassen sich Zeit, sie genießen die Pointe gemeinsam mit dem Leser. Wenn diesen Witzen oft auch die ätzende, die beleidigende Schärfe fehlt — hinterfotzig sind sie gewiß!

Noch vor einem Jahrzehnt war die bairische Dichtung nahezu ausschließlich beherrscht von unseren Klassikern, von Ludwig Thoma, Georg Queri, Lena Christ, Oskar Maria Graf, Eugen Roth, Fritz Müller-Partenkirchen, Wilhelm Dieß und Julius Kreis. Von der jüngeren Generation hatten sich das Mitspracherecht bereits erkämpft: Wolfgang Johannes Bekh, Georg Lohmeier, Sigi Sommer und Herbert Schneider. Heute — 1978 — ist es erheblich schwerer geworden, eine gerechte Auswahl zu treffen, um allen Strömungen der altbayerischen Dichtung gerecht zu werden. Ohne die großen weißblauen Klassiker kann eine Auswahl bairischer Dichtung auch heute noch nicht angeboten werden. Aber neben Herbert Schneider behaupten sich Franz Freisleder, Franz Ringseis und Helmut Zöpfl, neben Sigi Sommer zeigt sich Werner Schlierf als Poet von Giesing, nach Walter F. Kloeck berichtet Erwin Tochtermann von bairischen Menschen im Gerichtssaal, als Dramatiker zeichnen sich Franz Xaver Kroetz und Martin Sperr als Nachfolger von Marieluise Fleisser ab. Unter den Jungen, die sich erst noch die Hörndl abstoßen müssen, sind Josef Berlinger, Fritz Fenzl und Josef Wittmann bereits erfreulich nach vorne gerückt. Aber auch die bereits Anerkannten suchen neue Wege. Mit der Mundartorthographie bereiten vor allem die Jungen manche Schwierigkeiten. Sicherlich läßt sich Mundart nach dem Motto »Schreibe, wie du sprichst« festhalten. Aber es fehlt oft die Ehrlichkeit zum Einfachen, zum Bescheidenen. Für einen altbayerischen Dadaismus haben wir keinen Bedarf. Auch der Pessimismus, der sich aus vielen Gedichten herauslesen läßt, meistens aber gar nicht begründet wird, ist nicht angebracht.

Immer größer wird das Sprungbrett, auf dem bairische Autoren sich zeigen können. Im Bayerischen Rundfunk und im Fernsehen wirken Hellmuth Kirchammer und Kurt Wilhelm als uneigennützige Helfer. Aber vor allem die bayerischen Verlage interessieren sich immer stärker für die bairische Dichtung. In München werden Josef Martin Bauer, Fritz Fenzl, Georg Lohmeier und Franz Ringseis vom Ehrenwirth-Verlag betreut, Hugendubel brachte eine Sonderausgabe von »Weiß-blau und heiter« sowie Werke von Karl Stieler und Fritz Scholl heraus, der großartige Erzähler Wilhelm Dieß fand im Kösel-Verlag eine neue Heimat, Piper glänzt mit Thoma, Queri und Valentin, beim Süddeutschen Verlag vertreten Michl Ehbauer, O. M. Graf, B. Pollak und Sigi Sommer die bayerischen Belange. Auch außerhalb Münchens findet die bairische Literatur bemühte Verleger, so in Feldafing Friedl Brehm, der Max Dingler, J. Berlinger, J. Wittmann und eine ganze Reihe der jüngsten Autoren betreut; Morsak in Grafenau verlegt Emerenz Meier, Paul Friedl und Walther Zeitler, der Mainburger Pinsker-Verlag widmet sich den Sagen der Heimat, W. Ludwig (Ilmgau-Verlag) in Pfaffenhofen vertritt W. J. Bekh, L. Kammerer, J. M. Lutz, H. Schneider und A. Wandinger, Friedrich Pustet in Regensburg kümmert sich um Oberpfälzer Literatur, Alfred Förg vom Rosenheimer Verlagshaus konnte Bücher von Franziska Hager, E. Hoferichter, J. Schlicht, E. Stemplinger, Marcelinus Sturm und Helmut Zöpfl in sein Programm aufnehmen.

Noch nie war das Interesse für Bayerns Geschichte, Kunst und Kultur so rege wie heute. Noch nie waren die Bavarica- und Monacensia-Verleger so produktiv wie heute. Auf dieser Sympathiewelle schwimmen unsere bairischen Poeten erfolgreich mit. Unser Buch möchte unserer altbayerischen Heimat huldigen, ihre Sprache verteidigen und ihre Dichtung preisen. In Altbayern sind wir daheim — die Poeten, die Schriftsteller, der Illustrator Josef Benedikt Engl, der Verleger Heinrich Hugendubel und der Herausgeber
Ludwig Hollweck

QUELLENNACHWEIS

Bayrisches ABC und allerhand lustige Geschichten. Hrsg. v. Otto Mausser. — München: Hugendubel 1930.
Bauer, Josef Martin: Auf gut bayerisch. — München: Ehrenwirth 1969.
Bekh, Wolfgang Johannes: Reserl mit'n Beserl. Altbayer. Volksreime. — Pfaffenhofen: W. Ludwig 1977.
Böck, Emmi: Sagen aus der Hallertau. — Mainburg: Pinsker 1975.
Britting, Georg: Anfang und Ende. — München: Nymphenburger Verlagsh. 1967.
Buck, Christian: Weilheimer Stückl. — Feldafing: Friedl Brehm 1967.
Christ, Lena: Erinnerungen einer Überflüssigen. Matthias Bichler, Rumplhanni ... — München: Süddeutscher Verl. 1970.
Dick, Uwe: Sauwaldprosa. — München: Ehrenwirth 1976.
Dieß, Wilhelm: Stegreifgeschichten. Das erzählerische Werk in Einzelausgaben Bd. 1. — München: Kösel 1976.
Dingler, Max: Der Arntwagen. — Hausham: Glasl 1959.
Dingler, Max: Das bairisch Herz. — München: Münchner Buchverl. 1949.
Dreher, Konrad: Die Schußzeit. — München: Bassermann 1886.
Die Weißblaue Drehorgel. Bayer. Volkssänger u. Volksschauspieler. — München: Komet-Verl. 1957.
Dreyer, Alois: Unsere Bayern. — München: Parcus 1925.
Druckseis, Fritz: G'sund und z'fried'n. Gedichte in niederbayer. Mundart. — München: Seyfried 1904.
Eberwein, Josef: Lieder und Zwiefache. Das Holledauer Liederbuch. — Dellnhausen: Eberwein 1972.
Fendl, Josef: Nix wie lauter Sprüch. — Pfaffenhofen: W. Ludwig 1975.
Fenzl, Fritz: Da Zoaga ruckt auf zwäife. Bairische Gedichte. — München: Ehrenwirth 1977.
Fleisser, Marieluise: Gesammelte Werke. Band 1. Dramen. — Frankfurt: Suhrkamp 1972.
Förg, Alfred: Heut geh'n ma zu de Komiker. Von Papa Geis bis Karl Valentin. — Rosenheim: Rosenheimer Verlagsh. 1976.
Freisleder, Franz: Aufs Maul und ins Herz gschaut. — Rosenheim: Rosenheimer Verlagsh. 1976.
Friedl, Paul: Wildschützen, Räuber und Schwärzer im Waldgebirg. — Grafenau: Morsak 1974.
Goepfert, Günter: Münchner Miniaturen. — München: Wila-Verl. 1976.
Graf, Oskar Maria: An manchen Tagen. — Frankfurt a. M.: Nest-Verlag. 1961.
Graf, Oskar Maria: Der große Bauernspiegel. — München: Desch 1962.
Grunauer-Brug, Gusti: Passiert is was. Valentiniaden. — München: Heimeran 1959.
Hahn, Alois: Bayerisches Karussell. — München: Süddeutscher Verl. 1950.
Hölle, Margret: A weng wos is a vüi. Oberpfälzer Mundart. — Mainburg: Pinsker 1976.
Hoferichter, Ernst: Bayrischer Jahrmarkt. — München: Ehrenwirth 1959.
Hollweck, Ludwig: Der Prinzregent. — in: Münchner Leben. Dez. 1962.
Hollweck, Ludwig: Der Engl vom Simpl. — in: Münchner Leben. Sept. 1967.

Huber, Max: Rund um den Kirchturm. — Grafenau: Morsak 1976.
Ilmberger, Josef: Die Lockpredigt. — München: Kolmeder 1973.
Junker, August: Der Stolz von der Au. — in: Förg, Alfred: Heut geh'n ma zu de Komiker. 1976.
Kammerer, Leopold: Bayrische Musen-Busserl. — Pfaffenhofen: W. Ludwig 1975.
Kapfhammer, Günter: Bayerische Schwänke. — Düsseldorf: Diederichs 1974.
Kiefhaber, Walter: Ma redt ja blos. — München: Bruckmann 1976.
Kiem, Pauli: Sammlung oberbayerischer Volkslieder. — München: Callwey 1934.
Kirein, Peter: Der Wolpertinger lebt. — München: Lipp 1968.
Kloeck, Walter F.: Ich bitte um Milde. N. F. — München: Süddeutscher Verl. 1965.
Kobell, Franz von: Ausgewählte Werke. Eingel. u. hrsg. v. Günter Goepfert. — München: Süddeutscher Verl. 1972.
Köhle, Fritz: Bayrisches Schwankbuch. — München: Hornung-Verl. 1970.
Kölwel, Gottfried: Bayernspiegel. — München: Goldmann 1966.
Kreis, Julius: Münchner Leut'. — München: Langen-Müller 1971.
Lachner, Johann: 999 Worte Bayrisch. — München: Süddeutscher Verl. 1960.
Lankes, Martin: Kurz und bayrisch. — Unterhaching b. München: Verlag Franz Scharl. 1976.
Lautensack, Heinrich: Das verstörte Fest. Ges. Werke. Hrsg. v. Wilhelm Lukas Kristl. — München: Hanser 1966.
Laxganger, Gustl: Das Lausdirndl. — Mainburg: Pinsker 1968.
Lippl, Alois Johannes: Der Holledauer Schimmel. — München: Höfling 1937.
Lohmeier, Georg: Geschichten für den Komödienstadel. — Percha: R. S. Schulz 1974.
Lohmeier, Georg: Der Weihnachter. — München: Ehrenwirth 1971.
Lutz, Joseph Maria: Bayerisch. Was nicht im Wörterbuch steht. — München: Piper 1932.
Lutz, Joseph Maria: Lachender Alltag. — Mühlacker: Stieglitz Verl. E. Händle 1961.
Lutz, Joseph Maria: Vertrautes Land, vertraute Leut. — Pfaffenhofen: W. Ludwig 1977.
Marx, Josef: D' Lederhosn. — in: Münchner Merkur. 18./19. Juni 1977.
Matheis, Max: Bayerisches Bauernbrot. — Grafenau: Morsak 1971.
Mausser, Otto: Bayerische Sprachvergleichung. — in: Bayrisches ABC. 1930.
Mayer, Renate: So san d' Leit in der heitigen Zeit. — München: Markthaler 1965.
Mayer, Renate: Münchener Odyssee. — in: Münchner Palette. H. 10/1977.
Meier, Emerenz: Aus dem Bayerischen Wald. — Grafenau: Morsak 1974.
Metz, Jakob: Bunter Boschen. — Feldafing: Friedl Brehm 1969.
Metzger, Stefan: Staad — lustig. — Pfaffenhofen: W. Ludwig 1975.
Mösslang, Franz Hugo: Deutschland, deine Bayern. Die weiß-blaue Extrawurschtl. — Hamburg: Hoffmann u. Campe 1969.
Müller-Partenkirchen, Fritz: Der Gamsbart. Die schönsten Bauerngeschichten. — Rosenheim: Rosenheimer Verlagsh. 1976.
Nora, A. de: Max Bierjung. Naturgeschichte eines Pennälers. — Leipzig: Staackmann 1908.

150 Jahre Oktoberfest, 1810—1960. Bilder u. G'schichten. Zsgest. v. Ernst Hoferichter u. Heinz Strobl. — München: Münchener Zeitungs-Verl. 1960.
Peinkofer, Max: Der Brunnkorb. Niederbayer. Heimatbilder. — Passau: Verlag Passavia 1976.
Peinkofer, Max: Die Fünferlkuh. — in: Münchner Merkur. 1961.
Pletzer, Hans: Im Schustertakt. — München: Selbstverl. 1962.
Pollak, Bernhard: Ham S' den scho g'hört. Aechte Bayr. Witze. — München: Süddeutscher Verl. 1974.
Georg Queri's Bayerischer Kalender auf das Jahr 1913. — München: Piper 1912.
Queri, Georg: Von kleinen Leuten und hohen Obrigkeiten. — München: Piper 1914.
Retzer, Wugg: Der Stier von Pocking. — München: Süddeutscher Verl. 1969.
Ringseis, Franz: Wos Grüabigs, wos Grimmigs. Bairische Gedichte. — München: Ehrenwirth 1976.
Ringseis, Franz: Der bayrische Witz. — München: Ehrenwirth 1971.
Ringseis, Franz: I koon koane Engal mehr seng. — München: Ehrenwirth 1970.
Ringseis, Franz: Vom Leem, Sterm und danooch. — München: Ehrenwirth 1973.
Roider, Jackl: Gstanzl. — in: Die Weißblaue Drehorgel. 1957.
Das neue Eugen Roth-Buch. — München: Hanser 1970.
Roth, Eugen: Erinnerungen eines Vergeßlichen. — München: Hanser 1972
Roth, Hans: Alte Hausinschriften. — München: Süddeutscher Verl. 1975.
Roth, Hans: Marterlsprüch. — München: Süddeutscher Verl. 1973.
Scharf, Hardy: Nach da Arbat. — Münchner Stadtanzeiger. 8. Febr. 1977.
Schlierf, Werner: Nostalgischer Abend. — in: Münchner Palette. H. 7/1976.
Schmid-Wildy, Ludwig: Allerhand Durcheinand. — Rosenheim: Rosenheimer Verlagsh. 1976.
Schmidkunz, Walter: Bauernballaden. — Rosenheim: Rosenheimer Verlagsh. 1976.
Schneider, Herbert: Boarisch. — in: Merkur-Kalender. 1970.
Schneider, Herbert: Vablüahte Rosn. — Pfaffenhofen: W. Ludwig 1975.
Schneider, Herbert: Von Schwabing nicht geliebt. — in: tz. 16./17. Juni 1977.
Scholl, Fritz: Im Königreich Dachau. — München: Hugendubel 1933.
Schrönghamer-Heimdal, Franz: Der gelernte Kalbshaxen-Esser. — in: Münchner Merkur. 9./10. Oktober 1976.
Schug, Josef: Dös waar zum Lacha! — München: Heindl 1909.
Schulz, Afra: Lustiges Oberbayern. — Leipzig: Altenburg 1938.
Schuster-Ittlinger, Emilie: Wo da Woidwind waht. — Grafenau: Morsak 1975.
Mit'm Schwerla quer durch's Münchner Herz. — München: Rother 1937.
Sillner, Leo: Bairisch für Liebhaber. — München: Süddeutscher Verl. 1972.
Sommer, Siegfried: Beim Schwana-Wirt. — in: Münchner Stadtanzeiger. 5. November 1976.
Sommer, Siegfried: An den Wassern von Schwabylon. — in: München Mosaik. Juni 1977.
Spengler, Karl: Der Feitsenix. — in: Leibhaftiges München. 1962.
Steidle, Josef: I sag's wia's is. — Percha: R. S. Schulz 1975.

Stemplinger, Eduard: Wir Altbayern. — München: Buchner 1946.
Stemplinger, Eduard: Die alte Truhe. — Donauwörth: Cassianeum 1948.
Stieler, Karl: Bilder aus Bayern. — Stuttgart: Bonz 1908.
Stieler, Karl: Habt's a Schneid. Das Karl-Stieler-Hausbuch. Hrsg. v. Günter Goepfert. — München: Hugendubel 1975.
Thoma, Ludwig: Gesammelte Werke. Bd. 1—6. — München: Piper 1968.
Tochtermann, Erwin: Bayerisch in Bayern. — in: Münchner Stadtanzeiger. 14. Dez. 1976.
Tochtermann, Erwin: Der Kiebitz unterm Watschenbaum. — München: Süddeutscher Verl. 1969.
Valentin, Karl: Originalvorträge. — München: Hieber 1926.
Vierlinger, Emil: das 1-2-3-4-linger-Buch. — München: Lama-Verl. 1961.
Vierlinger, Willy: Unsterblicher Dimpflmoser. — Rosenheim: Rosenheimer Verlagsh. 1976.
Vogel, Hanns: Net auslassen, Leut. — Starnberg: Raith 1972.
Wandinger, Anton: Braten- und Küachlduft. — in: Münchner Merkur. 16./17. Okt. 1976.
Wandinger, Anton: Blaue Knödl von der Anni. — in: Münchner Merkur. 3./4. Aug. 1976.
Weber, Oskar: Grüß Gott, Herr Nachbar. — Starnberg: Raith 1973.
Weichslgartner, Alois J.: Wer ko, der ko. — München: Süddeutscher Verl. 1971.
Weiß Ferdl: Bayerische Schmankerl. — München: Hugendubel 1936.
Wilhelm, Kurt: Brummlg'schichten. — München: Buchner 1948.
Wittmann, Josef: kuacha & kafä. — Feldafing: Friedl Brehm 1972.
Zierer-Steinmüller, Maria: Kurzmeier ißt eine Rübe. — in: Münchner Palette. H. 5/1977.
Zöpfl, Helmut: Bayrisch durchs Jahr. — Rosenheim: Rosenheimer Verlagsh. 1975.
Zöpfl, Helmut: Geh weiter, Zeit, bleib steh! — Rosenheim: Rosenheimer Verlagsh. 1976.

Der Verlag dankt allen Autoren und Verlagen für die freundliche Genehmigung zum Abdruck.

AUTORENREGISTER

Bauer, Josef Martin 21
Baumsteftenlenz 219
Bekh, Wolfgang Johannes 192
Berlinger, Josef 89
Böck, Emmi 65
Britting, Georg 141
Buck, Christian 75
Christ, Lena 59
Dick, Uwe 80
Dieß, Wilhelm 176, 221
Dingler, Max 37, 189
Dreher, Konrad 213
Dreyer, Alois 38
Druckseis, Fritz 44
Fendl, Josef 195
Fenzl, Fritz 136, 192
Fleißer, Marieluise 48
Freisleder, Franz 140, 262
Friedl, Paul 219
Goepfert, Günter 124
Graf, Oskar Maria 22, 269
Grunauer-Brug, Gusti 159
Hahn, Alois 260
Hölle, Margret 85
Hoferichter, Ernst 141, 161
Hollweck, Ludwig 151, 155, 299
Huber, Max 173, 200
Ilmberger, Josef 206
Junker, August 132
Kammerer, Leopold 259
Kapfhammer, Günther 57
Kiefhaber, Walter 190
Kloeck, Walter F. 233
Kobell, Franz von 13, 276
Köhle, Fritz 63
Kölwel, Gottfried 239
Kreis, Julius 108, 133
Kunz, Konrad Max 267
Lachner, Johann 255
Lankes, Martin 114, 181
Lautensack, Heinrich 191
Laxganger, Gustl 171
Lippl, Alois Johannes 70
Lohmeier, Georg 201, 289
Lutz, Joseph Maria 31, 45, 122, 284
Marx, Josef 292
Matheis, Max 279

Mausser, Otto 14, 255
Mayer, Renate 87, 145
Meier, Emerenz 275
Metz, Jakob 244
Metzger, Stephan 114, 149
Mösslang, Franz Hugo 15
Müller-Partenkirchen, Fritz 215
Nora, A. de 178
Peinkofer, Max 76, 195
Platzer, Hans 244
Pollak, Bernhard 88, 93
Queri, Gg. 203, 251, 272, 273, 292
Retzer, Wugg 246
Ringseis, Franz 130, 161, 184, 227
Roider Jackl 30
Roth, Eugen 121, 153, 295
Roth, Hans 294
Scharf, Hardy 128, 294
Schlierf, Werner 135
Schmid-Wildy, Ludwig 174
Schneider, Herbert 29, 33, 128, 190
Scholl, Fritz 230
Schrönghamer-Heimdal, Franz 263
Schug, Josef 250
Schulz, Afra 48
Schuster-Ittlinger, Emilie 288
Schwerla, Carl Borro 110
Sillner, Leo 26
Sommer, Siegfried 125, 131
Spengler, Karl 118
Steidle, Josef 94, 295
Stemplinger, Eduard 42, 149
Stieler, Karl 280
Thoma, Ludwig 137, 223, 227, 279
Tochtermann, Erwin 25, 234
Valentin, Karl 106
Vierlinger, Emil 163
Vierlinger, Willy 116
Vogel, Hanns 138, 271
Wandinger, Anton 267, 285
Weber, Oskar 213
Weichslgartner, Alois J. 165
Weiß, Ferdl 86, 242
Wilhelm, Kurt 95
Wittmann, Josef 122
Zierer-Steinmüller, Maria 119
Zöpfl, Helmut 175